国学三部曲

国学纵横

宋定国　著

首都师范大学出版社
CAPITAL NORMAL UNIVERSITY PRESS

图书在版编目(CIP)数据

国学纵横/宋定国著. —北京：首都师范大学出版社，2013. 1
(国学三部曲)
ISBN 978-7-5656-1287-9

Ⅰ. ①国…　Ⅱ. ①宋…　Ⅲ. ①国学-研究-中国　Ⅳ. ①Z126

中国版本图书馆 CIP 数据核字(2013)第 012503 号

GUOXUE ZONGHENG
国学纵横
宋定国　著

责任编辑　王亚利
首都师范大学出版社出版发行
地　址　北京西三环北路 105 号
邮　编　100048
电　话　68418523(总编室)　68982468(发行部)
网　址　www. cnupn. com. cn
E-mail　master@ cnupn. com. cn
三河市博文印刷厂印刷
全国新华书店发行
版　次　2013 年 1 月第 1 版
印　次　2013 年 1 月第 1 次印刷
开　本　787mm × 1092mm　1/16
印　张　15
字　数　258 千
定　价　32. 00 元

前　言
我为什么要写《国学三部曲》

我写作《国学三部曲》，既不是一时冲动，也不是为了追求名利；名利之于我，虽不敢妄称“身外物”，但确实澹泊了。在“天命之年”以后，一方面因为对中国传统学术文化，对中国历代文人墨客之升降浮沉的了解，特别是对养生学的研究，使我对所谓“世道”和“人生”有了进一步的认识，体悟到在和平环境下，“生存是第一需要，健康是人生至宝，长寿是最大幸福”，因而学会了从包括名利在内的“物累”中自我解脱；另一方面，是因为自己作为一个出身于半医半农家庭且土生土长的人，对业已取得的成绩，已经知足，聊可自慰了。

我写此书更不是想标新立异。作为一个已过“耳顺之年”的人，早就没有那样的心劲了！

坦诚地说，从1993年当上教授之后，我就感到了一种解放，一种从为了职称的评定和晋升，而不得不忙碌于自己并非完全情愿的、对某些方面的研究及著述的解放，而进入真正自由地研究和创作的时期。

除了迫不及待地回到我自幼所钟爱、却不得不久违了的文学园地，心情愉悦地耕耘外，还重新仔细阅读家父留下的大量医书、方剂及诊断笔记，并由此引发了进一步研究中医学、养生学的兴趣，由此又继而引发了我对于它们与易学，以及自幼所同样钟爱的史学，及整个中国传统学术，即“国学”研究的兴趣。

在这过程中，虽然积累了不少资料，进行了不少思考，产生了不少想法，但我却一直侧重在文学创作，以及《周易》与人生、养生等课题的研究和写作上。因为在这方面所积欠的情债最重，积存的手稿和资料最多，因而饥渴感和创作欲也最强。在撰写并出版了《周易人生哲理博览》《周易人生醒世真言》和《周易与养生》，以及长篇小说《悬壶梦》和《变形姻缘》之后，仍想就相关话题进行著述、创作。由于注重养生，我把研究和写作当做日常的消遣和娱乐，在想写（有心劲）和能写（有精力）的时候才写，而从不“赶进度”，从不强不可而为之，更不“拼命”，习惯了按自己的意愿，轻松愉快而从从容容地写。按照多年形成的写作习惯，要把自己想写的都写出来，至少还要20年。而在这样的写作计划当中，“国学”却并不在其内。

那么，到底是什么原因促使我突然改变计划，非要写作《国学三部曲》呢？

促使我写作《国学三部曲》的直接原因，是一代宗师张岱年先生的去世所引起的关于“国学”和“国学大师”的争论。争论尽管限于个别人之间，却激发了我的写作热情。

2004年4月下旬，当得知自己所爱戴的师长张岱年先生去世的消息后，我一下就呆了！先是含泪写了悼亡诗，接着又含泪撰写《默默地送别一代宗师——追忆张岱年先生》，并在参加4月30日向张先生遗体告别仪式后完稿，在人民日报社主办的《大地》杂志第10期(5月下旬刊)上发表。本来，想在完成长篇小说《三梦》(《悬壶梦》、《鹊桥梦》、《乌托梦》)和《特殊祭品》等书稿后，打算在专心照顾年迈卧病的娘亲的空暇歇息歇息，顺便对时下文坛的炒作歪风，和某“畅销书”作家差错百出的所谓“历史散文”发表点看法，但张先生的逝世一下让我乱了方寸，使我在对那位作家和相关的出版社发表了两篇善意的评论性文稿后，就再也无暇顾及了！我的心神久久沉浸在对一代宗师的缅怀之中。5月6日，当看到某家颇具影响的报纸刊登的文章中，披露了学界一两个人对张岱年先生的学识提出质疑，并就“国学”等话题所引起的相关争论时，我的心灵猛地一震，许多与张先生和“国学”有关的话题，犹如突如其来的风暴，在我的脑中急剧刮起，使我陷入深沉的反问和思考的轩然大波之中。当我参加了5月15日由清华大学主办，中国社会科学院哲学所、北大哲学系、北京师范大学教育学院和哲学系、中国社会科学院历史所、中国思想史研究室和中华孔子协会等合办，北京世纪群学文化传播公司协办的，《纪念张岱年先生95周年暨中国文化综合创新学术研讨会》后，心情更是无法平静，在无限地追忆、缅怀、沉思和反问中，先是冒出了以报告文学的形式写作张先生的念头。后来便请教了张先生的家人及汤一介先生等师长。汤先生在回信中，把他发表的《我所认识的张岱年先生》的复印件一并寄来，并说由于忙于编纂《儒藏》等，不准备再写有关张先生的文章了。谈及评价人物时，汤先生强调一定要坚持实事求是，世上没有完人，没有神人，对于每个人的长处都要具体分析，不能泛泛而谈，言过其实。汤先生言简意赅的教诲，使我深受启发：我想，评价人物一定要坚持的实事求是这个原则，也同样适用于任何学术问题的探究啊！

之后，我接连研读了张先生的一些著作，了解了张先生的主要学术主张和创见等等，但关于张先生的生活素材的搜集却比较困难，而这对于以报告文学的形式写作，则是非常大的难题，于是我改变初衷，产生了写作此书的念头，并一发而不可收。

不过，促成我写作此书的根本原因，则是自己长期以来在对“国学”的学习、研究过程中，所产生并积累的疑问、思考和想法等的喷发。

由于主客观多种因素的交互作用，使我在经历那场充满坎坷和磨难的漫长“浩劫”岁月之后，通过考研而“打回”首都，毕业后为了解决燃眉之急的住房问题，而主动到一所培训团干部的学校，不久虽然歪打正着地创办了大学，但至今恐怕仍是全国数得着的很小的大学任教；同样由于主客观多种因素的交互作用，使我成为一个不能安分的“杂家”——在为短训班和大专班讲授了几期自己所学的专业哲学课后，根据中国青年政治学院创建后教学任务的需要，我主动选择了为本科生讲授领导科学、人才管理学等课程，可我的专业职称却依然只能走哲学系列，而我当时还没修炼到“不为稻粱谋”的境界，所以不仅不能离开哲学领域，而且还必须不断地拿出属于哲学学科范围的成果。同时，由于我自幼酷爱历史和文学，即使在那动乱而荒诞、漫长而沉重的岁月里，在百无聊赖的工作和必要的家务劳作之余，我也常把心思耗费在文史书籍地翻阅、思考和文学创作上。在进入新时期踏进大学校园任教而走上教学、科研的岗位之后，更是一有空就翻阅相关的书籍，思考、写作。改革开放所促成的各种新思潮、新观念的时兴和活跃，使我原本就比较活跃的思维越发活跃，因而涉猎的范围更广，加上先是负责新建学院所辟建专业基础理论部的领导工作，促使我必须熟悉诸如政治学、法学、心理学、伦理学、形式逻辑、经济管理和行政管理学等学科；而后又担任学院的科研处处长并主编学报，也逼着自己熟悉、了解更多的学科。在这样的过程中，我的知识面越是扩大，就越发现自己的无知和所知甚少，于是就越激发自己的求知欲。伴随对易学、医学和养生学等研究的深入，中国传统学术文化的深厚底蕴越发吸引我，使我发现自己作为“老五届大学生”，在知识功底上的缺陷，尤其是在传统学术文化知识上的肤浅。当我从中国哲学、易学、医学和养生学的研究扩大到“国学”的其他领域时，这种肤浅感就越发加重，于是促使我在50岁以后，把许多精力和时间都耗费到对“国学”书籍的研读上。但也许因为自己毕竟已不再是初学的孩童，毕竟不再像小学生那样对什么知识和观点都囫囵吞枣，毕竟在文化知识方面积累了一些个人见识，况且，自己从小就养成了爱质疑、好思考的习惯，所以，在涉猎中很自然地也就随时产生许多疑问和想法，有时还相当激烈、冲动。

然而，说句实话，即使对自己某些带有灵感性的观点有时难免一度自我陶醉或孤芳自赏，但也从未产生要就“国学”研究方面著书立说的想法，因为我深知“先天不足”和“后天失调”在自己身上留下的缺憾，使得自己不论跟前辈或后辈学人相比，都差距甚大，所以宁可期盼相关的著述从他们那里问世，自己等着拜读和欣赏就是了。但是，张岱年先生的逝世，报刊、网络等媒体对于张岱年先生，关于自己不配当“国学大师”的公开声明的亵渎，尤其是学界个别人对张岱年先生学识和学术建树的质疑，空前激烈地引起我心灵的震撼，一种莫名其妙的激情和写作欲望突然使我改变了态度，决心把自己长期所积累的有关“国学”的想法和思考加以梳理，并结合相关问题作进一步的探讨，就学界和社会大众所关注和热议的一些问题，发表自己的看法。

而一当我扎进离家很近的国家图书馆，翻阅相关的文献和资料，尤其是追踪最新的考古新发现、新成果时，竟产生越来越多的疑问和困惑，就越发感到自己学识的不足和学界研究风气的滞后，内心的疑问、思考和想法自然也就越积越多，并时常陷于激烈的矛盾、冲突和不断地生灭消长之中。

尤其是当我看到，不断推出的考古新发现、新成果，正在不断刷新、改写某些古代典籍、史料和文献的内容和形式，而我们的某些研究者，包括被媒体和人们所称道的某些所谓“国学大师”，却依然关在书斋里，仅仅依据传世本而津津乐道，并被某些媒体和出版社大肆炒作时，就更有一种说不出来的不解、不满，因而写作的欲望也就越发强烈了！

为此，我成天往国家图书馆跑。经过5个月的研究，我拟定了暂名《“国学”新论》的题目及一份提纲，未敢再打扰在“国学”方面颇有造诣的汤一介先生，便于10月3日寄给20多年来一直保持来往，并经常给我以指导的黄枏森先生。

我之所以执著地求教于屡屡自谦“不懂‘国学’”的黄先生，是出于“哲学家的头脑和睿智，对于即使涉足不深或从未涉足的领域，比起那些在某个领域经常跋涉的人来，往往更容易发现问题”的见解，况且黄先生自幼饱读诗书，受到良好的文化熏陶，熟悉中国学术文化；原来在西南联大最初学的是物理学，后来转为哲学，知识面广博；在几十年的研究和教学中，通晓哲学原理、马哲史等；而哲学作为自然科学和社会科学的概括和总结，在学术园地辛勤耕耘了几十年的黄先生，涉猎广泛，学富五车，富有触类旁通的睿智，则是毋庸置疑的了呢！

在当月的24日下午，我就收到黄先生的回复，先是客气地再次说他“不懂‘国学’”后，接着便就我所拟的《提纲》提了六条具体意见：一、你很关注国学问题，从提纲看内容丰富，思路开阔，书写成后该是本大著作；二、从提纲看，内容涉及很多，写作是个艰巨任务，完成要花费巨大的精力；三、究竟什么是“国学”还不清楚，一般有两种理解：一是把整个中国当成研究对象（即在世界范围内兴起的“中国学”），一是把中国传统学术文化当成研究对象。但不论哪种理解，内容都很宽泛，怎么具体界定，需要好好斟酌；四、相比之下，把中国作为研究对象似乎更好些，可以像研究哲学一样，从高度概括的视角提炼出问题，加以研究；五、“国魂”和“国渣”的提法需要斟酌：“魂”一般指精神性的东西，而中国传统学术文化中精神性的东西，也并不全是精华，也包括自私、不团结等民族劣根性的东西；六、对“国魂”中提到的追求和平、和谐等等，要注意不要忽视斗争性，战斗精神；对于“国渣”中“尚清谈”也要具体分析，不能把基础性的理论研究当做“清谈”，要考虑到过分注重实用而忽视、排斥本体论研究的倾向。

黄先生这么早地回复出于我的意料，回复得如此中肯、具体、重要，富有指导性，更出于我的意料，使我这个“编外弟子”深受感动。

之后，我反复琢磨、领会黄先生富有指导性的意见，经过半年多的研究、写作和思考，鉴于问题和想法较多，而且并不都限于学术问题，不便在一本书尤其是学术性著作中阐述，经再次请教黄先生后，于是决定分作三部即《国学览胜》、《国学探疑》和《国学纵横》，并名之曰《国学三部曲》。

可以毫不夸张地说，没有黄先生的指导、勉励，就没有我的《“国学”三部曲》的写作！

《国学览胜》，旨在对“国学”中的精华和神韵进行浏览式地概述；《国学探疑》，旨在就自己对于“国学”研究中所产生的疑问进行探释；而《国学纵横》，则旨在针对古今在“国学”研究和运用中所存在的某些问题，加以评论，发表己见。

鉴于有关“国学”的典籍浩如烟海，有关“国学”的研究和讨论纷繁复杂，尤其是不断涌现的考古发掘的新成果，仍在不断刷新、改写相关的典籍、史料和文献等，而我个人的精力和时间有限，尤其是能力很有限，所以，面对自己所设定的每一个显然看似很大的题目，我都不便、也不能面面俱到，而只能仅仅涉及自己力所能及的范围。而且，不论是《览胜》、《探疑》还是《纵横》，都必须秉持汤一介先生所强调的“实事求是”原则，“依据信史文献，追踪并利用最新的考古成果，探疑求真，正本清源，厘真辨伪，析精祛糟”；“有话则长，无话则短”；“凡所涉话题，必有新意、独见，而绝不‘鹦鹉学舌’，绝不‘老生常谈’，绝不讲‘空话’、‘套话’”的原则，才能使自己的著述具有一定的意义。

以上只是自己写作的初衷和愿望，至于是否言行一致？到底有无意义？有无价值？则只能交由读者，交由世人，交由实践来检验和评判了！

目 录

一 “国学”蕴义究为何

1.“国学”何以容易引起歧义

即使在国学热浪澎湃的今天，也可以随处听到人们对“国学”的不同声音。这不仅表现在对“国学”的认同上，也表现在对“国学”的理解上。究其原因，除了与人们的文化修养、思维方式、看问题的角度等因素有关外，更主要的是有以下四个方面的原因：

一是对相关基本概念，未能及时加以缜密区分、厘清；

二是人们在对“国学”的认同上一开始就存在尖锐对立；

三是包括一些曾经热衷于倡导“国学”的人，甚至某些尔后被公认的“国学大师”，对“国学”的态度也一度反复无常；

四是“国学”在其发展中所遭遇的艰难曲折。

让我们对此逐一略作考察、说明吧！

(1)对相关的基本概念未能及时加以缜密区分、厘清

这主要表现在对“国学”与“中国学”、“中国学术”，“国学”与“中学”、“西学”、“东学”、“外学”等基本概念的界定上。

就“国学”与“中国学”和“中国学术”而言，曾有人把“国学”视为“中国学”的简称，但由于近20多年来世界上涌现了一门专门以整个中国为研究对象的“中国学”，所以现在再把“中国学”简称为“国学”的话，就很容易产生歧义了。原来“国学”所涵盖的仅仅是中国学术，并不包括学术以外的东西，这与新兴的以整个中国(从自然环境到社会制度、风土人情以及学术文化和科学技术等)为研究对象的“中国学”显然相左。对于新兴的“中国学”而言，“国学”仅仅是它的一部分，即使称得上核心的一部分，但毕竟不能涵盖其全部，不能取代“中国学”。

鉴于“中国学”是伴随中国从结束十年动乱，实行改革开放后而形成的和平崛起，中国在国际舞台上地位日益提高，使得包括原来专门戴有色眼镜看中国在内的国际人士，也不得不对中国刮目相看这样一种事实而涌现的，并

且从一开始就带着奇光异彩，赢得了越来越多的目光。“中国学”的诞生和发展，可谓顺乎潮流，合乎人心。因此，现在应该摈弃以前把“国学”视为“中国学”简称的观点，而把“国学”规范为“中国学术”之简称：对内，仍称“国学”，对外则宜称“中国学术”，而不宜再简称为“国学”了。

至于“学术”的蕴义，严复(1853 ~ 1921 年)曾予以科学地阐释：“盖学与术异。学者，考自然之理，立必然之例。术者，据已知之理，求可成之功。学主知，术主行。”(《原富》序)我觉得我们应在这样的意义上来理解“中国学术”，即把“科学”和“技术”包括在内。因此，作为“中国学术”之简称的“国学”，自然也应把“科学”和“技术”包括在内。

就“国学”与“中学”、“西学”、“东学”、“外学”而言，以前曾有人把“国学”与“中学”等同和混用，因为“中学”很容易被理解成学校的一种，并跟小学和大学联系起来，所以把“国学”称为“中学”显然不妥。还有人曾经把“国学”与“西学”对应地使用，因为与“西学”对应的是“东学”，而代表中国学术的“国学”则不过是“东学”的一种，所以，将“国学”与“西学”对应地使用，也欠妥。

其实，“国学”作为中国学术的简称，与其对应的是“外学”，而“西学”则不过是“外学”的一种。

上述提法都表明，当初人们在使用同一个概念时，还缺乏对其外延和内涵的严格推敲和界定，这在科学技术快速发展、学科分类越来越精细的今天，显然都不合时宜了。

(2)对“国学”的认同一开始就存在尖锐对立

这种尖锐分歧，在对“国学”肯定和否定态度的两派人士中，都表现出来了。

当时对“国学”持否定态度的，主要是一些所谓“新派人物”，如许啸天(1886 ~ 1946 年)、傅斯年(1896 ~ 1950 年)、何炳松(1890 ~ 1946 年)等。

他们认为，“西学”所分类的学科皆为“科学”，并带有普世性，没有什么某国的某学，因而“国学”自然也就失去了正当性。

许啸天认为世界各国皆有其国故，“倘若国故可以成为一种学术，那全地球上的各国，每一国都有他自己的国故；为什么却不听得有英国故学、法国故学、德国故学的名称传说呢？所以国故实在算不得一种学问。”他认为中国的经史也算不上是学问，“试问‘所谓经史之学、诸子百家之学，是个什么学问？’我依然答不上来。”他断言“中国‘国故学’三字的发现，正宣告了我们中国学术界程度的浅薄、知识的破产，是一个毫无学问的国家。”“中国莫说没有一种有系统的学问，可怜，连那学问的名词也还不能成立！如今外面闹的什么国故学、国学、国粹学，这种不合逻辑的名词，还是等于没有名词。”他认为只有按照西方学科的分类，对中国固有学术一一整理，才能“把这虚无缥缈的学术界上大耻辱的国故学名词取消。”（许啸天辑：《国故学讨论集》）很清楚，许啸天根据西方的学科分类，不仅否定“国学”，而且从根本上否定中国学术的存在。

如果说由于当时“国学”概念上的混乱，许啸天的观点还有一定道理的话，那么，他根本否认中国学术的存在，则是完全错误的。

与许啸天稍有不同的是，傅斯年曾一度认可“国学”，并认为把“国学”称为“国故”比称为“国粹”妥帖，还相当早地在“新文化运动”中采用“整理国故”的说法，但到20世纪20年代初，“见到中国之大兴国学”，便产生了“绝国故”的念头。到1928年在为筹备中央研究院历史语言研究所而撰写的聘书中，开始指斥国学为“抱残守缺”，并在《历史语言研究所工作之旨趣》一文明确指斥“‘国学’、‘中国学’等名词，说来都不甚详”，“我们反对‘国故’这个观念。如果我们所研究的材料多半是在中国的，这并不是由于我们专要研究‘国’的东西，乃是因为在中国的材料到我们的手中方便些。”“要想做科学的研究，只得用同一的方法；所以这学问断不以国别而成逻辑的分别，不过因地域的方便成分工。”“国故本来即是国粹，不过说来客气一点儿；而所谓国学院也恐怕是一个改良的存古学堂。”（《史料论略及其他》）到1940年，他更直言不讳地说“‘国学’一词，本与国医同其不通。清季有所谓存古学堂，本是咕哔咿唔之化身，不待论矣。以后章太炎谈国故，似胜于前矣。然国故一词，本为习用，即国朝之掌故也，乃太炎尽改其旧义，大无谓也。清末民初，人以为国学二字为不妥，遂用国故；自国学专修馆之势力膨胀，此名词更通行，然此馆者，私塾之放大也。”（傅斯年致朱家骅（抄件）（1940年7月8日），转引自罗志田：《国家与学术：清季民初关于“国学”的思想论争》，三联书店2003年版。）

何炳松则在《论所谓“国学”》中，从“正名”的角度否定“国学”：“西洋的学术，无论他是属于哲学或者属于科学，没有不以论理学为根据的；而论理学上基本的必要的初步就是‘正名’”，而“对于中国学术上的正名这一步基本的必要工作还没有做好，就想要去研究中国的学术，我以为这是古今中外的学术界未曾有过的笑话。”“‘国学’两个字就犯了‘名不正’的毛病。究竟‘国学’是什么？现在谁能下一个定义？”又问“既然自命有一种国学，那么中国国学的特质是什么？他的真价值究竟怎样？”他认为“国学”二字“在中国书中总是查考不出他的来历”，“大概是由西文中翻译出来”，是西洋人对“中国民族、语言、文字、历史等”，“一时理不出头绪”而混称的“支那学（Sinology）”的别名，而“就我们自己方面看去，这个名词，实在是西洋人给我们的一种耻辱；换句话说，就是我们的国耻。我们决不应俯首的接受他，我们应提出强烈的抗议。”这种看似民族自尊心甚强的言辞，却又被其苟同于西人漠视中国学术文化对世界之贡献的论调所吞没：“国学的声浪闹了这许多年。我们所得的成绩究竟有多少？”“对于世界学术究竟曾经有过什么贡献？”要是对这些都不知道，那么所谓“国学”，“还不就是‘一团糟’的别名么？还不就是广义的‘经史百家杂抄’么？”“何以世界上并没有什么德国学、法国学、美国学、英国学和日本学？而我们中国独有所谓‘国学’？”（1929 年 1 月，《小说月报》20 卷 1 号）罗志田先生指出：说西方没有国学或国故学，不合乎实际。西方的“学情”与中国的不同。整个西方甚至北美文化的主流皆源于希腊罗马和犹太文化，而关于“西方”这一区域文明的研究不仅早就存在，迄今仍是学校的必修或主修课程。若按民初的中国术语，此所谓“西方故学”，焉能说无！说到国家，至少日本就有其国学，比如“倭学”。（罗志田著《国家与学术：清季民初关于“国学”的思想论争》，第 381 页）

对于“新派人物”对“国学”的否定和非难，理所当然地受到了许多学人的批驳。谭正璧（1900～1991 年）就是其中一位比较突出的代表。

谭正璧在 1933 年由上海光明书局出版的《国学概论讲话》中，系统地批驳了许啸天、傅斯年、何炳松等人的观点。他认为，从总体上讲，否定国学存在的理由可概括为四个方面：一是认为国学来历不明；二是认为国学界限不清，没有合理定义；三是认为国学一词违反现代科学的分析精神，犯了囫囵吞枣的毛病；四是认为主张国学的人以一团糟的态度对待本国学术，世界上并没有英国学、法国学、德国学等。针对这四个方面，谭正璧逐一进行了有理有据的批驳，在此不赘。

在对国学持否定态度的人中，除了“新派人物”外，也有一些学者和文学家。比如，郑振铎（1898～1958 年）先是认可国学一词，并曾为“整理国故”正名，但后来可能是鉴于蔡尚思（1905～2008 年）等认为“中国的固有文化，都不能出此国学二字范围”“大全”之提法，且社会上有人滥用“国学”一词，便转变态度，不再承认国学，并发表了《且慢谈所谓国学》一文，认为“‘国学’乃是包罗万有而实一无所有的一种中国特有的‘学问’，‘国学家’乃是无所不知而其实一无所知——除了古书的训诂之外——的一种中国特有的专门学者。”又说：“‘国学’乃是中学校的‘国文’一课的扩大，‘国学家’乃是中学校的‘国文教师’的抬高。他们是研究中国的事物名理的，然而却没有关于事物名理的一般的、正确的、基本的知识；他们是讨论一切关于中国的大小问题的，然而他们却没有对这一切问题有过一番普遍的、精密的考察。”“他们的唯一工具是中国文字，他们的唯一宝库是古旧的书本。他们的唯一能事是名物训诂、是章解句释、是寻章摘句、是阐发古圣贤之道”。郑振铎还讥讽地认为主张国学的人，除了识中国字的程度超过部分西方“中国学者”外，而“在对于古书的理解上”，“也许还要逊于西方的中国学者。”他挖苦说，“国学”和“国学家”“不是现代的产物，也不是从天上落下来的时代宠儿。他们在中国几千年的历史上便已屡屡演着他们的把戏了。原来他们的前身，便是所谓‘士大夫’的一种特殊阶级。……有幸而生于数十百千年前，便做了宰天下的高官；我们的‘国学家’不幸而生于百十年后的今天，便只好没落而做了一种‘蒙馆先生’变相的‘国学大师’……故其在中国是无一所用的废物。”（郑振铎：《且慢谈所谓国学》，1929 年《小说月报》20 卷 1 号）郑振铎这番话，要是专门针对那些乱贴“国学”标签的现象而言，自有其合理性，但不问青红皂白地面对一切主张并研究国学的人来说，显然就失之偏激了。这样的错误，已经为后来国学发展的事实所证明。

一种新生事物在其成长初期，除了自身难免带有的稚嫩和枝杈等等外，还难免遇到鱼龙混杂等情况。特别是在我们这样一个“听风就是雨”，爱“一窝蜂”地“赶时髦”、“凑热闹”的国度里，更是如此。这些都会给其成长招来非议，带来困难。“国学”的成长自然也是如此。起初，不仅存在乱贴“国学”标签的现象，而且还出现了社会底层和杂七杂八的人物，竞相借“国学”沽名钓誉而“攀升”身价的现象。鲁迅（1881 ~ 1936 年）就曾针对这种现象进行辛辣的嘲讽：“不知怎么的那时忽而有许多人都自命为国学家了？”“茶商盐贩，本来是不齿于‘士林’的，现在也趁着新旧纷扰的时候，借刻书为名，想挨进遗老遗少的‘士林’里去。”而那些“鸳鸯蝴蝶派文人”“现在不知何以忽而奇想天开，也学了茶商盐贩，要凭空挨进‘国学家’队里去。”鲁迅感叹：“中国的国学不发达则已，万一发达起来，则请恕我直言，可断不是洋场上的自命为国学家‘所能厕足其间者也’的了。”（鲁迅：《热风·题记》，《鲁迅全集》第一卷，人民文学出版社 2005 年版）

但是，鲁迅并非否定国学，而是反对和嘲弄那些混迹于上海滩的自命为“国学家”的“鸳鸯蝴蝶派”文人。他在谈及王国维时曾肯定说：“要谈国学，他才可以算一个研究国学的人物”（《不懂的音译》，同上），就是一明证。

(3)对“国学”的态度表现得反复无常

“国学”在其成长中不仅随时遭到各种论调的非难和棒击，而且就是包括一些曾经热衷于倡导“国学”的人，甚至尔后某些被公认的国学大师，态度也往往反复无常。

先拿“国粹学派”的主要代表人物邓实来说。他早年想得最多的一个问题就是如何使学问走出书斋，对国家和社会发挥实际效用。为此，他曾创办“湖海有用文会”，专门“讲求有用之文”。在其父的教导下，他买了很多西方译著，每日抄写，渐渐悟出了一个道理：要想革除中国数千年以来的弊病，就必须“大采西政西艺之良者”，仅仅修修补补，是不行的。同时，他也发现西方列强也存在许多毛病。所以，在采用它们的“富强”之术、“与天下人士共奋于新政新艺之理”的时候，也不应忘记本国传统，并善于把二者结合起来。他说，15 世纪是欧洲古学复兴之世，20 世纪则是亚洲古学复兴之世。西学入华，使很多人感到吃惊，实际上西学与我国先秦诸子的思想大都相符。所以，“中法”和“西法”无所谓中西，无所谓新旧，只有把古今中外的制度学问“会而通之”，才能算得上是“通人”。

为实现自己沟通新旧中西、对国家有所实际贡献的志愿，邓实于 1902 年 2 月，在上海创办《政艺通报》；1905 年 2 月，又创办作为“国学保存会”机关报的《国粹学报》。

邓实说他办《政艺通报》之目的，是为了输入欧洲的新知识，用来了解当时的外部世界，以博通中外政治、艺学，专门发明东西方政治大家、科学大家最新绝精的学理；办《国粹学报》则是为了普及国学，表扬国光，感发人们的爱国心。为开办“国学保存会”，他带头捐款捐书。鉴于废除科举制度后，新式学堂所用国学教科书，不是译自日本，就是草率陋劣，没有应用价值。邓实认为“国学保存会”既以保存国学为己任，就不能听任“五千余年光明俊伟之学术”如此废弃下去。所以，用两年时间，重新编写了五种国学教科书，把中国五千年学术精要，皆融汇其中。公私学校无不当做课本，清政府学部也予以承认，并称誉其宗旨纯正，文理明通。在普及国学方面，邓实及其所开办的“国学保存会”，做了大量工作。

邓实认为“国学者何？一国所自有之学也。有地而人生其上，因以成国焉。有其国者有其学。学也者，学其一国之学以为国用，而自治其一国者也。”“国学者，与有国与俱来，本乎地理、根之民性而不可须臾离也。君子生是国则通是学，知爱其国无不知爱其学。”(《国学讲习录》，《国粹学报》第 2

年7期)“国必有学而始立，学必以粹为有用。国不学则不国，学非粹则非学；非学不国，其将何以自存矣!”国学就是国粹，在先秦之战国时期已经存在并臻于完善，而后由于秦始皇焚书坑儒，使国学失真而被“君学”取而代之。连作为国学之主体的孔学也变成了“君学”之主干。在“君学”当道的大势下，国学则实际只能由少数在野学者一线传承，使得中国“无学而可以立国者，则以其学不在上而在下也。下有学则民好礼义廉耻，虽朝政混乱、社稷丘墟，而古先立国立学之大谊犹幸有一线，则其国亡而学不亡，而国犹可以复造。”(《国学真论》,《国粹学报》第3年2期)

邓实把“国学”与“君学”相对，从国人长期“知有君不知有国”的意义上，认为中国“无所谓一国之学”，即无“国学”，但又认为“君学”始于秦之焚书坑儒，在此之前，国学犹存，并把先秦经学和诸子之学统称为“国学”。战国时代是我国人民思想最活跃、学术最自由，“我国历史上空前绝后未有之进步”时代，“以数多之腥风血雨，忽产出一轰轰烈烈之新文明，若学术若技艺，各树一帜，十色五光，波谲云诡；自由之空气荡遍于全社会，人民之言论智识一时勃兴。加以士之怀奇抱异者无不用，虽一材一艺，皆得出而贡献于我国民。甲国不用则之乙国，乙国不用则之丙国；今日白衣明日将相矣，朝为屠牧暮作公卿矣。是以门阀之弊风能一扫净尽者，当此时代为极点。人民之思想能活动自由者，亦以此时代为极点。”(《论中国群治进退之大势》,《癸卯政艺丛书政学文编卷三》)在这样的时代，国学存在，并未曾失真，是真正意义上的国学。

秦始皇“焚书坑儒”标志着中央集权的专制社会的开始。由于“学术专制与政治专制相表里”，从此“君学之统以成，国学之统以绝”，“自汉立五经博士而君学之统开，隋唐以制科取士而君学之统固；及至宋明，士之所读者功令之书、所学者功令之学。遥遥两千年神州之天下，一君学之天下而已，安见有所谓国学者哉?”“自中国国学之真之失，殆乎久矣！自《周礼》一书，有师儒之名。师以传经，是曰经师；儒以传道，是曰儒家。东周之季，周礼在鲁。孔子删定六经，彰明四教，兼备师儒。其后弟子一传其六艺之学，流为经师；一传其用世之学，流为儒家。周秦之间，经儒分途，经师抱残守缺，不求利禄；儒家学古人入宫，志在用世。”并由此分为“真儒之学”和“伪儒之学”。他说：“有真儒之学焉，有伪儒之学焉。真儒之学只知有国，伪儒之学只知有君。知有国，则其所学者上下千载，洞流索源，考郡国之利病，哀民生之憔悴。若夫伪儒，所读不过利禄之术。”“周秦间大师，类能以所学匡正时君之失，裁抑君权，申明大义，无所以畏”，故“秦以前之学，无愧其为国学之真也。”但经儒分途之后，“国学君学遂一混而不可分”，“言学术则不知有国学、君学之辩，以故混国学于君学之内，以事君即为爱国，以功令利禄之学即为国学”，使得“真国学”被淹没，因而在这个意义上也可以说无国学。在“君学”当道的大势下，国学实际只能由少数在野学者一线传承，使得中国“无学而可以立国者，则以其学不在上而在下也。下有学则民好礼义廉耻，虽朝政混乱、社稷丘墟，而古先立国立学之大谊犹幸有一线，则其国亡而学不亡，而国犹可以复造。”“国学者，不过一二在野君子闭户著书、忧时讲学，本其爱国之忱，而为是经之业；抱残守缺，以俟后世而已。”“吾国绵绵延延以至于今者，实赖在周有伯夷、在秦有仲连、在汉有两生、在东汉有郑康成、而在晚明有黄梨洲、顾亭林、王船山、颜习斋、孙夏峰、李二曲诸先生之学为一线之系也。”(《国学真论》，《国粹学报》第 3 年 2 期)

“国学者何？一国所自有之学也。有地而人生其上，因以成国焉。有其国者有其学。学也者，学其一国之学以为国用，而自治其一国者也。”“国学者，与有国与俱来，本乎地理、根之民性而不可须臾离也。君子生是国则通是学，知爱其国无不知爱其学。”“国必有学而始立，学必以粹为有用。国不学则不国，学非粹则非学。”在邓实看来，“国学”就是“国粹”。这也是“国粹学派”的共识。从这样的界定来看，似乎应带有“复古主义”倾向，可事实上并非如此，“国粹学派”对待中西文化的态度，却不但不曾带有“复古主义”倾向，反而很有见地。例如，邓实在 1903 年《论中国群治进退之大势》一文中指出，中国“素以文明之同化力战胜于他族”，后因“以地形一统之故、以君主专制之故，文明之思潮逐渐退落。而欧美各国百年之间，长足进步，学术政教，日异月新，于是反扇其文明之新潮以涌进吾东方大陆之上。而吾国旧有之社会政治道德法律，如长夜之残灯，风起而旋灭；如百年之老屋，雨压而将倒。”(邓实：《癸卯政艺丛书·政学文编卷三》)他认为“东洋文明，所谓形而上者，精神的是也；西洋文明，所谓形而下者，物质的是也。”20 世纪既是两大文明“争存的时代”，又是“两大文明结婚之时代。”“西洋文明之热潮，已渐涌进东亚之大陆；利在顺其流而因势利导，不在逆其流而反为所推倒。吾国之文明，属于道德上而为精神的文明者，虽称完全，其属于艺术上而为物质的文明者，甚形缺乏。则以我之精神而用彼之物质，合炉同冶，以造成一特色之文明，而成一特色之国家，岂不甚懿？”(邓实：《东西洋二大文明》，《壬寅政艺丛书·政学文编卷五》)这种“合炉同冶，以造成一特色之文明，而成一特色之国家”之见解，可谓振聋发聩、钩深致远，至今读来，依然新意盎然，意味深长。

正是基于这样的认识，所以在邓实主编的《国粹学报》之《发刊词》中说："学术所以观会通也"，自"海通以来，泰西学术，输入中邦。震旦文明，不绝一线。无识陋儒，或扬西抑中，视旧籍若苴土。夫天下之理，穷则必通。士生今日，不能藉西学证明中学，而徒炫晳种之长，是犹有良田而不知辟，徒咎年凶；有甘泉而不知疏，徒虞水竭。"因此，应刊"于泰西学术，其有新理精识，足以证明中学者，皆从阐发。阅者由此可通各种科学。"(《壬寅政艺丛书·政学文编卷五》)可见，"国粹学派"并非像许多人指斥的那样，是些宣扬"复古"的"清代遗老遗少"，只知"抱残守缺"的老"古董"，至少在对待中西文化上，他们还是比较开明和清醒的。这在"国粹学派"的另一个代表人物黄节(1877～1915 年)那里也鲜明地表现出来。

黄节在国粹学社于 1904 年成立时代表学社宣称，该社虽为"国不国学不学"之忧而标具保存国粹，却并不"主乎对欧化而言之，为守旧排外之尤"，而是鉴于"海上学社林立，顾未有言国粹者"。他强调"日本之言国粹也，与争政论；我国之言国粹也，与争科学。明乎非国非粹，则知乎为国为粹。是故以研究为国粹学之始基，庶几继破坏而有以保存矣！"(黄节：《国粹学社发起辞》，《政艺通报》甲辰 1 号)"国学者，明吾国界以定吾学界者也。痛吾国之不国，痛吾学之不学，凡欲举东西诸国之学以为客观，而吾为主观，以研究之，期光复乎吾巴克之族、黄帝尧舜禹汤文武周公孔子之学而已。然又慕乎科学之用宏，意将以研究为实施之因，而以保存为将来之果。"(黄节：《国粹学报叙》，《国粹学报》第 1 年第 1 期)

很明显，国粹学社或国粹学派的保存国粹，倡导"国学"(或称"中学"、"吾学")，虽是面临列强"灭学"的威胁和"全盘西化"的主张，为淡化"君学"而提出的，但在实际上并不针对欧化，不仅不反对科学，而且还开宗明义地"争科学"，"慕乎科学之用宏，意将以研究为实施之因，而以保存为将来之果"。因此，望文生义地把"国粹派"视为敌视和反对任何"西化"、"抱残守缺"的"排外"、"守旧"的"保守主义"或"复古主义"者，显然没有任何根据，犯了"两极式"思维的臆断错误。

国粹学派的主要代表人物，在对待中西文化的态度上，还是比较富有辩证眼光和开明见识的。他们在对外文化上的这种包容性，是与其对内文化上的包容性一脉相传的。邓实说"吾国者，黄帝之国；吾国之国教，则孔子之教也。"黄帝是国之"根"，而"孔教"则是国之"魂"；国无根则不能立，国无魂则不得活。两者密不可分。这与以往把黄老之学与孔学对立起来的说法显然有别。邓实还说"学术至大，岂殊一途。古学虽微，实吾国粹，孔子之学，其为吾旧社会所信仰者，固当发挥而光大之；诸子之学，湮没既千余年，岂有新理实用者，亦当勤求而搜刮之。夫自国之人，无不爱其自国之学，孔子之学固国学，而诸子之学也国学也。同一神州之学，乃保其一而遗其一，可乎？”“吾人今日对于祖国之责任，惟当研求古学，刷垢磨光，钩玄提要，以发见种种之新事例，而大增吾神州古代文学之声价。是则吾学者之光也。”这样，“安见欧洲古学复兴于十五世纪，而亚洲古学不复兴于二十世纪也？呜呼，是则所谓古学之复兴者矣！”（邓实：《古学复兴论》，《国粹学报》第 1 年第 9 期）把旨在“复兴古学”的国学的意义与 15 世纪的欧洲的“文艺复兴”运动相比，足见国粹学派对国学的重视。正是由于站在了这样的高度，所以他们极力宣传国学的“集大成”，和由以促成的开放性和包容性。在他们看来，“儒学”和“诸子学”，“汉学”和“宋学”都是互补的，它们都是国学的一部分而非全部，“今日之言国粹，非谓姝姝守一汉宋家法以自小也；固将集各学之大成，补儒术之偏蔽，蔚然成一完粹之国学，而与向之（呫）哔其言、咿唔其艺者，固大异其趋。”（许守微：《论国粹无阻于欧化》，《国粹学报》第 1 年 7 期）国学这种对内包容的“集大成”性质，决定了其面向世界和未来的取向：国学对于外学、西学、东（日）学等等，都持开放、包容的态度。如邓实所说：“然则学者何？亦维学吾黄帝尧舜禹汤文物周公孔子之学而已，无汉学、无宋学也，无东学、无西学也。”（邓实：《鸡鸣风雨楼独立书·学术独立》，《癸卯政艺丛书·政教文编卷七》，175 页）

如果说“国粹派”的主要代表人物邓实、黄节等对于“国学”的理解尚比较明晰和确定的话，那么，当时主张“国学”的其他重要人物，则就显得模糊、游移，或经历了一个变化乃至反复的过程了。

我们来看看章太炎（1869～1936 年）。当“国学保存会”成立时，他正系狱上海西牢，未能参与。然而，他是“国学保存会”及“国粹学派”的思想领袖。因此，他的“国学”概念颇具代表性。但是，他对国学的认识却也经历了一个很大的转变过程。1906 年，章太炎出狱东渡，在鼓吹反满革命的同时，又倡导注重研究国学，发扬国粹。1906 年 9 月，留日青年成立国学讲习会，公认章太炎为“国学界之泰斗”，请其讲授国学。他认为“国粹”“可分三项：一是语言文字，二是典章制度，三是人物事迹”。（参见 1906 年 7 月 15 日《东京留学生欢迎会演说辞》，《章太炎政论选集》上册，中华书局 1977 年版，第 276 页）此时，“国学”与“国粹”两个概念在章太炎那里基本相同。他把经、史、子、集研究列于“国学”之内，尤为着重阐明治学途径。在 1908 年的《规新世纪》一文中，他又把“国学”、“国粹”和“国故”三个概念作为互换的同义词而并用，但一年后将其相关著作定名为《国故论衡》，意味着摈弃了“国粹”一词。而到“五四运动”后，则又专作“国学”讲演，并由曹聚仁记录整理，于1922年出版了《国学概论》，成为我国第一本关于国学的专著。对于曹聚仁笔录和整理的该书，章太炎是满意的。1934年，章太炎在苏州创办国学讲习会，所讲内容较前大为丰富、系统，体现了其晚年的学术总结。讲稿后经多人整理出版，16万余字，篇幅比以前的《国故论衡》、《国学概论》都长，共分“小学略说”、“经学略说”、“史学略说”、“诸子略说”、“文学略说”五部分。他在重视传统学术方法(如文字学)的同时，仍以传统的经、史、子、集为“国学”之中心内容。这反映了晚清“国学”概念的主流。由把“国学”、“国粹”、“国故”三词等同、轮换地使用，到摈弃“国粹”而把“国学”与“国故”等同，再到把“国学”与“国故”区别开，而单独使用“国学”概念，体现了章太炎先生在对于“国学”认识上的逐渐趋于正确和明晰的过程。

再看看曹聚仁先生(1900～1972年)。在对于“国学”的理解和态度上，则与章太炎先生不同。这位对章太炎的“国学”讲演精心记录，并以其笔录功夫惊人而令学人刮目相看的刚20岁出头的年轻学子，在该书正文前的“小识”中，这样动情地写道：“学者是青年们的慈母，慈母是兼任饲育和扶持两种责任的。太炎先生是当代的学者，……把国学为系统的讲明，更可见他对于青年们扶掖的热忱。我在听了讲演以后，心里自然有无限的感激，所以不计工拙，把先生的话记出。并且看到青年们求知的热望，而因时地关系没能亲聆这次讲演的很多，所以又把记录稿印出，希望传播得比较的普遍些。”“学术界近来颇有研究国学的倾向，确是好的现状。但是大部分对于为什么要研究国学这个先决问题，还是持迷离混沌的态度，或者竟是盲从的。”针对在第一次讲演会上听到的“两种可怪的论调”，他提出了批评，并就为什么研究国学，“分做四层次讲明”，而且讲得头头是道(详见后文)。但是，没过多久，他就改变态度，对“国学”说三道四、横加贬斥了！在《国学之意义与价值》一文中，他认为“‘国故’、‘国学’、‘中学’、‘国粹’、‘国故学’等歧义名词，在近倾学术界已成一异文互训之惯例；笔之于著作，见之于制度，习焉相望，莫知其非。”“‘国粹’一名，当别为解释，与他名相去甚远。‘国学’、‘中学’、‘古学’与‘国故’、‘国故学’各不相应。”“谈国学者，大都痛恶科学。因为科学乃物质文明，国学为精神文明。”(曹聚仁：《国学讨论集》第1集)到1925年，他又在《春雷初动中之国故学》中，竟然提出“轰国学”的口号，说“国学二字，浮动于吾人之脑际者经年矣。闻有一二博学者不察，用以为中国旧文化之总摄名词，逐流者乃交相引用；今则国学如麻，略识‘之无’、能连缀成篇，谓为精通‘国学’；咿唔诗赋、以推敲词句自豪者，谓为保存‘国粹’。他则大学设科研究中国文学，乃以国学名其系；开馆教授四书五经，乃以国学名其院。人莫解国学之实质，而皆以国学鸣其高。势之所趋，国学将为国故学之致命伤。国学一日不去，国故学一日不安。斩钉截铁，惟有轰之一法。”(同上)可以看出，曹聚仁当时是把“国学”与“国故学”对立起来，而只承认“国故学”。他的这种看法，固然与某些人随便张贴“国学”标签而招摇过市有关，但因为有人以假乱真就把真的也否定掉，显然欠妥。曹聚仁之所以认可国故学，自然与他把国故学视为“五千年间中华民族以文字表达之结晶思想”有关，但他认为“(一)无病呻吟之诗文(张三李四之文集属之)；(二)未经融化之外来文化(初期之佛教经典、基督教经典……皆属之)；(三)原民时代所遗留的迷信(《推背图》、风水之类属之)；皆未可指为中华民族之结晶思想，不得列于‘国故’之林。”他认为胡适把“国学”看成“国故学”的缩写是荒谬的，“胡氏之说，殆迁就俗称而为之曲解耳。抑知‘国故’二字之重心在‘故’；于‘故’，乃知所研究之对象为过去文化思想之僵石，乃知此研究之对象已考终于‘五四运动’之际，乃知此研究之对象与化学室之标本同其状态。……故我以为国故学必当称为‘国故学’，决无可省之理。”“国故以‘五四运动’为终点，后乎此皆无与于斯学；中国学术史则与时间俱存，可延长至无限。”他认为“国故学”所研究的仅是“五四运动”以前的中国学术史。(参见曹聚仁：《国学之意义与价值》和《春雷初动中之国故学》，《国学讨论集》第1集)不难看出，曹聚仁所说的“国故”基本上还是“国粹”。这显然是错误的；因为“国故”中既包含“国粹”，也包含“国渣”。曹聚仁看到“国故”与“国学”的区别自然合乎事实，但他由此而排斥、否定“国学”则就站不住脚了。

但是，曹聚仁毕竟是一位务实求真的学子，诚如他在整理出版章太炎《国学概论》的“小识”中所袒露的：“我们研究国学，决不是盲目的，……太炎先生讲国学，的确是使我们满足求知欲望……但是，我们一方面完全承受先生的讲演，一方面却须用批评的眼光去观察，要记牢‘我爱先生，我更爱真理’一语。”正是出于这样的态度，我们看到在他苦心孤诣地笔录并整理出版的章太炎《国学概论》的附录中，就刊载了他就新诗即白话诗与章太炎先生商榷的信和文章，以及邵力子和裘可桴质疑章太炎先生讲演的文章。曹聚仁先生这种“我爱先生，我更爱真理”的精神和品质，恰恰是我们今天的学界所极度匮乏的。在中华大地上，凡追求真理的志士必然具有深厚的民族意识和爱国热忱，曹聚仁先生可以堪称这方面的一个楷模。当抗日的战火在上海一燃起，他就作为战地记者冒着枪林弹雨到前线采访，深深感触到充溢着中华民族精神的“国学”，在唤起和促进民族觉醒和全民抗战中的重要作用，再加上其他各种变故的启悟和激发，终又认可“国学”，并在晚年于香港写作出版了《国学十二讲》。此书于1986年以《中国学术思想史随笔》一名，由三联书店再版。

曹聚仁是20世纪中国一位富有爱国热忱、颇具影响力的学者。他虽然不专治“国学”，而且在对待“国学”的态度上又经历过肯定—否定—再肯定的曲折心程，但这样的曲折，恰恰反映了人们对任何事物的认识往往要经历的反复过程；恰恰映衬出他对真理的不懈渴求和上下求索；恰恰证明，他是一位坚信和听从血与火的实践锤炼和考验的，求真务实的严谨的学者。经过摸爬滚打所攀登的高峰，会使攀登者越发立足坚实，倍加珍惜所抵达峰巅之无限风光。曹聚仁先生以他自己的亲身经历证明了这样的真理。他最终又潜心于“国学”，并获得很深的造诣，提出一系列真知灼见，绝非偶然。他的《国学十二讲》，博采众家之说，综合各说之长，以时序为经，以流派为纬，力图梳理中国传统学术源流，自先秦诸子，魏晋玄学，宋明理学，至清代朴学，民国余绪，既广征博引，又不乏独到见解，“撕破了传统的纸糊的帽子，让大家看清楚中国学术的本来面目。”“一面批判那批腐儒的固陋，一面灌输青年以新知”，“在现代唯物辩证法的光辉之下，把前代的学术思想从新解说过”。因此，不仅颇受学界推重，而且受到广大读者的欢迎，使他们凭借该书得以管窥中国学术思想之堂奥。

再来看看钱穆(宾四)先生(1895～1990年)。尽管他在1931年出版了《国学概论》一书，却在《弁言》中又这样表白：“学术本无国界。‘国学’一名，前既无承，将来亦恐不立。特为一时代之名词。其范围所及，何者应列国学，何者则否，实难判别。本书特应学校教科讲义之需，不得已姑采梁氏《清代学术概论》大意，分期论述。”(参见钱穆：《国学概论》，商务印书馆1997年7月新1版)而其书的各章内容确实不过是中国历代学术概论，并看不出有什么“国学”的独特体系。但在尔后的漫长岁月中，他却成就斐然，成为在“国学”的研究和应用方面比较突出的“大师”。在抗日期间，他曾在南方主持“齐鲁国学研究所”，用“国学”所富有的爱国御辱的民族精神，唤起和激励热血青年，奔赴抗日前线杀敌。而若从中国传统文化的意义上来理解“国学”，那么在他一生的著作中，“国学”则作为主线贯穿始终。如《中国学术通义》(台北学生书局1975年版)、《两汉经学今古文平议》(香港新亚研究所1958年版)、《中国学术思想史论丛》(台北东大图书公司1979年版)、《宋明理学概述》(台北学生书局1977年版)、《朱子新学案》(巴蜀书社1986版)、《阳明学述要》(台北正中书局1979年版)、《中国近三百年学术史》(中华书局1984年版)、《中国历史精神》(1964年香港增附三版)、《文化学大义》(台北正中书局1983年版)、《从中国历史来看中国民族性及中国文化》(香港中文大学出版社1979年版)，另有《论语文解》、《论语要略》、《孟子要略》、《周公》、《墨子》、《王守仁》、《刘向歆父子年谱》、《惠施、公孙龙》、《老子辨》、《先秦诸子系年》、《国史大纲》、《文化与教育》、《中国文化史导论》、《孟子研究》、《中国人之宗教社会及人生观》、《中国社会演变》、《中国知识分子》、《中国历史精神》、《庄子纂笺》、《文化学大义》、《中国历代政治得失》、《中国思想史》、《国史新论》、《四书释义》、《人生十论》、《黄帝》、《中国思想通俗讲话》、《王阳明先生传习录及大学问节本》、《庄老通辨》、《学龠》、《两汉经学今古文平议》、《湖上闲思录》、《民族与文化》、《中国历史研究法》、《孔子论语新编》、《中国文学讲演集》、《中华文化十二讲》、《中国文化传统的潜力》、《中国文化丛谈》、《中国文化精神》、《朱子新学案》、《朱子学提纲》、《理学六家诗钞》、《孔子传》、《孔子与论语》、《孔子略传〈论语〉新编》、《灵魂与心》、《世界局势与中国文化》、《从中国历史来看中国民族性及中国文化》、《历史与文化论丛》、《人生三步骤》、《双溪独语》、《中国通史参考资料》、《古史地理论丛》、《中国文学论丛》、《宋明理学三书随札》、《现代中国学术论衡》、《中国史学发微》、《新亚遗铎》，等等。单从这些书目来看，国学的主线地位就一目了然。

像钱穆先生这样"国学"著述甚多的学者，在20世纪30年代前后，尚且对"国学"的态度表现出游移，至于其他人，就更难怪了。这说明谁也不是先知先觉的圣贤，即使是"大师"级的人物，其思想认识也同样要历经一个反复磨练和逐步升华的过程。

再看胡适先生(1891～1962年)。起初，胡适对"国学"有很高的评价。他在北大担任教务长时发表讲演说："要想能够有一种学术与世界上学术比较一下，惟有国学。"(《教务长胡适之先生的演说》，《北大日刊》1922年12月23日，第8册)，并说："'国学'在我们的心眼里，只是'国故学'的缩写。中国的一切过去文化史，都是我们的'国故'；研究这一切过去的历史文化的学问，就是'国故学'，省称'国学'。'国故'这个名词，最为妥当；因为他是个中立的名词，不含褒贬的意义。'国故'包含'国粹'，但他又包含'国渣'。我们若不了解'国渣'，如何懂得'国粹'?""要扩充国学内的领域，包括上下三四千年的过去文化，打破一切的门户成见：拿历史的眼光来整统一切。""国学的使命是要大家懂得中国的过去的文化史；国学的方法是要用历史的眼光来整理一切过去文化的历史；国学的目的是要做成中国文化史。"并认为"中国文化史”的系统包括民族、语言文字、经济、政治、国际交通、思想学术、宗教、文艺、风俗、制度十种。换言之，“国学”就是系统的中国文化史。（参见《〈国学季刊〉发刊宣言》，《胡适文存二集》卷一，黄山书社1996年版）但后来由于其在整理国故态度上的转变，认为“‘国学’会妨碍中国”这一国家实体的发展，如郑振铎担心的“有阻碍于中国民族的进步与发展”，特别是“中国国力及文化的发展”（郑振铎：《且慢谈所谓国学》，1929年《小说月报》29卷），再加上倾向于“全盘西化”，并在1929年公开鼓吹“全盘西化”论，而到后来，又用“充分世界化”取而代之（胡适：《充分世界化与全盘西化》，《大公报·星期论文》，1935年6月30日），便对“国学”也淡漠了。然而，通观胡适一生，却始终徜徉在中国传统文化的海洋中，并对整理中国传统文化作出了一定贡献。直到逝世前，他还潜心于《水经注》的考证。这就表明，他实际上并未离开过“国学”。

对“国学”认同上的肯定和否定的对立态度，自然使得“国学”的成长和发展必然经历艰难曲折。而对“国学”持肯定意见者在理解上的意见纷呈和变化无常，无疑更加重了其艰难曲折，再加上其他社会因素的制约，就越发使得这一过程更趋于错综复杂了。不过，这倒也符合事物自身的成长及对其认识的一般规律。

人的思想观念何以复杂多变？人的思想观念既是对客观事物的反映，那么自然就会伴随客观事物本身的变化而变化，同时，由于人们受自身所处的各种内外因素和条件的制约，而这些因素和条件又无一不是处于变动、转化当中，再加上受某些突发内外因素的影响，所以，就使得人们的思想观念更容易变化了。虽然就总的趋势看，人们的正常认识在其一生中伴随其生长壮老死的自然过程，一般呈现为抛物线的形态，但在某些内外因素和条件的制约和作用下，例外和异常的情形是常有的。特别是在对于某个（种、类）新生事物的认识上，就更是如此。人们在“国学”认知上的对立和分歧以及个人认识的变化和反复，就充分地昭示出这样的情景。明白了这样的道理，就不难理解为什么帝王或类似帝王的专权者会“喜怒无常”了，为什么他们的“圣旨”、“金口玉言”，以及类似“圣旨”的“最高指示”之类的东西，往往会给国家和民众带来灾难性的后果了！当他们的“圣旨”之类的东西发布之后，他们本人的思想观念可能忽然变得与“圣旨”之类的东西相悖了，而其中的是非曲直又纷繁复杂，于是就出现了“朝令夕改”、“出尔反尔”，以及比这两句成语复杂得多的情景，以致酿成巨大的思想混乱和社会灾难，倒霉的自然主要是黎民百姓，而处于至尊地位的掌权者，却依旧镶镀着“圣明”的灵光，始终享受着“永远伟大”的尊荣。

(4)“国学”自身发展所遭遇的艰难曲折

一种新事物，只要它获得了适宜的气候、土壤等条件，不管经过怎样的风风雨雨和艰难曲折，终要成长、壮大起来的。

在20世纪二三十年代，“国学”在历经褒贬毁誉等沸沸扬扬的争论中，艰难地成长，并逐渐趋于兴盛。通过这一时期出版的相关著作，即可窥见一斑。除了上面提到的由曹聚仁整理的章太炎的《国学概论》(泰东图书局1923年版)，钱穆所著《国学概论》(商务印书馆1931年版)和谭正璧所著《国学概论讲话》(上海光明书局1933年版)外，还有《国学研究会演讲录》(东南大学南京高师国学研究会编辑，上海商务印书馆，1924年版)，《国学书目举要》(钟山编，南京江苏法政大学1925刊印)，《国学入门(五卷)》(徐文泰编纂，江都县立初级中学校1925刊印)，《二千五百年来之国学》(范皕诲著，上海世界学会1927年版)，世界学会国学小丛书《国学丛谈》(李时编述，北平君中书社1928版)，《国学丛译》(李时撰，北平君中书社1929版)，《国学研究(史部)》(顾荩丞编著，上海世界书局1930版)，《国学研究法》(洪北平编，上海民智书局1930年版)，《国学纂要》(徐畏潜编，南京书店1931版)，《国学概论》(王易撰，上海神州国光社1933版)，《国学大纲》(汪震、王正己编，北平人文书店1933年版)，《国学入门》(蒋梅笙著，南京正中书局1934版)，《国学概论》(马瀛编，上海大华书局1934年版)，《国学常识述要》(李冷衷编述，北京书局1934年刊印)，《国学概论》(胡怀琛著，上海乐华图书公司1935年版)，《国学讲话》(王缁尘编撰，附张之洞著《书目答问》，上海世界书局1935版)，《国学基本丛书》(商务印书馆编，上海商务印书馆1935版)，《国学常识答问》(张振镛编，上海商务印书馆1935版)，《国学常识答问续编》(张振镛编，重庆商务印书馆1935版)，《学生国学问答》(叶北严编，上海商务印书馆1936版)，《国学丛论》(黄毅民撰，北平燕友学社1936版)，《国学概论》(钟泰著，中华书局1937年6刊印)，《国学常识问答》(吴雪帆编撰，金华国民出版社1941版)，《国学常识》(曹朴撰，国文杂志社1943版)，《国学纲要》(刘明水著，上海商务印书馆1947版)等。

除了专著之外，自20世纪20年代以后，在京、沪等地还出版了十多种以“国学”命名的期刊。如在北京，有北京大学编的《国故》、《国学季刊》、《国学月刊》、《国学周刊》；北京述学社编的《国学月报》；清华学校研究院编的《国学论丛》；北平中国大学编的《国学丛编》等。在上海，有国学昌明社编的《国学杂志》；国学研究会编的《国学辑林》；大东书局出版的《国学月刊》等。在京、沪之外，有以宋育仁(1857～1931年)为会长的“四川国学会”在20世纪20年代初印行的《国学月刊》；南京东南大学、南京高师的国学研究会出版了《国学丛刊》；厦门大学则编有《国学专刊》；至20世纪30年代，江苏的苏州、无锡等中小城市也涌现了一些国学机构和刊物。

但是，日寇发动的侵华战争，使中华民族面临亡国灭种的危险，自然给“国学”的研究和成长造成困难。有个别书生，企图通过死啃书本“救国”，结果不是沦为亡国奴，就是碰得头破血流，甚或堕落为汉奸。在汉奸这种民族败类当中，虽有个别“通国学”者，但不能把他们的堕落与“国学”联系起来，更不能认为是“国学”所使然；相反，他们的堕落，恰恰是其并未真正“通”“国学”，恰恰是背叛“国学”之基本精神所致。与个别败类相区别的是，有更多的真正通“国学”的志士仁人，根据变化了的形势，来研究、宣传“国学”，用“国学”所体现的爱国御辱的中华民族的基本精神，唤起、激励和武装民众，投入抗日救亡的民族斗争。在这样的精神激励下，抗日将士在前线英勇杀敌、慷慨赴死；在大后方，许多爱国的知识分子通过举办讲习所，创办报章，来唤起、激励广大民众，特别是青年，踊跃投入抗日的行列。有的比较年轻的学子还亲赴前线，用实际行动实践他们所宣扬的、“国学”所蕴涵的爱国御辱的民族精神，起了极其宝贵的示范和感召作用。成为唤起和激励全民抗战之战斗号角的，豪迈的“义勇军进行曲”，就是“国学”所体现的中华民族基本精神与抗日形势相结合的产物。在它的鼓舞下，一批批优秀的中华儿女舍小家为大家，促成了不分男女老幼全民抗战电脑局面，谱写了一幕幕可歌可泣的抗日篇章，终于赢得了八年抗战的胜利。“国学”的基本精神在挽救民族危亡的抗战中，发挥并展示了其凝聚人心、唤起民众的作用，并在全民族的抗战实践中受到了检验和磨砺，充实、丰富了其内涵。这也昭示出：作为中华民族传统学术的“国学”，不只是关在书斋里才能研究，其更重要、更广泛的用武之地则是在实践中，特别是带有全民性的实践中。随着抗日战争的胜利，“国学”的研究又一度活跃，出版了一批相关的著作。

当中国大陆长期、反复地处于胡折腾的时候，“国学”却在海外风行开来，显现出越来越大的作用，因而越来越备受重视，并伴随中国大陆改革开放的实施，而出现的包括“国学”在内的文化热，一门崭新的“中国学”诞生并很快风行世界。

伴随“四人帮”的垮台和改革开放的实施，一场规模空前的拨乱反正、正本清源运动在中国大陆展开，有力地促进了学术文化领域的思想解放。漫长的严冬过去，迎来的是明媚春光；禁锢的闸门打开，闯进的是活跃思潮。熬过寒冬长夜的人们，倍感春天的温暖和珍贵。一场带有全民性的回顾、反思和呐喊的思想解放运动，犹如积压已久的火山岩浆，猛烈地喷发出来。人们抚摩着累累伤痕，痛定思痛，切身感受到单一意识形态的“一统天下”之禁锢，所给予的危害和创痛。在接连不断的“大批判”，所导致的“信仰危机”和“信任危机”的巨浪冲击面前，越来越多的人士切身感受到遗弃“国学”，遗弃中国传统学术文化的优良传统，给国家和民族造成的灾难是多么深重！正是在感受到切肤之痛后，人们才热切地呼唤和期盼充溢着中华民族基本精神的“国学”复兴！

国门大开，在国外先进的科学技术和学术文化涌入的同时，各种五花八门的思潮也竞相闯进，于是，引发了新形势下的新的“中外古今”之争。在面临国外思潮，特别是西方发达国家的各种资产阶级思潮的强势侵蚀面前，国内学术文化界，出现了一股新的、气势汹汹的“全盘西化”思潮，在为西方资产阶级思潮大唱赞歌、极力鼓吹“全盘西化论”的同时，全面否定中国的传统学术文化，掀起了一股从右的方面否定中国传统学术文化的逆流。显然，这是对长期统一而单一的意识形态禁锢所导致的，从“左”的方面遗弃和否定中国传统学术文化倾向的，另一个极端的反映。这种错误思潮在20世纪80年代后期，被推向极端，导致资产阶级自由化思潮的泛滥成灾，不但作为“国学”的中国学术文化被一概否定，就连中国当时所有的思想和行为模式都被否定，而非要按照西方、特别是美国的方式来“改革”不可，其集中表现于在天安门广场树立“自由女神像”上。这种崇洋媚外的思潮，理所当然地受到了广大具有远见卓识的学子和群众的抵制和批判。而正是在这种新形势下的中外（西）文化的交锋中，“全盘西化”论的实质被暴露在光天化日之下，蕴含中华民族基本精神的“国学”则进一步地被认识，被提到了“复兴”的历史日程。

自20世纪90年代以来，“国学热”在国内勃然兴起。诠释各种中国学术文化传统典籍的读本大量涌现，风靡于书肆街市；“国学”刊物也随之推出，“国学”丛书则更是相继出版；一些大学也陆续建立了国学研究机构，开设了“国学概论”课程。“国学热”在海内外相互激荡，逐步向纵深发展，昭示着“国学”复兴时代的到来！

但是，“国学”的“复兴”不是简单地“回归”（回到原来的起点），也不是改头换面地恢复和宣扬历代的“儒家”学说，而是在传承基础上的综合创新。那种把“复兴国学”仅仅视为恢复中国传统学术文化的原貌，即所谓“恢复其原汁原味”的观点，是片面的、不足取的；那种用改头换面或加油添醋的各种方式，试图只在恢复“儒学”上下工夫，而无视、抛弃中国学术文化的其他丰富的内涵的做法，则更是行不通的。

我们所主张的“复兴国学”，不仅仅是简单地“恢复其原汁原味”，而是还要剔除其在长期发展中所积淀的各种糟粕和渣滓，而且更重要的是，在探索、总结其发展的基本规律的基础上，将其精华即所谓“国粹”，与现实的民族的和时代的精神相结合，与中国和人类学术文化建设的实践相结合，吸取包括西方学术文化思潮在内的人类一切学术文化的优秀成果，在传承和综合的基础上，贯通古今、融汇中外，综合创新。

2. 倡导“国学”者是“复古主义”派吗

长期以来，学界一直有这样的声音：把最初倡导“国学”的人，说成是与当时主张“全盘西化”之倾向相对峙的“复古主义”派。更有甚者，2006 年 6 月，有人在《文汇报》副刊发表《“国学”质疑》一文，认为“国学”不过是“清朝末年、一直到‘五四’以来，有些保守的人抵制西方‘科学’与‘民主’文化的一种借口，是一个狭隘、保守、笼统、含糊而且顽固透顶的口号。”

史实果真如此吗？

否。

两次“鸦片战争”打开了为清王朝所封闭的国门，伴随列强坚船利炮等物质文化的大举入侵，其非物质文化也随之闯入。中国传统学术文化跟中国人一样，不得不在忍受挨打和冲击的阵痛中睁眼看世界，不得不在遭受宰割和瓜分的屈辱中审视自我。面对列强的侵略和欺凌，中国往何处去的问题，越来越尖锐地摆在了国人面前；同样，伴随“外学”的涌入，中国传统学术向何处去的问题，也同样越来越尖锐地摆在了国人，首先是文化人、读书人面前。当时，出现了两种倾向。针对这两种倾向，有些人简单地概括为“全盘西化”、“欧化”的资产阶级自由化倾向，和与之对立的拒绝任何“西化”、“欧化”，保护“国粹”的“复古主义”倾向。

我认为，要是针对个别人或个别现象而言，这样的概括也许不无道理。但是，要是就总的情况而言，这样的概括就欠妥了。因为只要我们缜密地分析当时的形势，查阅相关的资料，就会发现这样的概括并不符合当时的实际。

当时的实际情况是：“全盘西化”、“欧化”的资产阶级自由化倾向确实存在，但与之相“对立”的另一种即一概反对或排斥“西化”、“欧化”，主张“复古主义”的苗头，虽然流露过，或在个别人、某些人群中出现过，但并未形成“倾向”；形成倾向的则是一种并不排斥“西化”、“欧化”的，以保护“国粹”和

“复兴国学”的形式出现的，以振兴“国学”为主导的潮流。

对于这种颇有些“不合逻辑”的现象，近年虽有学者有所论及，但大多尚未深入详查，尤其是未从思维定势的高度加以剖析。

清末民初，面对“西方文明”及其思潮的巨大冲击，一些接触、甚至称得上熟谙“西学”、“欧学”等“西洋文明”的人（以“留洋”者居多），一时为“西方文明”的“新鲜”、“进步”所陶醉，觉得“西方的一切都好”，“就是十五的月亮也比中国的圆”，于是就不顾国情地提出了“全盘西化”的主张，成为一种“新潮”。胡适虽然曾较早地鼓吹“全盘西化”，但不久就用“充分世界化”而取代之，对“全盘西化”主张首次加以系统化的则是陈序经（1903 ~ 1967 年）。他认为“中国文化根本上既不如西洋文化之优美，而又不合于现代的环境与趋势，故不得不彻底全盘西化”；“说到中国文化之出路，无疑是要从彻底全盘西化着手。”否则必然为西洋文化所压迫，其结果则是“国家灭亡”，“连了种族也许灭亡”。（《中国文化之出路》，载 1934 年 11 月 15 日《广州民国日报》；岳麓书社 2010 年版）

“全盘西化”论者对于西方学术文化不加分析地一味崇拜，主张并鼓噪照抄、照搬，实际上成为西洋人的“应声虫”和“传声筒”。而在这样的倾向、潮流面前，一些熟谙中国传统学术文化中某些痴迷于闭关锁国、陶醉于“国故”学究，特别是清朝的遗老遗少，故步自封地认为中国原有的一切学术文化传统都是“国粹”，于是连眼睛也不肯睁一下，就针锋相对地反对和抵制任何即使是点滴的“西化”、“欧化”，而主张“复古”，也是情理中的事。

但这顶多仅仅是一种一度有过的、零碎的、枝节性的苗头。由于清末民初社会变动和转型的剧烈，这样的苗头并未能形成与“全盘西化”相对峙的倾向，而与“全盘西化”倾向形成对峙的，则是以振兴“国学”为主导的思潮。

在阅读中国文史书籍时，常发现我们的文化人、写书人在思维习惯上，似乎存在一种通病，或者叫不良的思维“定势”：就是总喜欢对事物作出“非是即非”、“非白即黑”、“非善即恶”、“非此即彼”等等诸如此类的，截然对立的“两极式”的思维和评判。然而，无论是历史还是现实都一再昭示：一般而言，事物在客观上并不仅仅、总是存在对立的两极，而无论在时间和空间上则都往往展现出比“两极”要复杂得多的“多样性”，所以笼而统之的“两极式”的思维和评判，自然就很难做到客观、准确、全面。比如，事物的颜色至少存在赤橙黄绿青蓝紫七种，而你却认为“非黑即白”，那当然就失当了；事物本来具有多个角度，所谓“东南西北”、“四面八方”等等，而你却总认为“非东即西”、“非南即北”，那自然也就失之于确凿了。至于“是非”和“善恶”等等，因为直接涉及人们的世界观、价值观，乃至个人、群体、阶层、阶级等方方面面的利益、情感等等，自然就更加复杂得多，更不是用“两极式”的定势思维所能准确无误地判定得准的。

“两极式”的思维和评判是一种不要深入详查，就很容易作出的简单而武断的分析方法。这样的毛病在此前的半个多世纪中，特别是在20世纪50年代中期至70年代中期，由于从上到下强制推行“两分法”和“斗争哲学”，甚为风行，并被推向极致，对整个社会的政治经济和学术文化，以至人们的生活，都造成了灾难性的危害和后果，留下了极为惨痛的教训。

社会和历史前进的车轮从来、也永远不会按照人们的思维定势运行。事实和实践的开导力、辨析力、说服力和影响力，永远胜过任何所谓“经典理论”。

“西洋”和“东洋”列强凭借坚船利炮等先进的武器对中国的野蛮侵略和蹂躏，清政府的腐败无能，及其同列强所签订的一系列丧权辱国的不平等条约，给国家和民众带来的深重灾难，使最顽固、最僵化的“复古主义”头脑也不能不醒悟：包括传统学术文化在内的中国原有的“文明”，并非一切皆“粹”、皆“明”，而是有其固有的“渣滓”、“痼疾”，因而就不能不正视、吸纳“西方文明”中包括“西学”、“欧学”以及“远东文明”中之“倭学”等等中的进步东西。而帝国主义列强对中国的侵略和蹂躏，“洋人”在中国土地上的烧杀掳掠，横行霸道，也使主张“全盘西化”的人看到了“西方文明”中所蕴涵的极不文明、甚为野蛮的一面，特别是英法联军、八国联军极其野蛮地侵掠京津和第一次世界大战的爆发，更使他们从沉醉于西方文明的迷梦中猛醒。

正是社会现实的严峻警告、残酷教训和雄辩昭示，使“全盘西化”的资产阶级自由化倾向没有多大市场，也使“复古主义”苗头未能形成倾向。越来越多的中国人，首先是文化人、读书人，对中西学术文化渐趋采取了比较客观的态度，即力图从中西两方面加以融汇和贯通：一方面，认识到中国传统学术文化所存在的缺陷，及其对外来学术文化的开放、包容性；另一方面，又看到西方学术文化所蕴涵的进步性，及其对中国传统学术文化的认知、通融性。这样的态度，也在海外某些有识之士那里产生了共识。比如，20世纪20年代先后来中国讲学的美国哲学家约翰·杜威(1859～1952年)和英国哲学家伯兰特·罗素(1872～1970年)都认为，中国人既要保持自己传统的道德特质和人道主义的生活方式，同时也要学习西方的科学技术，东方文化和西方文化应在更高的层次上融合。杜威甚至提出要建立一种融合东西方哲学特点的世界哲学。(《北京大学哲学系史稿》，北京大学出版社2004年版，第8～9

页）

可以说，从清末民初到“五四运动”前后，中国社会的巨大变革和急剧转型，以其严峻的事实和实践，冲击、打破了中国文化人、读书人的思维定势，雄辩地向世人表明：“全盘西化”的主张并不合乎中国的实际，并不合乎中国的国情；因为偌大一个泱泱大国，别说其他深层次的东西，即使像言谈举止、衣食住行这样基本的生活环节，要是都“全盘西化”一番，也实在是痴人说梦。而拒绝任何“西化”、“欧化”的“复古主义”，也同样不切合中国的实际，甚至不合乎中国传统学术文化的自身特质和发展、进步的实际。因为中国的传统学术文化，从来就具有开放性和包容性，从来就不是闭锁、僵化的体系，而是开放、鲜活的系统，只是由于清代末期统治者的昏庸腐败和闭关锁国政策，严重桎梏以至几乎窒息了这一传统生机罢了。

中国社会的发展已经进入这样的时代：继续闭关锁国已经不可能，而要完全照搬西方的一套也不现实。具体到学术文化上来说，就是如何恢复其原有的生机和活力，在继承传统中一切精华的基础上，积极接受、吸纳西方进步思潮和科技文化中一切有益的东西。而“国学”则正是在这样的背景下产生的。

理解了这样的社会历史背景，就不难明白为什么在起初建构和提倡“国学”的人当中，不仅什么人都有(既有比较开明的学者，也有比较“守旧”的和“国粹派”的人士；既有在野的名流贤士，也有当朝的达官政要)，而且态度又变来变去了。这不仅表现在对有无“国学”的肯定否定态度上，也表现在对什么是“国学”的理解上。

上面的一些论述，是作为“后来者”的我们在过去将近一个世纪之后，才得以通过回顾历史所得出的认识(即使如此，也不能保证这样的认识就都正确了)，但当事情还在进行中的时候，当未来的事实尚未发生时，人们，即使是那些自命“未卜先知”、“先知先觉”的“伟人”，也是不可能完全预知未来的事变，而抱有完全准确的认识和正确态度的。

当我们研究清末民初的“国学”思潮时，就可以清楚地看到这一点。当时最初提出和倡导国学的代表人物，实际上是面对由“外学”、“西学”、“西方文明”所促成的大潮，觉得中国面临“灭国灭学”的危险，为了“救国救学”而提出的。在他们看来“国必有学而始立，学必以粹为有用。国不学则不国，学非粹则非学；非学不国，其将何以自存矣!”(邓实：《国粹学》，《政艺通报》甲辰 13 号)这就是说，国有学才立，学不粹则不成其为学，没有学就没有国；学问要是“亡”了，国家就会随之灭亡。所以，要想保住国家，就要“保学”即保住国家所特有的学问，而“保学”就必须保护国粹。国学就是“国粹”，保护“国粹”就是爱国，提倡国学，实际上就是提倡爱国。如章士钊(1881～1973年)所言：“国学之不知，未有可与爱国者。”(《国学讲习会序》，《章士钊全集》第1卷，文汇出版社2000年版)所谓“国学派”或“国粹学派”就是这样产生的。按其本意，“复兴国学”只是为了保护“国粹”，而保护国粹旨在保护“国学”，以抵制和反抗由于“西学”的冲击和“全盘西化”所可能导致的“灭国灭学”的危险。

国粹派的学者们认为，学问与国家密不可分。学问如果“亡”了，国家就会随之灭亡。所以，要想保住国家，就应保住国家所特有的学问。不爱自己国家的固有学问，就是不爱国。提倡国学，实际上就是提倡爱国。章太炎说：“为甚要提倡国粹？不是要人尊信孔教，只是要人爱惜我们汉种的历史。”他还说，要消灭一个国家，就必须先消灭那个国家的史书。有史书在，国家就不会亡。

在“五四”运动前后，西学在带来“科学”、“民主”思想和先进科学知识的同时，也带来西方人的妄自尊大，如一些西方学者极力鼓吹“中国文化西来说”，就是证明。国内也有人妄自菲薄，对中华文化古老文明的认同发生动摇。在这样的背景下，富有爱国心的有识之士，认识到长此以往，国将不国。因而认为追根溯源，寻找实据，证明古史，重建民族自信，成为攸关国家命运的一件大事。于是，在一批学者怀着强烈的爱国心“复兴国学”的同时，另一批学者则试图用史实来证明中华民族的古老文明，于是怀着强烈的责任感，开始了对周口店、殷墟等古文明遗址的考古发掘，使中国考古学应运而生，成为从史实上为国学提供证据的重要学科。

由此可见，“国学”从一开始就不是为了“复古”，不是什么“抵制西方‘科学’与‘民主’文化的一种借口”，更不是什么“狭隘、保守、笼统、含糊而且顽固透顶的口号”，而恰恰是为了“救国救学”而提出来的。最先提出和倡导“国学”的人，不是什么“泥古”、“复古”派，而是爱国爱族的进步文化人士。

这类对“国学”的非难和指责，实际上按照“两极式”的思维定势所作出的简单、武断的结论，是不切实际的，必须坚决摈弃！

当然，由于这样的思维定势流毒深广，又很容易为思想懒汉和不愿对事物做深入、周密调查的人所采用，也往往在不经意间涌入人们的头脑。所以，它不是想一想、说一说就能摈弃得了的。这就要求我们在自己的学术研究中，都应时刻警惕和防范它，自觉培养和树立灵活多样的立体式、全方位的思维方式。

二　“国学”“精”“糟”客观在

1.“精华”也有局限，切莫神化古人

看到这几年泛起的“国学热”，欣慰之余，又不免疑虑。

之所以感到“欣慰”，是因为不管人们对于“国学”一词的理解如何不同，但谁都不能否认这样的事实：具有悠久传统的中国古代学术文化，尤其是那些颇具代表性的典籍及其思想精华（拙作《“国学”览胜》已就其要者作了介绍，这里不再赘述），这几年来，正在从专业化的课堂和书本，走向社会，走向民间，呈现出一种前所未有的“大众化”趋势，对于推动“两个文明”建设，起到一定积极作用。

之所以“不免疑虑”，是因为看到在以“传授国学”、解读古代典籍为名的热潮中，某些专家、学者不大讲究科学的态度，以至偏离客观、历史的分析方法，让人隐隐约约地感觉有一味崇古、颂古，乃至神化古人的倾向，有的还相当严重。在他们的心目中，好像今不如昔，在科学技术突飞猛进，逐步实现信息化的当今时代，人们的聪明才智，还不如中国的春秋战国时期，不如“儒墨道法”者流，今人解决不了的难题，只要向他们请教，就什么都能“解决”了。

譬如，不管是《老子》《论语》，还是《庄子》《孟子》等，在时下某些“大师”、“名家”的嘴里、笔下，似乎都成了字字珠玉、句句真理，“放之四海而皆准”的“宝典”，以至将现在社会条件下被人类发明、创造出来的先进科技文化成果，像网络信息这种先进的科学技术，竟然也被归结到古代典籍之中，归结到老祖宗的名下。于是，像老子、孔子、庄子和孟子等等，都成了“未卜先知”的“预言家”，“无所不能”的“发明家”，成了句句真理、“浑身放光”的“完人”！有人尽管说“先秦诸子留下的不是包治百病的灵丹妙药”，却又说“先秦诸子”留下的“是应对变革的思想方法。有了这些思想方法，我们在遇到危机的时候，就知道该怎么看问题、想问题、解决问题。”

众所周知，社会存在决定社会意识。一定的思想方法，总是与一定的社会政治经济状况相联系的；而且从根源上讲，前者是由后者所决定的。这是

为历史和现实所反复揭示和证明着的真理。

因此，怎么能设想两千多年前的古人，能为两千多年之后的今人，“遇到危机的时候”，提供“知道该怎么看问题、想问题、解决问题”的“思想方法”呢?!

这不纯粹是违反人类认识和思维发展规律的无稽之谈吗!

请读者注意，我在这里并不是否认古人、包括先秦诸子的思想方法，对今人“看问题、想问题、解决问题”有一定的借鉴、启发作用，而是说，不能把问题绝对化，不能把古人神化，泛泛而谈、一概而论地认为“有了这些(先秦诸子)思想方法，我们在遇到危机的时候，就知道该怎么看问题、想问题、解决问题”了!

这种说教，完全违反史实。稍懂中国古代思想史的人都知道，包括孔子、老子、庄子和孟子等在内的古人，就连他们自己所面临的社会难题都未能全部正确认识，更未能解决，又怎么能为两千多年后的“我们在遇到危机的时候”，提供“就知道该怎么看问题、想问题、解决问题”的“思想方法”呢!?

遗憾的是，在包括《百家讲坛》在内的许多关于古代典籍的阐述中，这样的谬解随处可见。

不能否认，在古人的智慧和古籍中，确实蕴含大量可资借鉴的思想精华，尤其是那些集众人，乃至几代人的智慧所撰写、修订而成的古代典籍，则更是如此。但是，同样不能否认，世界上从来没有、也永远不可能有什么“完美无缺”的、永恒的事物，从来没有、也永远不可能有什么其智慧和思想至高到“空前绝后”的“圣贤”、“完人”，因而自然也就从来没有、永远不可能有什么“完美无缺”、“万古长存”、“放之四海而皆准”的著作及其思想方法。

万物皆流。

世界上的任何事物，任何人和事，都无一例外地处于生、长、壮、老、已的流变之中。生生不息，死死不休；生死交替，生灭反复。这就是事物，这就是世界。

因此，世界上没有、也不可能有一成不变的事物，因而自然也就没有、也不可能有体现或反映一定事物的一成不变的思想及其方法。再高明的人也是长、短处共有，再优秀的著作也是精与糟同在。古今中外，概莫能外。

所以，我们在讲评古人、古籍时，就一定要讲究科学的态度，即坚持用客观的、历史的态度来分析问题。一方面，要看到其在当时社会历史条件下，所表现出来的进步性和精华；一方面又要看到其所表现出来的局限性和糟粕。在着力挖掘、整理、弘扬古人、古籍思想文化当中的精华的同时，也要善于发见、剔除其中的糟粕，而不能不加分析地一味抬高、美化，甚至神化古人，更不能连其糟粕也当做精华随意进行敷衍、升华而加以颂扬、散播。

关于这个问题，我在多次呼吁“用科学的态度对待《周易》”时，曾这样写道：

“用科学的态度对待《周易》，就是倡导并坚持客观的、历史的态度。

《周易》作为迄今所见中国最早的一部文化典籍，至今至少已有三千多年的历史。它的内容和形式，观点和方法等，都是早已著就、固定了的，客观而实实在在地存在着的。不管以往、现在和未来的人们怎么对待它，它本身的这个客观存在是不依任何人的意志为转移的。人们只有正视、承认它的这种客观存在，而不无视、阉割、篡改，才有科学性可言。但《周易》作为中国古代文化发展史上的一部著作，同其他任何一部著作一样，有其产生的特定的社会背景，历史必然性和局限性，因而只有把它放到不断发展中的整个中国文化，乃至整个世界文化的链条中去探究、评价，才有科学性可言。

“不管是《周易》，还是围绕它所展开的‘易学’研究中的任何一部著作、任何一种观点，都有着其赖以产生的特定的历史背景、社会条件和具体氛围，以及作者特定的个人素质，而就总的发展趋势而言，不管是中国还是整个世界的文化，以及相关研究、创造者的个人素质，都是处在上升的、前进的发展过程之中的，因而任何时代任何人的任何著作，不管多么优秀，顶多也只能达到某一特定时代所可能达到的最高限度，而相对于整个中国和世界的不断发展着的文化而言，它们都必不可免地带有历史的局限性。就是说，即使最优秀的著作，也只能代表或体现它所处的那个特定时代条件下，人们的认识所有可能达到的最高限度，而这种高度，往回看可能是至高点，但往前看则肯定又不是至高点，因而就不可避免地既具有进步性又具有局限性，既具有精华又具有糟粕。最优秀的著作尚且如此，至于其他著作就更不待言了！”

“人类科学文化是不断发展着的‘流’，而每个人、每代人所能做的不过是这个‘流’中的一‘滴’。‘滴’是有限的，而‘流’则是无限的。没有‘滴’固然没有‘流’，但有限的‘滴’与无限的‘流’相比，永远具有不可避免的局限性。即使最亮丽的‘滴’，也不过是滔滔洪流中的一朵小小的浪花而已。”（《周易与人生》导言，东方出版社 2008 年 1 月版）

我在《奇门遁甲探秘》一书中，又进一步阐明并强调了这一见解：

世界上的任何学术文化，都处于不断发展着的历史流变之中。这个流变中的每一阶段，每代人、每个人所能做的，不过是其中的“一浪”或“一滴”。“浪”或“滴”总是有限的，而“流”则是无限的。没有“浪”或“滴”，固然就没有“流”，但有限的“浪”或“滴”与无限的“流”相比，永远具有不可避免的局限性。即使最亮丽的“浪”或“滴”，也不过是滔滔洪流中的一朵小小的浪花或水滴而已。同任何人类思想文化的成果一样，奇门遁甲是历史的产物，故不可避免地带有时代的烙印：既蕴涵着一定时代思想文化之精华，具有合理成分，又积淀着一定时代思想文化之糟粕，具有局限性。由此就决定了它所必然存在的“是”与“非”。无论夸大哪一方面，都失之于客观、全面。(《奇门遁甲探秘》，中央编译出版社 2011 年 1 月版)

不管是老子、孔子、庄子、孟子，还是体现他们思想的典籍《老子》、《论语》、《庄子》和《孟子》，都不过是中国思想文化，乃至整个人类思想文化发展川流不息之长河中的一滴，即使再亮丽、耀眼，“也不过是滔滔洪流中的一朵小小的浪花而已。”捉住这些浪花，加以欣赏，并竭力挖掘、汲取其中一切可资吸收、借鉴的养分，来为我们今天的思想文化建设服务，是完全必要的，但是，要是认识不到“有限的‘滴’与无限的‘流’相比，永远具有不可避免的局限性”，而把其中的养分加以无限夸大，无视其思想学说中的糟粕，甚至把糟粕也当成精华加以敷衍、升华、歌颂，这就不足取了。

“长江后浪推前浪，一代总比一代强 的趋势而言，不论是经济、社会的发展，还是思想文化和科学技术的 总是一代超过一代，今人超过古人的。这是被历史和现实反复证明着的客观事实，是被历史和现实反复昭示着的客观规律。衷心希望我们研究中国古代文化的专家、学者们，在讲评古人、古籍时，注意把握这样的客观事实和规律。

2.“糟粕”事出有因，务要具体分析

由于历史发展的前进性和无限性，“国学”在其发展过程中产生、积淀下某些糟粕即渣滓，并非偶然。一则因为人们的认识总是受到历史条件，主要是科技发展水平和认识水平的局限，即使再聪明的人也顶多只能达到他所处的那个时代所能达到的最高限度。这就是为什么即使任何时代人杰的思想、著述也必然带有局限性的根本缘由；二则因为人们的认识，又总是难于摆脱个人动机和情绪等主观因素的影响，因而使其思想和著述，总难免或多或少地表现出偏离客观事实和真理的倾向；三则因为慑于专制政治的高压或主动地依附权势，就更容易使思想认识产生偏颇、谬误，使言论和著述产生糟粕、渣滓。

翻阅中国学术文化史，就会看到即使像孔孟等那样的所谓圣贤先哲，其言论和著述中也照样存在糟粕，至于一般人就更不待言了。从董仲舒到程朱

陆王等，其学说中的渣滓无一不清楚可见。“五四运动”时期“新文化运动”中的所有代表人物，包括鲁迅在内，其言论和著述也都照样如此。即使曾经被神化，直到今天仍在不少人心目中依然被视为“伟大”和“正确”化身的领袖人物，其言论和著作中的糟粕，也同样客观存在。

万物皆流。任何思想、学说都是对客观事物的反映。世界上没有一成不变的事物，因而也就不可能有一成不变的思想、学说。任何思想、学说即使再正确，也只是对于它们所反映的事物的特定的时间、地点等条件而言的，只具有相对的意义。一旦超出了特定的条件，将其绝对化，那就自然失于偏颇和谬误了。

所以说，“即使最优秀的著作，也只能代表或体现某一特定时代条件下，人们的认识所有可能达到的最高限度，而这种高度，往回看可能是至高点，但往前看则肯定又不是至高点，因而就不可避免地既具有进步性又具有局限性，既具有精华又具有糟粕。最优秀的著作尚且如此，至于其他著作就更不待言了！”

也就是说，“国学”在其产生及其发展中，产生糟粕，是一种必然现象，是谁也不能否认的客观事实，再加上秦代以来，儒学在被“君学”化、“理学”化等等的过程中，不但原有的一些思想糟粕被人为地扩大了，并且搀上了更多思想糟粕，从而形成了更多的思想渣滓，我们不妨称之为“国渣”。

这类“国渣”，集中反映在以下几个方面：

(1)等级观念　等级观念是对于客观等级现实的反映。从周代的“天有十日，人有十等”，到《礼记》所云“礼不下庶人，刑不上大夫”、《论语》所云“惟上智与下愚不移”和“君君臣臣，父父子子”等等，都反映了鲜明的等级观念。春秋及以前时期的所谓“礼”，就包含给社会上各种身份的人规定的各种不同的身份、地位和待遇，就连穿戴和行为举止都各不相同。如君王、大臣、将相、官吏、商贾、文人、手工艺者、农民、仆人等等；而除君王以外的每一等级中又分若干等级，可以说等级森严。在这样一个等级森严的社会里，其地位越是往上，其自由度越高，独立性越大，到君王就可以随心所欲、为所欲为了！而其地位越是往下，其人身从属、依附性则越大，待遇越低，甚至说不上待遇，只有像羔羊一样被宰割罢了。在有君王存在的社会制度下，难道史实不是这样子的吗!？至于像“民可使由之，不可使知之”一类的话，则与此不同，纯粹是人为地进一步将人加以“等级”化了。即使如此，在专制时代，这句话却也反映出那种残酷的现实：居于统治地位的人可以任意发号施令、为所欲为，而居于被统治地位的人，即“民”则只能不动脑子地听从他们的摆布了！这既是对于专制制度下的客观存在的等级现实的反映，同时无疑更是在为尊卑、贵贱、贫富等客观存在的等级社会的现实，制造并提供理论依据。

等级的实质是地位上的尊卑，而尊卑的实质则是人身依附；人身依附则必然导致剥削和奴役。等级制度正是为了维护和延续这种客观现实而产生的，一直延续至今。新中国成立之初，曾一度想削弱、铲除这种制度，可惜没有多久，这种制度不但未能被铲除、削弱，反而越来越被强化，被推向极致，而且还披上了迷人的华丽外衣！譬如，给居于高位的特权人物，终身配备秘书和保健医生，享受各种特殊待遇的制度，就远远地超过了封建专制时代。在封建专制时代，除了帝王有御医外，包括宰相在内的高官一旦致仕即退休，都不曾享有医疗上的特殊待遇，更没有什么皇家给配有的秘书之类的侍从。所以说秘书制，是现在等级制的体现。仔细比较，就会发现秘书在人格上与太监并没有本质上的区别。而秘书的地位越高，其权势越大，也就很容易导致雷同于“宦官擅权”现象的出现。现在不但强化秘书制度，而且将从秘书中提拔干部当做好的举措加以推行，乃至制度化，而对于秘书的职权却没有严格的限制，或者虽有限制，但只是一纸空文而已。这就不能不导致、助长秘书专权、任人唯亲等腐败现象的出现。程维高的秘书李真窃据高位，贪赃枉法以至被绳之以法的残酷事实，所给以的昭示和教训够触目惊心的了！作为等级制度产物的秘书制度，就其本质而言，是与社会主义和共产主义制度背道而驰的。

(2)重官观念　《论语・子张》本来写的是“仕而优则学，学而优则仕”，其本意旨在强调“仕”与“学”、“仕而优”与“学而优”的辩证关系，并且把“仕而优则学”置于“学而优则仕”之前，其侧重点不言而喻。可是后人却偏偏只记住了“学而优则仕”，不仅理解偏离原意，且加以绝对化，致使重官观念，“官本位”思想加重。

所谓“官本位”，是指整个国家的社会价值观都以“官职”来定位，官越大其身价就越高，官越小其身价则越小；即使与官不相干的职业，也都比照“官职”来衡量、定位。即如现在之工程师、教授，乃至寺庙的主持、僧人和道姑等等，都不例外。中国的“官本位”起源很早，一有国家出现，它就产生了，在春秋战国时期一度受到冲击，但到一统的秦帝国建立，伴随“任命制”即由皇帝直接任命各级官吏制度的实施，“官本位”也随之进一步被制度化。秦始皇统一中国以前的“官本位”，由于世袭制的存在，对处于“世袭”外围的广大老百姓而言，可望而不可及，所以只能眼睁睁地“望洋兴叹”，或干脆绝了升官之念。而秦始皇统一中国后，伴随世袭制的被打破和“任命制”的推行，“官本位”开始对处于“世袭”外围的广大老百姓，具有了现实的、巨大的诱惑力。因为“官吏”不仅仅是权力的象征，而且成为支撑和带来财富的杠杆，成为社会“含金量最高”的阶层。“官本位”伴随隋唐科举制度的实行而趋于兴盛。到宋代随着科举制度的完善而趋于成熟。宋太祖赵匡胤为了防止他人仿效自己也搞“陈桥驿兵变”，便大量任用文官以限止武将的权力，使官吏数量成倍膨胀。到明代“官本位”则走向极端。此前一个人学有专长，尤其是文学才能出众的话，即使没有当官，依旧能够得到社会某种程度地尊重和认同，有些谢辞官职的隐士甚至能得到社会的普遍尊重和赞誉。但朱元璋为了自炫“盛世”竟不准人“归隐”，否则杀头，虽不能说绝对奏效，但确实使得“官本位”极度膨胀，渗透并钳制了全社会的各个细胞。

“官本位”与现代文明在本质上是格格不入的。或许由于中国特殊的国情，尽管建立社会主义制度半个多世纪了，实行改革开放也30多年了，可是“官本位”依然存在，乃至被越来越制度化了。

官本位是对学本位的扼杀。由此所导致的重官轻学是对学术文化和相关人才的轻蔑、压制和摧残，是明末以后科技落后和国力衰微的重要根源，也是当今影响、钳制学术文化进一步获得长足发展的主要根源。官本位的实质是权本位。当社会的各行各业都被用官职的“准星”来衡量其价值时，当全社会都被诱使得围绕权力轴心旋转时，那么，社会各行各业的生机，尤其“缺乏油水”的学术文化领域的生机必然受到钳制、窒息！

官本位一直延续至今，甚至被强化和制度化。人们之所以敬官又恨官，骂官又争官，仇官又恋官；政治迷信、权力迷信和个人迷信等“三大迷信”，之所以猛烈膨胀，极度盛行，皆源于“官本位”！不革除“官本位”制度，就不可能有各种人才及时而恰当地涌现而被重用，就不可能有各行各业都富有活力和生机的发展，就不可能有社会的和谐！

（3）尚虚轻实观念　由于“官本位”作怪等原因，中国学术文化崇尚海阔天空的玄谈，而轻视真真切切的实际，从而导致重理轻技（重视理论而轻视技术），重判轻析（重视整体判断而轻视实验分析）等。空谈之风盛行，追求理论的完善而不注重实际问题的解决，为了个人和切近的利益而冥思苦想地杜撰、臆造各种奇谈怪论，这在中国历史上，在“国学”发展过程中，屡见不鲜，而且比贴近实际的“实学”更受统治者青睐和推崇，因而比较发达，历代的科举考试就从来没有“实学”方面的内容。像董仲舒带有浓郁的神秘色彩的神学目的论和天人感应论，东汉的谶纬迷信，以至宋明理学中的许多难于实证的学说，长期发展、延续，由此导致重理轻技、重判轻析、重农抑商、重义轻利，以及空谈虚夸之风盛行，追求理论的完善而不注重实际问题的解决。譬如《春秋公羊传》的“据乱、升平、太平”“三世”之说，和“天下为公”的思想，早在春秋战国时期就提出来了，在当时等级森严且政治压迫和经济剥削残酷的社会条件下，根本不可能行得通，可硬是被提了出来，还得到统治者的认可，并为尔后的历代统治者和文人、学士们所津津乐道！还有“和谐社会”的理想，也跟“三世”之说和“天下为公”思想一样，老早就被提了出来，并被历代统治者和文人、学士所宣扬、称道，但因为根本脱离社会现实，所以一直停留在嘴上和纸上。

即使在冠冕堂皇的“天下为公”和“民贵君轻”的著名理论中，我们都可以看到这类说教，与两千多年以来血淋淋的专制统治的现实，是多么不切实际！将娓娓动听的言辞编制成闪光耀眼的花环，用以诱惑民众，使他们在沉迷于不切实际的梦幻中听从专制统治者的摆布，这就是尚虚轻实观念的实质所在。直到今天，这样的现实依然存在。只要看看那些贪腐的官员，包括被冠之于各种殊荣的“代表”、“委员”，一个个翻身落马，乃至被绳之以法前的美言和恶行，就一目了然了。

“天下为公”，及人与人、人与自然等等“和谐相处”的社会，确实美好，确实让人们，尤其是让处于社会和生活底层的、还时不时遭受衣食困扰的大众百姓向往啊！可是，要真正实现这个美好的理想，任务相当艰巨，路程还相当漫长啊！且不说在压迫和剥削还存在的境域下根本不能实现，即便是消灭了压迫和剥削，只要等级制度还存在，只要贫富差别还存在，就不可能真正实现！腰缠万贯的人即使向马路上的乞丐再慷慨施舍，居住在豪宅别墅的人即使向住在陋室中的人捐赠再多，他们之间也是不可能有什么真正的和谐的！

(4)重群轻己观念　孔子的“杀身成仁”和孟子的“舍生取义”思想，以及“天下兴亡，匹夫有责”这句豪言壮语下，所蕴涵的是中国人为爱国爱族而不惜慷慨赴死的重群轻己观念。在维护国家主权、捍卫民族尊严的抗敌御辱的正义斗争中，起了巨大的作用，并形成爱国爱族的群体观念。这是中华民族的优点，是中华民族之所以具有强大的内聚力、向心力和凝聚力，而永远不为外敌所折服的思想基础。但是，在专制制度下，爱国爱族的群体观念往往被重群轻己的观念所取代，并在“忠孝节义”等封建纲常的锈蚀下被推向极端，而忽视个体的生存，个性的自由、尊严和人格、人权，导致民主意识和民主传统的严重缺乏，从而严重束缚、钳制了人的自由而全面的发展，使臣民一个个沦为专制统治者任意玩弄和驱使的工具。

在这当中，“愚忠”观念危害更甚。忠于祖国，忠于人民，本是中华民族大家庭成员的可贵品质，在维护国家主权、捍卫民族尊严的抗敌御辱的正义斗争中，起了巨大的作用。但是，在君王专制下，老百姓“忠于祖国，忠于人民”的观念和感情，却被专制统治者利用并引向极端，成为愚弄和束缚老百姓的“愚忠”观念。

(5)尊尊亲亲观念　尊尊亲亲观念是宗法制度和家族本位的体现，是导致世袭和变相世袭制，重情轻法，裙带关系、拉帮结派和任人唯亲之风盛行的主要根源。

传说在五帝时代，主要是选贤任能的“禅让”制，到夏、商时代虽然实行世袭制，但并没有“传长”等规定，而是可以在子侄辈中择优物色接班的人选，因而“尊尊而亲亲”观念还不明显。可是到了周代，“尊尊而亲亲”观念则开始风行。传说周初分封诸侯之后，姜尚和周公(姬旦)分别被封于齐和鲁。姜尚问姬旦：“您怎样治理鲁国?”姬旦回答：“尊尊而亲亲。”姬旦反问姜尚：“您如何治理齐国?”姜尚却直言相告：“尊贤而尚功。”这个传说见诸《淮南子·齐俗训》和《汉书·地理志》。“尊尊亲亲观念”由周礼的主要制定者周公肇始，在鲁国风行，并被孔子所尊奉，实非偶然。

“尊尊”，就是尊敬应尊敬的人，讲的是尊卑贵贱有序，实际上是等级关系的体现；“亲亲”，即亲爱应亲近的人，讲的是父慈子孝、兄友弟悌之类的伦理道德，实际上是血缘关系的体现。“尊尊而亲亲”是礼治的另一种说法。

在看重周礼的孔子心目中，周礼中最重要的原则就是“尊尊亲亲”，即尊卑贵贱有序，父子长幼有别。为此孔子提出了正名的主张。而孟子则根据“尊尊亲亲”提出具有深远影响的“父子有亲、君臣有义、夫妇有别、长幼有叙、朋友有信”(《孟子·滕文公上》)的“五伦”或“五常”原则。

所谓“尊尊而亲亲”都是本着忠、孝、信、义等准则推衍而来，目的是为了“明贵贱，辨等列，顺少长。”《墨子》对此曾予以批判：“若苟贤者不至乎王公大人之侧，则此不肖者在左右也。不肖者在左右，则其所誉不当贤，而所罚不当暴。王公大人尊此，以为政乎国家，则赏亦必不当贤，而罚亦必不当暴。若苟赏不当贤而罚不当暴，则是为贤者不劝，而为暴者不沮矣。是以入则不慈孝父母，出则不长弟乡里。居处无节，出入无度，男女无别。使治官府则盗窃，守城则倍畔，君有难则不死，出亡则不从。使断狱则不中，分财则不均。与谋事不得，举事不成，入守不固，出诛不强。故虽昔者三代暴王桀纣幽厉之所以失措其国家，倾覆其社稷者，已此故也。”“亲戚则使之，无故富贵，面目佼好则使之。夫无故富贵，面目佼好则使之，岂必智且有慧哉?

若使之治国家，则此使不智慧者治国家也，国家之乱，既可得而知已。”墨家学派对“尊尊而亲亲”之巨大危害的批判，是切中要害、一针见血的。

但是，“尊尊而亲亲”观念到秦汉又有所发展，尤其是伴随“委任制”的出现，“尊尊而亲亲”观念进一步得到权力杠杆的支撑，在血缘关系之外，又多了由于利害关系而联系在一起的朋党帮派关系。这样，“尊尊而亲亲”就其实质而言，所尊的是地位权势，所亲的是亲眷朋党。于是，“一人得道，鸡犬升天”；“一人得势，一家升迁”；“一人腾达，一帮升官”的现象开始涌现，而且越演越烈。等级森严而又盘根错节，却枝叶勾连；裙带成风而又朋比为奸，并沆瀣一气。就连律法都明确规定皇帝的亲戚、大臣、掌权者即使犯十恶不赦的重罪都可相应的减轻处罚。“尊尊亲亲”成了天经地义之事，于是乎官员选拔的机制中有了“荫庇”当官的明文，至于私下任人唯亲、拉帮结派的事则更比比皆是。为官任亲祸害一方，而选定皇位继承人则更是视同儿戏，哪怕继位者是白痴和襁褓孺子，满朝文武也得无条件地臣服，由此所导致的腐败和战乱以至改朝换代，数不胜数。根据《史记》记载，夏、商时代王位继承人尚可选择贤能的弟兄子侄，所以这两个王朝尽管也多次出现衰败之象，但因选贤立嗣，又多次中兴，而到了周朝确定嫡长传位制度之后，则只经三百年便一蹶不振，陷于分崩离析状态。从古至今，所谓“冯唐易老”、“李广难封”的千古悲叹，均不能说与“尊尊亲亲”的现实无关。时至今天，虽然“任人唯贤”喊了多年，政治体制和干部选任制度进行了多次改革，颁布了许多规则、条例，但事实上“尊尊亲亲”的遗毒依然存在，因而变相的世袭制、裙带风，尤其是拉帮结派、朋比为奸的歪风依然存在，甚至相当普遍。所谓“说你行就是行，不行也行；说不行就不行，行也不行；不服不行”的口头禅之所以产生在20世纪90年代，并不胫而走，绝非偶然，正好反衬出“尊尊而亲亲”观念的遗毒，即使在中国特色社会主义制度下，依然严重存在，成为导致人事腐败的重要根源。

(6)乐命知足观念　“安天乐命”、“安常处顺”和“知足常乐”等观念，是农耕社会和小农经济的反映，在用以维护统治者的既得权力和利益等方面，自然具有十分重要的作用。所以它能得到统治者的青睐。而对于广大老百姓而言，它显然是一种安慰剂和麻醉药。所以，每当社会处于危机和动荡的时刻，统治者就越加提倡。诚然，因为人活着全凭一口气，而“安天乐命”、“安常处顺”和“知足常乐”等观念，有益于防止气机失常，因而有益于养生保健。但若将这些用以建功立业，则容易导致坐井观天，盲目自负，安于现状，不求进取，笑穷恨富，笑笨妒能，不敢冒尖，妒忌冒尖，和阿Q精神等等。撇开极少数无衣食之忧的旷达隐逸之士将此作为养生保健的要诀外，至于大多数的中国的老百姓，则均受到其麻醉。中国老百姓之所以在不堪重负的压迫下，只要能填饱肚皮，就依然忍辱负重地埋头拉车；中国农民之所以有“十来亩地一头牛，老婆孩子热炕头”的期望值和满足感；中国的知识分子之所以“物美价廉”，“忍耐性”和“耐受力”极强，稍给一点点儿好处就以为幸得“知遇之恩”，就发誓像犬马一样“以死相报”等等，盖与此有关。而历代的统治者，之所以能为所欲为地对中国人民实行残酷地压榨和剥削，并惯于以小恩小惠来笼络人心，也大都与此大有关系。

(7)惰性恋旧观念　当一个新的王朝初建时总是先反对，而后认可，到灭亡时却又百般维护、迷恋，大唱挽歌，充当遗老遗少派。这种积习成常的惰性思维屡见不鲜，总是革命和革故鼎新的阻力。这在清初和清末表现得尤其明显：从清初的为“留发”而不惜杀头，到清末为“保住辫子”却又如丧考妣地呼天抢地，就是这方面的典型。这是缺乏对历史发展规律洞察的表现。

惰性恋旧观念，是缺乏辩证思维和对历史发展规律缺乏洞察的表现。殊不知：世界上既没有一成不变的事物，也没有一成不变的制度，更没有一成不变的思想。任何事物、制度和思想等等，只具有相对的意义。静是相对的，动是绝对的。因有相对的静，才得以使人认识和体察、建构事物、制度和思想；而动的绝对性，则又使人不滞于物。不管是事物、制度和思想，都要因时应变、与时推移。静不离动，万物皆流。人世和宇宙的一切都处于永远不停息流变之中。若是不通此理，便会时不时陷入对万物的变化陷于忧思忧伤的惰性恋旧观念之泥潭中，而不能自拔。而千千万万被剥夺了学习和了解历史演进规律的臣民，则总是以这样的“牺牲”、“沮丧”，有意无意地充当着改朝换代的工具。

类似的“国渣”还很多，不再一一列举。每一种“国渣”的形成和传积，都有其具体的缘由。所以，当我们为着“两个文明”建设的需要，而要清楚它们时，也务要具体分析。事物的复杂性和多样性，使得它们的正负作用往往并存。譬如，“知足常乐”观念，用以敬业，自然不可取，但用于养身保健，则就是非常必要和可贵的了。

三 “国学大师”谁堪配

1. 该怎么界定“国学大师”

近年来看到几所名牌大学关于“国学”讲座的授课人名录，竟是一连串的“著名国学大师”，不禁令人瞠目结舌。“著名”不著名姑且不论，单是“国学大师”之称谓，就实在令人困惑！

明明顶多称得上“中国史学”、“中国哲学史”和“中国思想史”家的学者，怎么竟一下子都变成“国学大师”了呢?!

到底该怎么界定“国学大师”呢?

“大师”者，系指人们对在学问或艺术上有很深造诣者的尊称。鉴于“很深的造诣”迄今并没有确定的、公认的标准，所以人们尊称某些在教学科研中成绩显著、著述较丰的专家、学者为“大师”，似也无可厚非。但是，“国学大师”的称谓，愚以为不宜随便滥用。

“国学”即便作为中国学术文化的简称(详见拙著《“国学”览胜》)，其蕴含极其丰富，单是在先秦，就有“百家”之说。在对于先秦“百家”的理解上，虽然历来众说纷纭，我们也不便一一列出“百家”之名单，但至少包括阴阳、道、儒、法、墨、名、杂、小说，诗赋、纵横、兵、农、医、算、天文、地理、水利、堪舆、数术、纺织、建筑、制陶、冶炼和交通等等诸家学说。

而在秦汉以后，经过国学所固有的“贯通古今，融汇内外，综合创新”基本规律的作用，又涌现出许多新的学派和学说，那么，作为“国学大师”，理应是对国学所蕴含的各家各派的学说都比较精通，并富有“很深的造诣”者；即使打个折扣，也理应是对其中多半以上的学说富有“很深的造诣”者。可是，人们今天所称道的“国学大师”，有几个人符合这个标准呢?

当然，由于中国学术文化的特殊性，没有西方那样的分科，所以不论研究历史还是研究哲学的，尤其是研究学术史、思想史的学者，对上述多数内容可能有所涉及，但毕竟各有侧重，所以即使在各自的领域再有造诣，其著述也大多相对比较单一，尤其是缺乏为大众所喜闻乐见的文学，和对社会发展起重大推动作用的科学技术方面的著述，所以称这些人为“国学大师”，似也欠妥。况且，名单中的多数人，都在70岁上下，历经了众所周知的长达二三十年的文化专制和禁锢，不少人还在“右派”、“资产阶级反动学术权威”等帽子的重压下，饱受磨难和坎坷，其研究和著述长期受到压制，遭受巨大损失，甚至出现长期空白。在一个对原有的“国学大师”实行残酷专政和摧残，根本就不准出“大师”的时代，怎么在“解冻”不久，居然一下子就冒出那么多的“国学大师”来了呢?!

当然，要是有谁像以前如明末清初的学者王夫之那样，在避难或蛰居期间，偷偷地潜心著述，留下一系列“国学”著作，那也无妨堪称“国学大师”，可是，请对照“国学大师”名单，一个个地掂量掂量，他们当中有像王夫之那样的学者吗?!

张岱年先生(1909～2004年)在2003初，面对《北京青年报》记者的专访，坦诚地说：“有人说我是‘国学大师’，实际上我只是研究国学的一部分，主要是哲学思想，而文学、史学我研究得并不多，中国古代的科学就研究得更少。”

从张岱年先生的坦诚而简要的回答中，我们可以窥知他对“国学大师”的见解：即至少要涉及哲学、文学、史学和古代科学等几个领域，并有突出的建树。中国古代的科学成就是举世公认的，张岱年先生虽然在这里没有具体谈及其具体内涵，但像天文、历算、农学、医学和养生学等等，至少包括在其中，可这些几乎都被长期排斥在“国学”家们的视野之外。

张岱年先生实际上提示了“国学大师”的最起码的标准，可是，看看某些著名学府所开列的那一串串的“国学大师”名单，有几人合乎这个最起码的“国学大师”标准呢?

当然，要是从“杀富济学”或“杀富济文”，即通过某种冠冕堂皇的方式把学者们的身价尽量抬高，以吸引那些想镀镀金或想获得什么“资历”“文凭”的，腰缠万贯的富豪、大亨参加相关的讲座，让他们乖乖地把口袋里的钱掏出来，用于周济学术或文化建设的话，我倒是赞成的。但是，作为学者自己，应该像张岱年先生那样，当有自知之明才好。

这里显然牵涉到“大师之学”与“大师之德”问题。

2.“大师”之学与德

所谓“大师”者，既然系指人们对在学问或艺术上有很深的造诣者的尊称。那么，凡称得上“大师”者，其学问理应在同行、同专业中当属于出类拔萃者；而凡称得上“国学大师”者，其学问自然理应在“国学”研究的范围内属于出类拔萃者。而我们的“国学”，则是个包括自然科学、社会科学和思维科学等在内的，蕴含极为丰富的称谓，所以，凡称得上“国学大师”者的著作，也理应体现这样丰富的内容，即使按照西方学科的划分而言，也应是多面手，百科全书型的学者，既有卓有建树的学术著作，也有脍炙人口的文学作品，等等。

另外，我以为，“大师”之所以为“大师”，还不能光看学问，光看作品，还要看道德即人品、文品，看文品与人品是否统一，即是否属于融人品与文品于一体的“道德文章”者流。

“师者，所以传道授业解惑也。”而“学高为师，身正为范。”因此，“大师”理应是学问和品德方面之典范。

假如学富五车，学问做得很大，文章也写得呱呱叫，但人品却很差，尤其是文品与人品脱节，言行不一，口是心非，讲堂上、著作中说的、写的是“富贵不能淫，贫贱不能移，威武不能屈”，“士可杀而不可辱”，可一到外敌入侵，就卖国投敌，充当汉奸，“富贵淫其心，贫贱移其志，威武屈其节”，或面对强权则一味卑躬屈膝，趋炎附势，“学风随着政治风标转”，充当“不管什么时候都吃香”的“吹鼓手”；或“满口仁义道德”，而行动上则男盗女娼；或口里老是叨念“淡泊名利”，而实则争名于朝、夺利于市，沽名钓誉、治学不严、投机取巧、差错百出，却又师心自用，听不得批评意见，甚至“拒绝一切批评”等等。那么，像这样缺乏中华学人的良心、良知的“缺德”学人，也是断断不配当“大师”的！

需要特别强调的是，“大师”之所以堪称“大师”者，不仅仅在于其学问之渊博和建树之卓著，更在于其虚怀若谷的胸襟，虚一恬静的心怀，尤其是学而不厌、诲人不倦的精神。

有道是“至人无己，神人无功，圣人无名”。真正的“大师”，从来对此称谓默然视之，更不师心自用。前面提到张岱年先生在回答《北京青年报》记者的提问时，就昭示出这样的大师风范。还有著名的书斋型学者蒋孔阳先生（1923～1999年），也是当今融高尚人品与文品为一体的“道德文章”之典范。他为人一向淡泊恬静，宽容大度，但在学问上却一直“不懈追求”，却又恪守“为学不争一家胜，著述但求百家鸣”的治学态度。他说：“知识分子应以专业为社会服务。学者应当以学术为社会服务，不是用讲话，也不是用赚钱，而是用思想用知识和学问。”当有人问他：“你拼死拼活地干，又能有什么好处？”时，他淡然回答：“做学问，本来是出于爱好，出于对真理的追求，出于想对社会有一点贡献，而不在于自己有什么好处。如果要讲好处，自然用不着走学问这一条道路了。”他一生在美学研究等方面，成就斐然，却虚怀若谷，坦言：“人生在发展，事物在变化，学问也应当不断地发展和变化。我们不要以为自己已经到了‘顶点’，灵珠在握，天下都得听我的了。浮士德与魔鬼订约，要永远不满足，一旦满足了，他的灵魂就得归魔鬼所有。我想，我们做学问，也应当有永不满足的精神。一旦我们了不起了，满足了，我们的灵魂也将为魔鬼所攫去。”（玉圣：《蒋孔阳：没在创造中》，《中华读书报》1998 年 11 月 4 日）

在我看来，张岱年和蒋孔阳先生，至少作为中国哲学和美学方面的“大师”，是当之无愧的！

还有季羡林先生（1911 ~ 2009 年），在 2006 年年底出版的《病榻杂记》中，第一次廓清了他对于世人“加”在自己头上的“国学大师”、“学界泰斗”、“国宝”这三顶桂冠的看法，特“昭告天下”，请予摘掉。并称“三顶桂冠一摘，还了我一个自由自在身。身上的泡沫洗掉了，露出了真面目，皆大欢喜。”则更昭示了其不同凡响的大师之德！

总之，我认为“国学大师”是一个很有分量的称誉，是一顶很耀眼的桂冠，不是随便什么人都可以佩戴的。现在人们所称道“国学大师”，实际上顶多只是史学家、哲学史家等而已。这是仅仅就其学问而言。至于就“师德”而言，不少人就更成问题，距“国学大师”就更远了。

3. 当之无愧的“国学”大师梁启超、陈寅恪

有人会问：那么，在近一个世纪中，我们到底有没有名副其实的“国学大师”？

当然有。

2006 年 6 月 1 日，由国学网、中国人民大学国学院、百度网联合主办，中国台湾网协办的“我心目中的‘国学大师’”评选活动揭晓。评选活动自 4 月 12 日启动，通过网络、邮寄、短信等方式，共收到来自两岸三地以及海外华人的 120 多万张选票。从 50 位候选人中选出了“十位‘国学大师’”：王国维、钱钟书、胡适、鲁迅、梁启超、蔡元培、章太炎、陈寅恪、郭沫若、冯友兰。

活动主办方表示：对于“我心目中的‘国学大师’”评选结果，虽然一些专家学者从不同的角度提出了自己的看法，但都表示网民有权做出自己的选择，相信网民的投票结果。

然而，我却认为，由于网民的文化阅历，尤其是对于“国学”及“国学大师”认知上的差异等等，而在学富五车的学者中上网的人有限，参与该项活动的则更加有限，所以，对于这样的“活动”及其“评选结果”之局限性理应看

到。但是，该项活动在网友中所引发的对“什么是国学”、“谁配称国学大师”的争论，其意义却不可低估。

我不想就上述十人是否配称“国学大师”，逐一点评，但据自己的理解，“国学大师”的评选在“学”与“师”两个方面当有更严格的标准，而依照这样的标准，上述名单中的某些人，单就“大师”之德而言，就远远不配。但对于其中的梁启超和陈寅恪而言，“国学大师”的桂冠，则是当之无愧的。

梁启超当为20世纪上半叶之“国学大师”，而20世纪下半叶的“国学大师”，则首属陈寅恪。

让我们先看看梁启超。

梁启超（1873～1929年），字卓如，一字任甫，号任公、饮冰子，别署“饮冰室主人”，广东新会人。幼年即从师学习，“八岁学为文，九岁能缀千言”（《三十自述》，《饮冰室合集・饮冰室文集之十一》，中华书局1989年版），17岁中举。后师从康有为（1858～1927年），成为资产阶级改良运动的宣传家。与康有为一起联合各省举人发动“公车上书”运动，后来先后领导北京和上海的“强学会”，又与黄遵宪（1848～1905年）一起办《时务报》，任长沙时务学堂的主讲，并著《变法通议》，为变法制造舆论，成为戊戌变法（百日维新）的领袖之一。戊戌变法失败后，与康有为一起流亡日本，曾一度与孙中山（1866～1925年）为首的革命派有过接触，受到一定影响，但在基本主张上却相左，先后创办《清议报》和《新民丛报》，鼓吹改良，反对革命。同时，大量介绍西方社会政治学说，在当时的知识界影响颇大。1905～1907年，改良派与革命派的论战达到高潮，作为改良派的主将，他遭到革命派的反对。

1906年，清政府宣布“预备仿行宪政”，梁启超当即表示支持。1907年10月，在东京建立“政闻社”，期望推动清政府实行君主立宪。后由于清政府并不真心实行宪政，使其期望落空，“政闻社”也因受到查禁而宣告解散。武昌起义爆发后，他一度宣扬“虚君共和”，企图使革命派与清政府妥协；民国初年又支持袁世凯，并秉承袁意，将民主党与共和党、统一党合并，改建进步党，与国民党争夺政治权力。1913年，进步党“人才内阁”成立，他出任司法总长。袁世凯称帝野心日益暴露，他起而反对，于1915年8月发表《异哉所谓国体问题者》予以猛烈抨击，随后与蔡锷策划武力讨袁，促使护国战争在云南爆发。翌年，他赴两广积极参加讨袁斗争，为护国运动的兴起和发展做出重要贡献。袁世凯死后，他依附段祺瑞，拉拢一些政客组建宪政研究会，与支持黎元洪的宪政商榷会对抗。1917年7月，段祺瑞掌握北洋政府大权，他因拥段有功而出任财政总长兼盐务总署督办。1917年9月，孙中山发动护法战争，1917 年 11 月，段内阁被迫下台，他也随之辞职，从此退出政坛。1918 年底，他赴欧考察西方社会，发现许多弊端；回国之后，即宣扬西方文明已经破产，主张光大中国传统文化，用东方的“固有文明”来“拯救世界”，随即以主要精力从事文化教育和学术研究活动，写下了《清代学术概论》、《中国近三百年学术史》、《先秦政治思想史》、《中国历史研究法》、《中国文化史》等具有很高学术价值的著作。

梁启超是一位在退出政治舞台后，能在学术研究上取得巨大成就，被公认为“一位百科全书式”的少有人物。他敢于创新，推动了“史学革命”，并在革新文章风格方面，一马当先。早在辛亥革命前，他就在与革命派的论战中就发明了一种新文体，介乎于古文和白话文之间，使得文化人和普通百姓都乐于接受。他瞩目中外，博览古今，因时应变，综合创新，不仅像“中华民族”这样的称谓始自他，而且像“政治”、“经济”、“科技”、“组织”、“干部”等等词汇，皆始于他。

梁启超思维敏捷，兴趣广泛，一生著述宏富，在文学、史学、哲学、佛学等几乎所有的学术领域，都有较深的造诣，不乏真知灼见。其著述在 1936 年版的《饮冰室合集》中，分《饮冰室文集》16 册(45 卷)和《饮冰室专集》24 册(104 卷)，共 109 卷，1000 万字。该书之中华书局 1989 年版，是 1936 年版的影印本，装订成 12 册，共 11094 页。1 至 5 册是《饮冰室文集》，6 至 12 册是《饮冰室专集》。

我在前面谈及“国学大师”的最起码的标准时，提到“至少要涉及哲学、文学、史学和古代科学等几个领域，并有突出的建树”，通过 1936 年版的《饮冰室合集》篇名详目可以清楚看到，就其著述的范围而言，从时评、政论、变法、维新，到学术文化的诸多领域，几乎都涉及了，在哲学、文学(散文、诗歌、小说、戏曲及翻译文学等方面均有作品行世，以散文影响最大)、史学、经学、法学、美学、伦理学、宗教学、书法艺术等领域，均有建树，尤以史学研究领域为最。

对此，迄今学界发表、出版的论著已经很多，故在此我就不再赘述了。

在此，我要强调说明的是，之所以将梁启超视为中国 19 世纪上半叶，当之无愧的“国学大师”，除了在学问方面，他确实有涉及“国学”诸多领域的、百科全书式的著述，并有“突出的建树”之外，更在于他的“大师”之德，那种近乎严酷的、敢于不断自我解剖、自我批判，迄今难得一见的光明磊落的人格、人品！

“国学大师”不是生而俱就的，而是在漫长而艰苦的学术跋涉、求索中，逐渐成就的。

称某某为“国学大师”，并非说他的研究和著述，他的言谈举止，他的为人、为文，就完美无缺，就一贯正确，一切都好，浑身发光，毫无瑕疵！不是的，“国学大师”也是人，而且就吃喝拉撒、七情六欲等等人的共性而言，他们和常人并没有什么不同！即使就学术研究和著述而言，他们也会出错，也会有闪失；就为人而言，他们也会失足，甚至会犯很大的错误。

但是，他们之所以配称“大师”，就在于他们有不同凡响的过人之处，其中最为突出的一点就是：不论在为人、为文方面，他们都能依据实践和事实的检验，及时不断地发现、认识、纠正自己的错误和闪失，因而是融人品与文品为一体的大学者！

在 19 世纪上半叶的中国学者中，梁启超正是这样的一位人物！

梁启超身处多变的时代，自称是一个“流质”之人。所谓“流质”，就是不断变化、流动着的思想品质。

通观梁启超的一生，其思想品质，确实一直在伴随时代、时势的发展，而不断变化着。

为什么会这样？

就是因为他不断地依据变化着的时代、时势的发展变化，依据实践的检验，不断地自我反省、自我批判、自我改造、自我完善。“所谓我操我矛以伐我者也”，“不惜以今日之我，难昔日之我”，就集中体现出这一点。于是形成其“流质”，即多变的思想品质。

因此，可以说，梁启超是在多变的时势下所造就的，一位具有多变的思想品质的“国学大师”。

最能说明梁启超这种变化的，莫过于他在由主张孔教是教，转而认为孔教非教上。

梁启超早年师从康有为，认为孔子是一个“改制立法，作六经以治万世”的“大圣人”。“秦以前据乱世也，孔教行于齐鲁；秦后迄今升平世也，孔教行于神州；自此以往，其将为太平世乎？《中庸》述圣祖祖德，其言曰：洋溢中国，施及蛮貊，凡有血气，莫不尊亲。孔教之遍于大地，圣人其知之矣。”（《新学伪经考叙》，《饮冰室合集・饮冰室文集之二》，中华书局 1989 版）这时，梁心目中的孔子与康有为“托古改制”的孔子，并没有什么两样。在《西学书目表后序》中，梁启超说：“吾请语学者以经学。一当知孔子之为教主；二当知六经皆孔子所作；三当知孔子以前有旧教；……五当知七十子后学，皆以传教为事；六当知秦汉以后，皆荀卿之学，为孔教之蘖派……十当知伪经既出，儒者始不以教主待孔子。请言子学。一当知周秦诸子有二派，曰孔教，曰非孔教；二当知非孔教之诸子，皆欲改制创教；……六当知诸子弟子，各传其教，与孔教同；七当知孔教之独行，由于汉武之表章六艺，罢黜百家……”(《饮冰室合集·饮冰室文集之一》)

梁启超这里的“孔教”观，可以说是对其师康有为所推崇的“孔教”的标准注释。这也是他在戊戌变法时追随康有为，不遗余力地为“孔教”呐喊、论证的思想认识根源。

而当变法失败东逃日本后，一则受革命派的思想影响，二则经过冷静后的反思，促使他的思想观念发生巨大转变和进步，于是从康有为的“孔教”羁绊中挣脱，对孔子及儒学重新加以审视。

梁启超在日本通过办《请议报》和《新民丛报》，与革命党人多有接触，思想渐趋激进，又经过广泛涉猎翻译到日本的西方启蒙思想家诸如卢梭、孟德斯鸠等人的著作，使其在思想上和学理上的见解，渐渐突破了其师康有为关于“公羊三世”及“孔子改制”之类的说教，接受并系统地阐述了西方的一系列社会政治学说、伦理观念和学术思想，促使其在“孔教”观上也发生了很大转变。

1899 年 6 月，梁启超在向日本哲学会介绍“孔教之真教旨”时，虽然声言自己所说的只是“南海先生所发明者”，但实际上却以揭示湮没两千多年的“孔子之真面目”的名义，“发明”出许多新义，指出孔子的思想是“进化主义非保守主义，平等主义非专制主义，兼善主义非独善主义，强立主义非文弱主义，博包主义(亦谓之相容无碍主义)非单狭主义，重魂主义非爱身主义。”

他还特别强调孔子的思想自由，认为“中庸道并行而不相悖之义，即本于春秋三世并立之义，而孔子之真相也。自汉以后，定于一尊，黜弃诸子，名为尊孔子，而实则背孔子之意甚矣，遂使两千年来人人之思想不能自由。……今当发明并行不悖之义，知诸子之学即孔子之学，尊诸子即所以尊孔教，使天下人人破门户之意见，除保守之藩篱，庶几周秦古学复兴而人智发达矣。”(《论支那宗教改革》，《饮冰室合集·饮冰室文集之三》)这样，他就给孔子学说带上了思想自由的现代色彩，并把孔子之学与诸子并列，自然就失去了康有为以孔子为教主之本意。

后来，梁启超自己说：“启超自三十以后，已绝口不谈‘伪经’，亦不甚谈‘改制’，而其师康有为大倡孔教会、定国教、祀天、配孔诸义，国中附和不乏，启超亦不谓然，屡起而驳之。”(《欧洲文艺复兴史·序》，《饮冰室合集·饮冰室文集之三十五》)他还在《新民丛报》发表文章，对“孔教”及后儒加以批评。他说汉代以后儒学与孔教混淆一起，多有争执，“各自以为孔教，而排斥他人以为非孔教”，没有思想自由可言。当今的“保教者”，是以“新学”来附会孔学，而不能得真理。这说明他开始脱离“保教”立场，以学者和思想家的眼光，对孔子学说进行分析评判了。

基于对孔子学说利弊的认识，梁启超对“保教”提出了异议。他在致康有为的一封信中指出：“孔学之不适于新世界者多矣，而更提倡保之，是非行南辕也。”认为要拯救中国，当务之急是“以新学说变其思想”，而不应当死死抱住孔子学说不放。(《致夫子大人书》，丁文江等编：《梁启超年谱长编》，上海人民出版社 1983 版)康有为复函对其严加斥责，但梁坚持己见，不久即在 1902 年 2 月又公开发表《保教非所以尊孔论》的著名论文，一针见血地指出：“至倡保教之议者，其所蔽有数端：一曰不知孔子之真相，二曰不知宗教之界说，三曰不知今后宗教势力之迁移，四曰不知列国政治与宗教之关系。今试一一条论之。”于是系统地阐发了“保教”之弊，并论述了“孔教”非教。

此时的梁启超已经有了一个明确的宗教观，他认为“所谓宗教者，专指迷信宗仰而言，其权力范围乃在躯壳界之外。以魂灵为根据，以礼拜为仪式，以脱离尘世为目的，以涅槃天国为究竟，以来世祸福为法门。诸教虽有粗精大小之不同，而其概则一也。”基于此，他明确指出并论证了“孔教”非教。

他说：“孔子则不然，其所教者，专在世界国家之事，伦理道德之原，无迷信，无礼拜，不禁怀疑，不仇外道，孔教所以特异于群教者在是。质而言之，孔子者哲学家、经世家、教育家，而非宗教家也。西人常以孔子与梭(苏)格拉底并称，而不以之与释迦、耶稣、摩诃末并称，诚得其真也。夫不为宗教家，何损于孔子！”

因此，他认为“孔教论”将孔子打扮成教主，加以神化，不是对孔子的尊重，而是对孔子的抵诬。

“持保教论者，辄欲设教会，立教堂，定礼拜之仪式，著信仰之规条，事事摹仿佛、耶，惟恐不肖。此靡论其不能成也，即使能之，而诬孔子不已甚耶！孔子未尝如耶稣之自号化身帝子，孔子未尝如佛之自称统属天龙，孔子未尝使人于吾言之外皆不可信，于吾教之外皆不可从。孔子，人也，先圣也，先师也，非天也，非鬼也，非神也。强孔子以学佛、耶，以是云保，则所保者必非孔教矣。无他，误解宗教之界说，而艳羡人以忘我本来也。”

也就是说，孔子学说没有宗教诸派狭隘排他之性质，却有博采众长之胸怀。

他还驳斥了企图通过设立和保护“孔教”，以抵制侵略维护主权的说法：

“且耶教之入我国数百年矣，而上流人士从之者稀，其力之必不足以易我国明矣，而畏之如虎，何为者也？至各国政府与乡里莠民之利用此教以侵我主权，挠我政治，此又必非开孔子会、倡言保教之遂能抵抗也。但使政事修明，国能自立，则学格兰斯顿之予爱兰教会以平权可也，学俾斯麦、嘉富尔教之予山外教徒以限制亦可也，主权在我，谁能侵之！故彼之持保教抵制之说者，吾见其进退无据也。”

他指斥保教派既违背孔子精神，又违背时代潮流：“孔子之所以为孔子，正以其思想之自由也。而自命为孔子徒者，乃反其精神而用之，此岂孔子之罪也？呜呼，居今日诸学日新、思潮横溢之时代，而犹以保教为尊孔子，斯亦不可以已乎！”

梁启超对保教派的保守本质的认识和憎恶，简直深入骨髓：“故吾最恶乎舞文贱儒，动以西学缘附中学者，以其名为开新，实则保守，煽思想界之奴性而滋益之也。我有耳目，我有心思，生今日文明灿烂之世界，罗列中外古今之学术，坐于堂上而判其曲直，可者取之，否者弃之，斯宁非丈夫第一快意事耶！必以古人为虾，而自为其水母，而公等果胡为者？然则以此术保教者，非诬则愚，要之决无益于国民可断言也！”

他论述了孔子学说在人格教育即“德育”中的重要地位和作用：“东西古今之圣哲，其所言合于人格者不一，而最多者莫如孔子。孔子实于将来世界德育之林，占一最重要之位置，此吾所敢豫(预)言也。夫孔子所望于我辈者，非欲我辈呼之为救主，礼之为世尊也。今以他人有救主、世尊之名号，而我无之，遂相惊以孔教之将亡，是乌得为知孔子矣乎！夫苏格拉底、亚里士多德之不逮孔子也亦远矣，而苏氏、亚氏之教，犹愈久而愈章，曾是孔子而顾惧是乎！吾敢断言曰：世界若无政治、无教育、无哲学，则孔教亡。苟有此三者，孔教之光大，正未艾也！持保教论者，盍高枕而卧矣。”

梁启超认为孔子的教育思想，在两千多年来的中国历史发展中，与时推移，发挥着重要作用：“孔子之立教，对两千年前之人而言者也，对一统闭关之中国人而言之也，其通义之万世不易者固多，其别义之与时推移者亦不少。孟子不云乎：‘孔子，圣之时者也。’使孔子而生于今日，吾知其教义之必更有所损益也。今我国民非能为春秋战国时代之人也，而已为20世纪之人，非徒为一乡一国之人，而将为世界之人，则所以师孔子之意而受孔子之赐者必有在矣。”

梁启超在批驳保教派的同时，总是对自己以前的认识进行无情地剖析和自责：“嗟乎嗟乎，区区小子，昔也为保教党之骁将，今也为保教党之大敌。

嗟我先辈，嗟我故人，得毋有恶其反覆，诮其模棱，而以为区区罪者。虽然，吾爱孔子，吾尤爱真理！吾爱先辈，吾尤爱国家！吾爱故人，吾尤爱自由！吾又知孔子之爱真理，先辈、故人之爱国家、爱自由，更有甚于吾者也。”“吾以是自信，吾以是忏悔。为两千年来翻案，吾所不惜；与四万万人挑战，吾所不惧。吾以是报孔子之恩我，吾以是报群教主之恩我，吾以是报我国民之恩我。”(《饮冰室合集·饮冰室文集之九》)

这种严格得近乎残忍的自我剖析、自我批判、自觉忏悔的精神，恰恰是中国学人所最可宝贵的品格，恰恰是最为难得的“大师风范”，也恰恰是某些所谓“国学大师”所最为缺乏的，更是当今学子所最为敬重、最应承继和发扬的啊！

梁启超的这篇文章，标志着“孔教非教说”在理论上的成熟，也预示了清末以来孔教说在学理上的穷困，及其失败的命运。既然孔子不是宗教主，那么“孔教”也就不是宗教了。“吾以为孔教者，教育之教也，非宗教之教也，其为教也，主于实行，不主于信仰。”(《论佛教与群治之关系》，《饮冰室合集·饮冰室文集之十》)

顺便指出，梁任公关于“孔教”非教的分析和论断，对至今那些顽固坚持“孔教”是教的观点和主张，依然具有深刻的批驳意义。

不过，梁启超的某些观点也值得商榷，例如他曾说：“意欲以抉破罗网，造出新思想自任，故极思冲决此范围，明知非中正之言，然今后必有起而矫之者，矫之而适得其正，则道进矣……”故“思以数年之功，著一大书，揭孔教之缺点。”(《致夫子大人书》，丁文江等编：《梁启超年谱长编》，上海人民出版社，1983 年版)这种矫枉过正的态度和思路，可以说是尔后“五四新文化运动”反孔批儒的揭幕，“五四”时期的许多观点，与受梁启超这一观点的影响大有关系，尽管梁启超本人反对“打倒孔家店”。

多变的时势铸就了梁启超多变的思想品质。这除了表现在他由主张孔教是教转变到认为孔教非教外，还表现在其他方面。然而，他在“孔教”立场上的转变，并未带动他在政治立场上的根本转变。在日本，他主张君主立宪，并激烈地反对孙中山所领导的民主革命；辛亥革命后，回国纠集立宪派和保皇党组成“进步党”，遭遇挫折后又拥护袁世凯，并出任袁世凯政府之司法总长；尔后又反对袁世凯复辟，并冒着生命危险策动蔡锷组织护国军讨袁；后又组织宪法研究会，依附于段祺瑞政府，出任其财政总长；到“五四运动”爆发，则又反对“打倒孔家店”，反对马克思主义在中国传播。

对于梁启超在政治立场上所表现的多变的思想品质，我们不宜用政治家标准来评判，而宜联系他的学人的素质来评判。梁启超对先秦诸子，原始儒家以及历代“儒学”都进行过比较认真的研究，由此铸就了他深厚的“国学”功底。这可以从其许多学术论著（如《先秦政治思想史》《论中国学术思想变迁之大势》《清代学术概论》等）看得出来。尽管他也曾给孔子贴上“自由、民主”之类的时髦标签，但与他同时的许多学者包括其师康有为在内相比，其后期的学术研究还是没有成见的、客观的，尤其是在其晚年。

他在政治态度上的反复变化，正是他以学人的精神反观政治现实的体现。对于学术，尤其是在逃亡日本后，他那种严格地自我批判，及认真地求索的精神，特别是在晚年不再参与政治，于清华园静心书斋，潜心研究和著述，以其丰硕的学术成就，使他不愧为名副其实的“国学”大师！

而对于政治，他也跟许多至少与他同时的一流学者们一样，始终是个外行。以习惯的治学思维和方法、熟悉的四则运算面对政治，不懂得在政治领域“三”不一定大于“二”的道理，是一切学者在政治上碰壁和失败的根本缘由，因为正如列宁所深刻揭示的那样，“政治与其说象算术，不如说象代数，与其说象初等数学，不如说象高等数学。”（参见列宁：《共产主义运动中的“左派”幼稚病》，《列宁选集》第 4 卷第 255～256 页，人民出版社，1972 年版）

再来看陈寅恪。

陈寅恪（1890～1969 年），江西义宁（今修水县）人，被誉为清华大学百年历史上，四大哲人之一（另外三位是叶企孙、潘光旦、梅贻琦；一说是王国维、梁启超、赵元任）；因其祖父是湖南巡抚陈宝箴（支持变法的开明督抚），而其父是清末四公子之一的著名诗人陈三立，因而被誉为“公子之公子”；因其身出名门而又学识过人，在清华大学任教时，是唯一同时兼任跨越两个学科即中文和历史（一说兼任中文、历史和哲学三个系）的教授，所以，又被誉为“教授之教授”（一说因为当时许多教授也常去听他的课，因而被誉为“教授之教授”）。（黄延复：《二三十年代清华校园文化》，清华大学出版 2000 年版）

陈寅恪少时在南京家塾就读，从小就能背诵《四书》、《五经》（一说能背诵《十三经》）；光绪二十八年（1902 年），随其兄陈衡恪东渡日本，入日本巢鸭弘文学院，1905 年因足疾辍学回国，就读于上海吴淞复旦公学；1910 年（一说 1909 年）又漂洋过海自费留学，先后到德国柏林大学，瑞士苏黎世大学，1912 年秋回国，居上海；1913 年春，再赴欧入法国巴黎大学；冬，去伦敦，留十日，一度回上海，旋又赴法，因江西省教育司电召其回江西阅留德学生考卷，并许补江西省留学官费，于是回国，一度任蔡锷秘书，参加讨袁之役；后在江西连阅考卷3年，后因患恶性痢疾留居；于1918年冬得江西官费资助，再度出国留学，因欧战尚未结束，遂转而赴美哈佛大学随篮曼教授学习梵文和巴利文（于是有与吴宓、汤用彤并称“哈佛三杰”一说）；1921年，转往德国柏林大学，随路德施教授攻读东方古文字学，同时向缪勤学习中亚古文字，向黑尼士学习蒙古语近5年；在留学期间，勤奋刻苦，广取博采，尤其是重视对文字的掌握；“读书须先识字”，是他自幼就有的认识和志向；正因为他掌握了阅读梵、巴利、波斯、突厥、西夏、英、法、德等多种文字的能力，尤以梵文和巴利文更精，加上深厚的“国学”基础，使其得以沟通中西、融汇中外，从而在学术领域多有振聋发聩之见，为国内外学人所推崇（清华大学校史研究专家黄延复先生，在其撰写的校史和相关书籍中则认为，陈寅恪通晓的文字有二三十种之多，英、法、德、俄、日、匈、土等国文字自不必说，像蒙古文、满文、藏文、西夏文、阿拉伯文、印度梵文、巴利文、突厥文、波斯文、暹罗文、希腊文，以及许多中亚细亚现存的或已经消亡的文字，他都通晓。在“国学”方面，那时一般读书人以能背诵“四书”、“五经”为足，而他却能尽诵《十三经》，而且对每字必求正确）。（黄延复：《清华传统精神》，清华大学出版社2006年版）

陈寅恪留学期间不以获取文凭、学位为目的，听说哪里有好大学，便去听课，不仅读书本，而且留心观察当地的风土人情；在外留学断续累计二十多年，未闻其得过什么“硕士”、“博士”学位，甚至连大学的文凭也未听说他拿过。

1925年陈寅恪回国后，被刚改制不久的清华大学聘用。“国学研究院”成立后，该院主任吴宓（1894～1978年）很器重他，称“吾必以寅恪为全国最博学之人”、“寅恪虽系吾友，而实吾师”；梁启超也向人介绍说：“陈先生的学问胜过我！”1926年6月，陈寅恪与梁启超、王国维（1877～1927年）和赵元任（1892～1982年）一起被聘为“国学研究院”导师，人称“清华四大导师”。（同上）

1928年，陈寅恪在上海同亦在清华大学任教、志同道合的唐筼（1898～1969年）结为伉俪。

1929年，陈寅恪应学生之请为王国维纪念碑撰文，提出以“独立之精神，自由之思想”为治学宗旨。（“王国维纪念碑”位于清华大学一教楼北端山墙旁。其正面镌刻“海宁王静安先生纪念碑”，背面则是陈寅恪先生撰写的碑文）

1930年，清华“国学研究院”停办，陈寅恪改任历史、中文、哲学三系教授兼中央研究院理事、历史语言研究所第一组组长，故宫博物院理事等职。1937年卢沟桥事变后，日军直逼平津，陈寅恪之父陈三立义愤绝食而逝。治丧完毕，陈寅恪即随校南迁至长沙“临时大学”任教；南京沦陷后，“临大”又迁往云南，并与北大、南开成立西南联大，陈寅恪于是携全家再登程西行，经广西，抵香港，因夫人唐筼心脏病发作不能再走，遂于春节后只身取道海防到云南蒙自西南联大文学院授课，开始患目疾。1938年秋，联大文学院由蒙自迁往昆明，陈寅恪亦随院移居昆明，授西晋南北朝史，寓靛花巷青园学舍。

1939年春，英国牛津大学聘请陈寅恪为首席汉学教授，并授予英国皇家学会研究员之职称(为该校第一位受聘的中国汉学教授)，邀请其赴英就职兼治眼疾。他于是在该年暑假，举家离昆明到香港，拟搭英轮转赴英国任教，因第二次世界大战爆发，未能成行，但所运出之书却全部失窃，不得已在1939年9月再返昆明，仍任西南联大中文、历史两系合聘教授。

1940年暑假后，他再次举家赴港以备择机赴英，出任香港大学客座教授兼中文系主任。1941年12月，太平洋战争爆发，不久香港沦陷，他“只好空坐家中”，尽管生活十分困难，常将衣物换食物，但拒食日本宪兵队奉命送到家中的面粉；日本当局持日金四十万元委任他办东方文学院，也被他严词拒绝。

1942年春，有人奉日方之命请陈寅恪到已沦陷的上海授课，又被其拒绝；闭门治学，撰《唐代政治史略稿》一书；1942年5月，趁一暴风雨之夜，携家逃离香港抵桂林，有《壬午五月发香港至广州湾舟中作用义山无题韵》诗云：“万国兵戈一叶舟，故丘归死不夷犹。袖间缩手嗟空老，纸上刳肝或少留。此日中原真一发，当时遗恨已千秋。”(《陈寅恪诗集》，清华大学出版社1998年版)真实记录了他这时期的心境，将其故丘归死之壮烈，纸上刳肝之豪迈，不惜杀身成仁的凛然正气耀然于笔端。之后先后任广西大学、中山大学教授。

当时桂林的某些御用文人，发起向蒋介石献九鼎的活动，劝他参加，被他拒绝，并在《癸未春日感赋》中，以“九鼎铭辞争颂德，百年粗粝总伤贫”以示嘲讽。

1943年，陈寅恪受聘为迁至成都的燕京大学教授，兼华西协合大学中国文化研究所特约研究员，并于当年夏天举家从广西经重庆，于12月至成都，生活异常艰苦，到1945年春，终因得不到必要的营养致使双目几全失明。这对于一个视读书、写作为生命的学者而言，无疑是巨大创痛。“去年病目实已死，虽号为人与鬼同。可笑家人作生日，宛如设祭奠亡翁”，表达了他的这种心境(《五十六岁生日三绝》，同上)。

1945 年 9 月 2 日本签字投降，次日得到消息，陈寅恪既为日寇投降而高兴，同时又为内战一触即发而忧心："降书夕到醒方知，何幸今生见此时。闻讯杜陵欢至泣，还家贺监病弥衰。国仇已雪南征耻，家祭难忘北定时。念往忧来无限感，喜心题句又成悲。"(《乙酉八月十一日晨起闻日本乞降喜赋》，同上)。

此时，英国皇家学会再约他赴英治疗目疾，陈寅恪遂由成都搭航机至昆明，再经印度乘水上飞机去伦敦，去后经英医诊治开刀，不仅无效，目疾反而加剧，最后下了双目失明已成定局的诊断书；到 1946 年 4 月，其双目全部失明，遂辞去牛津首席汉学教授之职，欲赴美就医，在船上得知美医亦无良策后，于绝望中回国，仍任教于清华园，继续从事学术研究。

1948 年，平津战事吃紧，梅贻琦(1889 ~ 1962 年)介绍他到香港大学任教，未成；1948 年 12 月 14 日，陈寅恪搭飞机南下，应广州岭南大学校长陈序经(1903 ~ 1967 年)之邀，至该校任教；已经出任台湾大学校长的傅斯年(1896 ~ 1950 年)，"屡电催其赴台"到台大任教，未从。

1950 年，岭南大学与中山大学合并，陈寅恪于是移教于中山大学；在恪守学人的良知和风骨的同时，对于某些同仁匆忙竞相"弃旧迎新"的行径，颇为感慨；在该年刊行的《元白诗笺证稿》一书中，他这样慨叹道："纵览史乘，凡士大夫阶级之转移升降，往往与道德标准及社会风习之变迁有关……值此道德标准、社会风习纷乱变异之时，此转移升降之士大夫阶级之人，有贤不肖拙巧之分别，而其贤者拙者常感受痛苦，终于消灭而后已。其不肖者巧者则多享受欢乐，往往富贵荣显，身泰名遂。其故何也？由于善利用或不善利用此两种以上不同之标准及习俗以应付此环境而已。譬如市肆之中，新旧不同之度量衡并存杂用，则其巧诈不肖之徒，以长大之度量衡购入，而以短小轻之度量衡售出。其贤而拙者所为适与之相反。于是两者之得失成败，即决定于是矣！"显然，陈寅恪把那些善于顺风转舵的"老朋友"，讥斥为"巧诈不肖之徒"。(陆键东：《陈寅恪的最后 20 年》，三联书店 1995 年版)

1952 年，陈寅恪始兼中央文史馆副馆长、中国科学院哲学社会科学部委员等。恪守学人良知和风骨的陈寅恪对在短短三年间，就"弃暗投明"，放弃学人应有的品格，生吞活剥马列主义，炮制新八股的北国同仁，予以辛辣地嘲讽："八股文章试帖诗，尊朱颂圣有成规。白头学究心私喜，眉样当年又入时"(《陈寅恪诗集》)。

1953 年，病中的陈寅恪收到学生蒋天枢(1903 ~ 1988 年)寄来的长篇弹词

《再生缘》，听后大受震动，尚未病愈便用口述的方式撰写《论〈再生缘〉》，由此开始探索明清历史和文化；曾当着学生的面怒骂那些加入了民主党派的朋友，称之为“无气节”、“可耻”，“自投罗网”。

1954年春，国务院派原在清华任陈寅恪助教，时为北京大学历史系副教授的汪篯（1916～1966年）南下广州，请陈寅恪进京出任科学院哲学社会科学部历史研究所第二所所长，他以“我贪恋广州暖和，又从来怕做行政工作”辞谢，并荐陈垣（1880～1971年）代己。但其未就任的真正原因，则是因其提出两个先决条件（详见后），遂仍任教于中山大学。这年，他完成《论〈再生缘〉》，但无法正式出版，只能自费请人用蜡版刻印，分送友人。他在文末题诗“文章我自甘沦落，不觅封侯但觅诗”，聊以自慰，后经友人章士钊将其油印稿带到香港，辗转由香港友联出版社出版。

1955年春节，在人们对于“百花齐放”方针的颂扬声中，陈寅恪撰写对联贴于门口：“万竹竞鸣除旧岁，百花齐放听新莺”，表达了他的一种希望。1956年5月2日，毛泽东在最高国务会议第七次会议上正式提出实行“双百方针”，不久思想文化领域掀起学习“双百方针”的热潮，人们要他讲话，他只提了一条：“孟小冬戏唱得较好，当今须生第一，应当找她回来唱戏，以广流传”。此时，他已感觉到空气十分的压抑与不自由，仍潜心著述。

在1957年的“反右”运动中，陈寅恪虽由于种种原因幸免于被扣上“右派分子”的帽子，但也被视为“中间偏右”，使其惆怅不已。“生为帝国之民，死作共产之鬼”，道出了他对于文化禁锢所必然导致的腥风血雨的预感。

1958年，在高喊、高举“又红又专”，大批“白专道路”、“拔白旗”的运动中，陈寅恪成为“拔白旗”的对象，被剥夺了授课的权利，是“他们不要我的东西，不是我不教”，但依然坚持写作，对一些看不惯的现象，也仍率直陈言。

1959年4月，陈寅恪被选为第三届全国政协常委；在1959～1961的“三年暂时困难时期”，得到时任广东省领导的陶铸等人的关怀，使他得以免于饥荒之困，但陶铸等人的关照却为其在尔后的“文革”中，因陶铸的被打倒而“罪上加罪”，埋下祸根。

1961年8月30日至9月4日，阔别12年的挚友吴宓专程造访陈寅恪，令他感叹不已。他以诗相赠：“五羊重见九回肠，虽住罗浮别有乡。留命任教加白眼，著书唯剩颂红妆。（自注云：近八年来草《论再生缘》）及（《钱柳因缘释证》等文凡数十万言。）”临别，赠吴车资，并又赠以四绝，其中有云：“问疾宁辞蜀道难，相逢握手泪汍澜。暮年一晤非容易，应作生离死别看。”倾吐了其内心难言之隐痛。他把《论再生缘》油印本作为礼物送给吴宓，还透露了自己正在撰写的一部宏伟著作的大纲，即后来的《柳如是别传》。

1962年，陈寅恪的右腿跌骨折，留下残迹；11月写下《壬寅小雪夜病榻作》：“任教忧患满人间，欲隐巢由不买山。剩有文章供笑骂，那能诗赋动江关。今生积恨应销骨，后世相知倘破颜。疏属汾南何等事，衰残无命敢追攀。”(《陈寅恪诗集》)

1963年2月，陈寅恪作《癸卯正月十一日立春是夕公园有灯会感赋》：“南国轻寒细雨天，老夫病榻意萧然。裁红晕碧今何处，插柳张灯更一年。涉世久经刀刺舌，闻歌浑忘雪盈颠。窗前东北风方急，薄絮衣成候又迁”。(同上)

1964年2月，陈寅恪在《甲辰元旦余撰春联云“丰收南亩春前雨，先放东风岭外梅”又除夕前买花数株故第四句第六句述其事也》云：“我今自号过时人，一榻萧然了此身。药裹那知来日事，花枝犹忆去年春。北风凄紧逢元旦，南亩丰登卜甲辰。闭户高眠辞贺客，任他嗤笑任他嗔！”5月，陈寅恪为其晚年最知心的弟子蒋天枢撰写《赠蒋秉南序》一文，称其虽“奔走东西洋数万里”而“终无所成”，现在又“奄奄垂死，将就木矣”，但也有足以骄傲自豪者，那就是：“默念平生固未尝侮食自矜，曲学阿世，何可告慰友朋”，昭示出其一生最为看重的并非金钱地位，甚至也非知识学问，而是人品与气节。12月，陈寅恪再次被选为第四届全国政协常委。

1965年2月初，陈寅恪在《乙巳正月三日立春作》中云：“南州候改雨丝丝，节物翻萦北客思。晕碧裁红如隔世，回黄转绿未移时。闻歌易触平生感，治史难逃后学嗤。终觉今朝春可惜，小桃花放少人窥。”(同上)昭示出其不畏流俗，以华夏文化为己任，自知来日无多而归结一生、托付来世的心境。

此后，陈寅恪以顽强的毅力，在助手黄萱的帮助下，把《隋唐制度渊源论稿》、《唐代政治史述论稿》、《元白诗笺证稿》以外的旧文，编为《寒柳堂集》、《金明馆丛稿》，并历经10年，口授完成85万言的、百科全书式的著作《柳如是别传》，其助手黄萱曾感慨地说：“寅师以失明的晚年，不惮辛苦、经之营之，钩稽沉隐，以成此稿。其坚毅之精神，真有惊天地、泣鬼神的气概。”尔后，不顾桑榆暮年继续口授撰写《寒柳堂记梦》，因遭遇“文革”而未能完成。

1966年“史无前例”的“文革”爆发，早就双目失明、一条腿伤残，行走不便的陈寅恪从肉体到心灵，饱受摧残；尽管他多次写书面检查交代声明“我生平没有办过不利于人民的事情。我教书四十年，只是专心教书和著作，从未实际办过事”，但无济于事，一浪高过一浪“触及灵魂”的“斗争”大潮，一次次地侵凌其身心。在接连得知当年劝自己北上却吃了闭门羹的弟子、北京大学历史系教授汪篯自杀，许多好友、同仁惨遭不幸的消息后，老人痛心疾首，心力交瘁；助手黄萱被赶走，护士被撤除，工资停发，存款冻结，其处境更趋凄惨；由于连其住宅之门脸、衣柜、床头，甚至衣服上都贴满了大字报，使其夫妇终日惶惶不安；而造反派们却以此为乐，继而对其抄家，查封书籍，劫掠手稿和几经劫难得以保存的极少珍藏。一有风吹草动，唐筼总是挺身而出保护他，以至屡屡被殴打。1967 年夏天，唐筼被折磨得心脏病发作，生命垂危，他担心妻子先他而去，预先写下一副挽联：

涕泣对牛衣，卌载都成肠断史；废残难豹隐，九泉稍待眼枯人。（卞僧慧，卞学洛：《陈寅恪先生年谱长编（初稿）》，中华书局 2010 年版）

这就是现在社会上盛传的所谓《挽晓莹》（唐筼又名“晓莹”）。

在此不得不顺便指出：如果说报告文学《陈寅恪的最后 20 年》，大概为了渲染悲剧气氛，将《挽晓莹》放到 1969 年陈寅恪先生临终前，似无可厚非的话，那么，作为传记作品的《陈寅恪与傅斯年》（陕西师范大学出版社 2008 年版）也这样做，则就有失严谨了！由于这个问题影响颇广，故有澄清之必要，所以特在此比较详细地介绍陈寅恪先生的生平。

造反派见陈寅恪被整得惊魂丧魄，又故意把几只大型的高音喇叭吊至他的屋后，以致使患严重失眠症与心脏病的他，一听见喇叭声就吓得尿裤子，造反派却还不甘心，进而将高音喇叭干脆绑到其床头……

1969 年春节后，生命垂危的陈寅恪一家被勒令迁至四面透风的平房居住。他病体衰弱得只能每天进一点儿“流食”，偶有亲友偷来看望，唯见其眼角滴泪而不能语；1969 年 5 月 5 日下午，病势沉重的陈寅恪再次被迫作口头交代，“我现在譬如在死囚牢中……”呻吟哀鸣，以至泣血而不能言，延至 1969 年 10 月 7 日晨 5 时多，终衔冤负屈而去。

一代学贯中西、融汇中外的史学大师、“国学”大师，20 世纪世所罕见的一颗灿烂的文化巨星，就这样在漫长的血雨腥风中陨落，应了他十几年前的悲怆预言。

我们在前文指出：衡量“国学大师”的最起码的标准，就其著述而言，“至少要涉及哲学、文学、史学和古代科学等几个领域，并有突出的建树”。让我们仅据业已出版的《陈寅恪集》（三联书店 2009 年版）、《陈寅恪先生全集》（台北里仁书局 1979 年版）、《陈寅恪先生编年事辑》（蒋天枢撰，上海古籍出版社 1997 年版）和《陈寅恪先生年谱长编（初稿）》（中华书局 2010 年版），就其所涉及的主要著作，来看看其够不够格吧！

《寒柳堂集》，包括《论再生缘》《论唐高祖称臣于突厥事》《韦庄秦妇吟校笺》等，另附有《寒柳堂纪梦未定稿》和《寒柳堂纪梦未定稿(补)》等；《金明馆丛稿初编》，包括《天师道与滨海地域之关系》《书世说新语文学类钟会撰四本论始毕条后》《述东晋王导之功业》《论韩愈》《从史实论切韵》等；《金明馆丛稿二编》，包括《李栖筠自赵徙卫事》《李德裕贬死年月及归葬传说辩证》《以杜诗证唐史所谓杂种胡之义》《几何原本满文译本跋》《吐蕃彝泰赞普名号年代考(蒙古源流研究之一)》《灵州宁夏榆林三城译名考(蒙古源流研究之二)》《彰所知论与蒙古源流(蒙古源流研究之三)》《蒙古源流作者世系考(蒙古源流研究之四)》《武曌与佛教》《读洛阳伽蓝记书后》《大乘义章书后》《禅宗六祖传法偈之分析》《敦煌本唐梵翻对字音般若波罗蜜多心经跋》《敦煌本心王投陀经及法句经跋尾》《敦煌本维摩诘经文殊师利问疾品演义跋》《陈垣敦煌劫余录序》《敦煌石室写经题记汇编序》《斯坦因 Khara—Khoto 所获西夏文大般若经考》《大乘稻芊经随听疏跋》《忏悔火罪金光明经冥报传跋》《有相大人生天因缘曲跋》《须达起精舍因缘曲跋》《韦在秦妇吟校笺》《西游记玄奘弟子故事之演变》《西夏文佛母大孔雀明王经夏梵藏汉合璧校释序》等等；《隋唐制度渊源略论稿·唐代政治史述论稿》，包括《隋唐制度渊源略论稿》《唐代政治史述论稿》等；《元白诗笺证稿》《柳如是别传》《诗集附唐筼诗存》《书信集》《读书札记一集》《读书札记二集》《读书札记三集》《讲义及杂稿》等。

从上述要目及其内容(即使点击相关文字也可详加浏览)，可以看到其著述范围显然也符合我们所谈及“国学大师”的最起码的标准，即著述“至少要涉及哲学、文学、史学和古代科学等几个领域”。

至于其学术建树，陈寅恪被公认为是一位对中国 20 世纪学术文化发展作出重大贡献的卓越学者，在魏晋南北朝隋唐史、蒙古史、西域民族史、宗教史、古典文学、敦煌学等诸多领域的精湛研究，均达到很高的境界，具有开拓和奠基的意义。

傅斯年说：“陈先生的学问近三百年来一人而已。”(《陈寅恪的最后 20 年》)

胡适在 1937 年 2 月 22 日的日记中称：“寅恪治史学，当然是今日最渊博、最有识见、最能用材料的人。”(《胡适日记全编》第 6 册，安徽教育出版社 2001 年版)

关于陈寅恪的学术建树，这里不再逐一赘述，现仅就其首倡“敦煌学”所具有的划时代之开拓意义，略作说明。

陈寅恪 1930 年在其所撰《陈垣敦煌劫余录序》中，最早提出了“敦煌学”的概念，并指出：“敦煌学者，今日世界学术之新潮流也”。在该序中，他就北京图书馆所藏八千余卷敦煌写本提出九个方面的研究价值，即摩尼教经、唐代史事、佛教教义、小说文学史、佛教故事、唐代诗歌之佚文、古语言文字、佛经旧译别本、学术之考证，从而为“敦煌学”的研究指明了方向。他还撰有《大乘稻芊经随听疏跋》《忏海火罪金光明经冥报传跋》《有相大人生天因缘曲跋》《须达起精舍因缘曲跋》《韦在秦妇吟校笺》《西游记玄奘弟子故事之演变》《莲花色尼出家因缘跋》等多篇论文，并在《敦煌石室写经题记汇编序》《元白诗笺证稿》等论著中，利用敦煌资料补史、证史。其大多数敦煌学论文收入《金明馆丛稿》《金明论从稿二编》。除此之外，在《隋唐制度渊源略论稿》和《唐代政治史述论稿》中，也使用一些敦煌资料。

当然，正如我前面所言，判断一位学者是否堪称“国学大师”，不能光看其著述和建树，更要看其品德、人格，以及文品与人品是否融合为一。

那就让我们再用这个标准来衡量衡量陈寅恪先生吧！

在现时代，当我们谈论一个人的品德、人格时，很难不涉及“政治”这个字眼；因为至少像是否爱国、爱族、爱民等等“政治立场”，在评价当今人物的品德时，是很难回避的。

陈寅恪在《对科学院的答复》中自白：“我从来不谈政治，与政治决无连涉，和任何党派没有关系。”(《陈寅恪的最后20年》)

陈寅恪的好友吴宓，1961年8月30日至9月3日，专门从重庆到广州中山大学看望了他。在《吴宓日记》中，有这样的记载：“寅恪述十二年来身居此校能始终不入民主党派，不参加政治学习而自由研究。纵有攻诋之者，莫能撼动。然寅恪自处与发言亦极审慎，即不谈政治、不论时事，不臧否人物，不接见任何外国客人。尤以病盲，得免一切周旋，安居自守，乐其所乐，不降志，不辱身，堪诚为人所难及！”(同上)

该怎样看待陈寅恪的自白“我从来不谈政治，与政治决无连涉”，以及吴宓所说的陈寅恪“不谈政治、不论时事”呢？

是否由此就可以断定陈寅恪“不关心政治”呢？

有的人就是这样认为的。譬如，在浏览网页时就很容易搜索到这样的说法：“事实上作为一名学者，一名纯粹的学人，陈寅恪对现实政治的关注，主要是间接的反映在其学术研究中而非直接的批评。我们很难相信一生与实际政治绝缘的陈寅恪，会在晚年对批评政治产生浓厚的兴趣，以至于苦心孤诣，写下大量的诗文留于后人释证。”

持这种观点的人，既然陈寅恪“一生与实际政治绝缘”，那么，当看到陈寅恪“在晚年”留下“大量”“批评政治”的“诗文”时，感到困惑，也就不奇怪了。

其实，这种看来似乎矛盾的难题，并非出在陈寅恪先生身上，而是出在持有这种观点的人身上。

为什么这样说呢？

因为持此观点的人，所断定的陈寅恪“一生与实际政治绝缘”这个前提，就不合乎实际，就是错误的。

我认为，陈寅恪关于“我从来不谈政治，与政治决无连涉”的自白，指的就是“和任何党派没有关系。”而《吴宓日记》所记载的陈寅恪“不谈政治、不论时事”，也是同样的意思，而并非就是说他“不关心政治”。

什么是“政治”？不管从怎样的意义上解释，像“爱国”、“爱族”、“爱民”，都应该是“政治”的起码的、基本的内涵，古今中外，莫不如此！以此观之，中外古今，没有哪个活人、常人（精神失常者除外）能纯粹脱离开政治，能“一生与实际政治绝缘”。

陈寅恪自然也是如此。

通观陈寅恪的一生，尤其是在涉及国家、民族和人民的根本利益上，始终都是是非分明、敌我发明、旗帜鲜明的。

在日寇侵略、民族危亡的危急关头，他的所作所为，就足可证明这一点。

他跟他的父亲陈三立一样，不仅是一个赤诚的爱国、爱族、爱民者，而且表现得非常优秀！他在埋殡为日寇制造“七七事变”义愤而亡的父亲后，便随校南迁，饱受颠沛流离之苦，先到长沙，后到昆明；在为赴英就职疗疾而不得不滞留香港期间，正义凛然地拒绝日伪的救济和高薪聘用；还有他在抗日时期所写的诗篇，都充分地证明了这一点。

而他一再阐明的“我决不反对现在政权”，并出任全国政协第三、第四届常委，也表明了他的同样的基本政治立场。

至于他在《对于科学院的答复》（首见于《陈寅恪的最后 20 年》）中所阐述的意见，则完全是出于一个潜心于学术的老一代知识分子的肺腑之言。《吴宓日记》所记载的他“始终不入民主党派，不参加政治学习而自由研究。”“不谈政治、不论时事，不臧否人物……安居自守，乐其所乐，不降志，不辱身。”（《陈寅恪的最后 20 年》）也再次昭示了他从不介入党派之争，不卷入学术之外的是是非非的漩涡之中，以便按照自己的意愿，“独立、自由”地研究、著述的坦荡心怀。

“君子群而不党”，熟谙中国历史朋党之争对于学术，乃至社会的负面影响的陈寅恪，深悟孔夫子这句话的要义，恪守“独立之精神，自由之思想”，从不介入党派之争，因而得以“平生固未尝侮食自矜，曲学阿世”，永葆其中华学人的良知和风骨，则更是爱国、爱族、爱民在他身上的特殊体现。

也正因为他始终爱国、爱族、爱民，所以，当他恪守“独立之精神，自由之思想”研究学问，却遭遇冷遇、嘲讽、打击，身心受辱，乃至看到中国的学术文化、知识分子，以及人民大众，遭受摧残，以至整个国家和民族都蒙受劫难时，“在晚年对批评政治产生浓厚的兴趣，以至于苦心孤诣，写下大量的诗文留于后人”，就是很自然的了！

至于陈寅恪的品德、人格和风骨，其人品与文品之融合为一，即道德文章，更堪称20世纪中国大陆学者中的佼佼者。他以终生的学术实践标举了“独立、自由”的学术精神。

因此，陈寅恪的学识和人格受到海内外学人的真心景仰，产生了广泛而深远的影响，就不足为怪了！

陈寅恪说：“研究学术，最主要的是要有自由的意志和独立的精神。”“独立精神和自由意志是必须争的，且须以生死力争。”他所说的“自由意志”，也就是“自由思想”，“没有自由思想，没有独立精神，即不能发扬真理，即不能研究学术。”他是这样说的，也是这样做的。

正是由于他抱有这样的学术宗旨，所以，当上面已决定其为中国科学院历史研究所第二所所长，派其弟子汪篯南下广州请他进京赴任时，他才直言不讳地提出两个先决条件：第一条“允许中古史研究所不宗奉马列主义，并不学习政治”；第二条“请毛公或刘公给一允许证明书，以作挡箭牌。”并说：“其意是，毛公是政治上的最高当局，刘公是党的最高负责人。我认为最高当局也应和我有同样看法，应从我之说。否则，就谈不到学术研究。”（《我对科学院的答复》，《陈寅恪的最后20年》）

这样的先决条件当然不可行，甚至让汪篯难于复命，在文化领域的“大批判”虽未大张旗鼓，但已经“山雨欲来风满楼”的形势下，也只有他，陈寅恪，这位“不识时务”、恪守中华学人良知和风骨的学者，才说得出、做得出！

他直言不讳地向昔日的弟子坦言：“我要为学术争自由。我自从作王国维纪念碑文时，即持学术自由之宗旨，历二十余年而不变。”

“历二十余年而不变！”掷地有声！

陈寅恪丝毫没有撒谎，丝毫没有吹嘘！“七七事变”后，他跟他对于日寇侵略义愤填膺、拒不食寇粟而死的父亲陈三立一样，恪守民族气节，宁可举家颠沛流离地随校迁徙、奔波，也拒不留在沦陷区！在香港，他宁可用衣物换粮食，也绝不接受日寇的馈赠；宁可困守家中钻研学问，也拒不答应日寇的高薪聘用！在国共两军逐鹿，胜败已经分明局势下，他依然地抉择了“既不跨海入台，亦不过岭南一步！”

为什么“不跨海入台”？有其诗作注——

“党家专政二十载，大厦一旦梁栋摧。乱源虽多主因一，民怨所致非兵灾。”（《哀金圆》，《陈寅恪诗集》）

“党家专政”和“非兵灾”所导致的苦难，他受够了，岂能再“跨海入台”，自投罗网?!

为什么“亦不过岭南一步”？亦有其诗为注——

“留命任教加白眼”，“剩有文章供笑骂。”“闭户高眠辞贺客，任他嗤笑任他嗔。”（《陈寅恪诗集》）

在他看来，“过岭南一步”，就不再能“独立研究”学问，会遭遇“两难”，所以，只好原地不动，“做我的研究工作，无此两难”，“任他嗤笑任他嗔”了！

“我的思想，我的主张完全见于我所写的王国维纪念碑中。”

他所写的王国维纪念碑文是这样的：

士之读书治学，盖将以脱心志于俗谛之桎梏，真理因得以发扬，思想而不自由，毋宁死耳，斯古今仁圣所同殉之精义，夫岂庸鄙之敢望?! 先生以一死见其独立自由之意志，非所论于一人之恩怨，一姓之兴亡。呜呼！树兹石于讲舍，系哀思而不忘。表哲人之奇节，诉真宰之茫茫，来者不可知也。先生之著述，或有时而不彰，先生之学说，或有时而可商。唯此独立之精神，自由之思想，历千万祀，与天壤而同久，共三光而永光。（清华大学校园内的王国维纪念碑即“海宁王静安先生纪念碑”，位于第一教室楼北端后山之麓）

显而易见，“独立之精神，自由之思想”，这十个金光闪闪的大字，正是陈寅恪为王国维所撰碑文之灵魂，也是他的思想和主张之灵魂，从而铸就了他那为人、治学之不同凡响的人格、气节和风骨！

1954年以前的二十多年，陈寅恪一以贯之地恪守“独立之精神，自由之思想”，“为学术争自由”，“历二十余年而不变！”

1954年以后的十多年，陈寅恪始终如一地恪守“独立之精神，自由之思想”，“为学术争自由”，依然不变。

尊奉“独立之精神，自由之思想”，历四十年而不变，终其一生而不变，这就是陈寅恪，一位名副其实的“国学大师”之风范！一位甘愿为恪守“独立之精神，自由之思想”之学术精神而殉葬的勇士！

四　老子其人其书仍待勘

1. 老子是人而非仙

关于老子是何人？《史记·老子韩非列传》等典籍的记载，并不明确。如《史记》先说："老子者，楚苦县厉乡曲仁里人也，姓李氏，名耳，字聃，周守藏室之史也"，又说"或曰：老莱子亦楚人也，著书十五篇，言道家之用，与孔子同时云"，尔后又说"或曰儋即老子，或曰非也，世莫知其然否。老子，隐君子也。"可见，在司马迁那里，老子究竟是谁？由于所依据的史料不详，所以他并未下结论，而是采取了"存疑"的办法。但依据最新的考古资料，如1993年湖北郭店楚简《老子》版本看，其与传世本有别，甚至在某些主要观点上相悖，因而被认为是与传世本《老子》思想观点不同的版本，出自不同的作者之手。依据相关专家的分析，郭店楚简《老子甲》、《老子乙》，当是春秋道家原创者思想的表述，其作者可能分别是老子、老莱子，或老子、老莱子的弟子对老子、老莱子思想的表述。《老子丙》似为关尹子所作，而传世本《老子》当为"老学首领战国李耳"所作。至于李耳其人，与太史儋以及《庄子·天下》篇所说的"老聃"，则实为一人。司马迁所说"姓李氏，名耳，字聃"，也是指此。

这样看来，郭店楚简向世人昭示：传世本《老子》是战国时期研究老子学说的领军人物李耳，即太史儋亦即老聃所撰，其虽含有春秋时期《老子》原本的思想内容，但并不准确，更不全面。而原本《老子》的作者则另有其人，即春秋时期的那个老子，大约于公元前571年农历2月15日诞生于楚国苦县厉乡曲仁里，即现址河南鹿邑太清宫镇，修道而长寿，大概活了一百多岁（前571～471年），但其具体的名字是叫"老子"，还是"老莱子"，或者两者是一人，还是他们的弟子中人，以及生卒年等等，仍缺乏可靠的史料加以厘定。

但是，不管老子究竟是何人？有一点可以肯定，那就是他是人而非神仙。

正是由于迄今为止的史籍中，关于老子的具体身份一直扑朔迷离，所以，在愚昧和迷信充斥的时代，就很容易被神化。其中最为典型的就是道教，将其神话为"太上老君"。在《国学探疑》中，我已经就此作了说明。

值得警觉的是，在科学技术突飞猛进，大力倡导社会主义精神文明的今天，居然还有人神化老子！请看下面的资料——

如由某市“哲学文化研究会主办”、由某某“策划咨询服务中心承办”，于2000年9月出版的号称“反映哲学、易学研究动态”的某内部刊物，就是在“弘扬民族文化，传播华夏艺术”的幌子下，在《老子隐居道德山——〈道德经〉赏析序》中，竟这样煞有介事地写道：“我们发现，在张家界自然风景区的地下深处和它的上顶空中，有着一座巍峨的道德山。两千五百年前的老子，当年独骑青牛，西出函谷关后，并没有仙逝，也没有上天，而是追随黄帝雨师赤松子的游踪，来到了这湘西青岩山。凭借他的修炼工夫，他得以压缩时间和空间，人间两千五百年，于他不过两千五百天。今天，他的心理年龄仍不足半百，甚至还和童年、青年一般。你看他童颜飘髯，淡泊安然，凡情圣解，侃侃而谈……诚然，我们并未亲亲热热地和老子握手，会面，交谈。但是，我们却真真切切地会见了老子的现代传人——慧子，以稚子的名义和慧子进行了诚挚的对话。”在征订“新书《〈道德经〉赏析》”的文稿中，称“编著此书有三大奇处”：一是“作者有奇工夫。托名慧子者，隐士高人也，其谋略预测功夫了得。在此书中公开透露的是至 至真情趣，至好机遇”；二是“编者有奇梦幻。”“本书洋洋三十万言， 中无中生有、捏造成形、一气呵成。成书后编者自己也难解其奥妙，眼下复归愚钝”；三是“读者有奇感受。……尤其有数位易学行家赞誉本书‘学问深，层次高，语言美，魅力大。不是蜜，但能粘东西；不是酒却使情陶醉；胜似美色，好叫人心旷神怡。’……”

仔细看看，这不简直是痴人说梦吗!? 假如老子于九泉之下有知，定会遗憾地回首函关了。在全国人民迈步走向现代化，为实现中华民族的复兴而奋发进取的今天，居然有人堂而皇之地这样“捏造”、吹嘘!? 居然还有人信?! 难道不值得我们深思吗!

2. 再据传世本解读老子不可取

当前，市面上解说《老子》的著作很多，但是，只要稍加留意就会发现，这些著作所依据的几乎都是传世本《老子》。

传世本《老子》又称《道德经》、《道德真经》、《五千言》、《老子五千文》等等，备受历代尊崇，但版本繁多，注家纷纭。据统计，在清代之前，其版本就有103种之多。古书在上千年的传抄、刻印过程中难免出现错讹，迄今为止，校订本达三千多种。历史上流传最广的版本是汉代河上公注本和曹魏时期王弼注本，而人们竞相加以解说的版本，则主要是以王弼注本为底本的。

前文已经指出：依据郭店楚简《老子》版本，可以厘定传世本《老子》的作者，是战国时期的李耳。郭店楚简本《老子》被相关专家公认为比较接近《老子》原本，而传世本《老子》与郭店楚简本《老子》相比较，其思想内容和文字多有错讹之处。说明其与《老子》原本也是有差别的。所以，今天的人们，真要研究道家创始人春秋时期老子的思想学说的话，就理应以郭店楚简《老子》版本为依据才是。

如果说，由于《庄子》的作者和司马迁等，因均未见到郭店楚简《老子》版本，所以，他们关于老子其人其著的记述出现错讹，或留下疑问，尚可理解的话，那么，当今天有郭店楚简《老子》版本问世的情况下，还依然不顾史实真相地而一味地依据传世本《老子》，来解说道家创始人老子的思想学说，就是非常不可取的了！说轻点，这是一种思想懒汉行为；说重点儿，这是一种极不严谨的自误误人之行径！

3.“无为”不一定“消极”，“有为”不一定“积极”

“道常无为而无不为”，是迄今所见《老子》各主要版本均有的一个重要命题。但是，在对此的理解上，却历代颇有歧义，而误解者甚多。惟汉初统治者借崇尚“黄老之学”而奉行“无为而治”，赢得“文景之治”的美名，堪称史河佳话；之后虽也有声称奉行此道者，但真正奉行者却不复有。其原因固然很多，但根本的缘由则在于误解、曲解了老子的“无为”。

“道恒无为也，侯王能守之，而万物将自化。化而欲作，将镇之以无名之朴……是以圣人居无为之事，行不言之教。”这段话所蕴涵的哲理极深。天道“无为”，侯王得之于“道”，则应“居无为之事，行不言之教”。什么叫“居无为之事”？就是毫不考虑私欲地顺应自然，一切按照自然规律去做，决不违背规律地为所欲为、妄为蛮干；什么叫“行不言之教”？就是一切通过自己的行动来昭示、感化，而无需通过言语的灌输就可达到教化的目的。既要按客观规律办事，又不事张扬，更不兴师动众，于不言不吭、无声无息的潜移默化中，达到教化之目的。这显然是一种很高的领导艺术。不是任何统治者、领导者都能够做到的。

“无为”是手段，而“无不为”才是目的。通过“无为”之手段而达到“无不为”之目的，这是《老子》思想的本意。

但对此，历代误解者颇多，特别是在20世纪50～70年代的二十多年中，中国大陆对于老子的“无为”思想，更是口诛笔伐，不加分析地斥之为“消极哲学”、“颓废哲学”。

其实，只要回想、了解一下从20世纪50年代就开始进行的文化领域的批判，尔后的“反右”，“总路线”、“大跃进”和“人民公社化运动”（尤其是期间发生的“大炼钢铁运动”、“公共食堂化”所酿成的三年大饥荒），直到1966年开始的长达十年的“无产阶级文化大革命”，所酿成的全国性的劫难，就会了解到对老子“无为”思想的批判所带来恶果，是多么惨痛！

历史和现实反复昭示：从手段来看，“无为”不一定就是消极的，而“有为”也不一定就是积极的。假若我们年轻的共和国去掉20世纪50～70年代中期的那些“胡折腾”的“有为”，而奉行合乎规律要求的“无为”的话，我们的国家和民众就决不至于遭受那么深重的灾难！“三面红旗”所导致的“三年困难时期”即空前大饥荒，而“无产阶级文化大革命”则除了使众多人惨遭迫害，或遭遇家破人亡的厄运外，还使国民经济濒临全面崩溃。这两大灾难都是在中外历史上所罕见的。从目的来看，“有为”不一定能达到“无不为”之目的，而“无为”却完全有可能达到。在20世纪80年代推行改革开放政策后，我们在政治领域逐步取消了原来的一场接一场的阶级斗争的“有为”之举，不是逐步达到了“无不为”，使中国经济和社会全面复兴和发展，步入和平崛起的新时期之目的了吗！

由此可见，“无为”并不一定就“消极”，而“有为”也不一定就“积极”。积极的“无为”和“胡折腾”的“有为”所蕴涵的深刻蕴义，以及所昭示的惨痛教训，恰恰是我们的决策者和领导者们应好好深省和引以为戒的。当然，这样的道理在个人的日常生活中也是普遍使用的。人们为什么往往会遭遇事半功倍、事与愿违和南辕北辙等尴尬后果，盖与违背“无为无不为”这样的道理有关。在股市中常常会遇到这样的情景：成天忙忙碌碌地来回买卖的“有为”，一段时间过去，还不如持股不动的“无为”效果好。

“我无事，而民自富；我无为，而民自化；我好静，而民自正；我欲不欲，而民自朴。”（甲本4组）我不滋事，民众自然富足；我不妄为，民心自然顺化；我喜好宁静，民心自然纯正；我不贪欲，民情自然淳朴。

“无为无不为”无所为反而无所不为所蕴含的学问，大着呢！

总之，郭店楚简《老子》作为迄今所见最接近于《老子》原本的版本，有许多重要的思想观点不同于传世本《老子》。

由于传世本流传两千多年，影响巨大，因此，要研究原汁原味的《老子》，就要首先研究郭店楚简《老子》，而且要注意正本清源，消除传世本《老子》的影响。

这是一项十分艰巨的任务。

当然，这一艰巨任务的真正有可能完成，需待《老子》原本、完本的发现。

五　孔子九泉不得安

1. 所谓“半部《论语》治天下”史无信证

在近些年被神化的古人当中，孔子可以说是最为耀眼的人之一。因为孔子没有留下亲自撰写的著作，所以，通过神化由其弟子们所辑录而成的其言论集《论语》，来达到神化孔子之目的就是很自然的了。而在神化《论语》的喧嚣声中，所谓“半部《论语》治天下”，又被从故纸堆中拣出来加以狂炒，其“热浪”波及海内外。

历史和现实都一再昭示：越是被炒得热乎乎以至充满焦味的东西，就越容易掺假，越难以令人置信。

那么，所谓“半部《论语》治天下”，到底是怎么回事？其历史的真相究竟如何呢？

翻看史料一看，所谓“半部《论语》治天下”云云，居然缺乏可信的史证。

“半部《论语》治天下”的典故，最早出自于南宋朱熹（1130～1200 年）谢世之后，首先是一个叫林駉（dòng）（具体生卒年未详）的人所撰《古今源流至论》前集卷八《儒吏》所记：“赵普，一代勋臣也，东征西讨，无不如意，求其所学，自《论语》之外尢余业。”赵普所学的书籍，除了《论语》之外，没有别的了。在这段话下面，有个小注，写着这样的话：“赵普曰：《论语》二十篇，吾以一半佐太祖定天下”。

与这个典故有关的另一位人物是，与林駉生活在同一时代的人罗大经（约 1196～1252 年）。在其所撰《鹤林玉露》中有这样的记载：“杜少陵诗云：‘小儿学问止《论语》，大儿结束随商贾。’盖以《论语》为儿童之书也。赵普再相，人言普山东人，所读者止《论语》……太宗尝以此语问普，普略不隐，对曰：‘臣平生所知，诚不出此。昔以其半辅太祖定天下，今欲以其半辅陛下致太平。’”这个记载说明《论语》在当时“为儿童之书”，当过私塾先生的赵普自然熟悉。罗大经在此比林駉在《儒吏》中所记载的话，除了前半句的文字有所不同外，还多了后半句“今欲以其半辅陛下致太平”，并且说明了具体时间，是“赵普再相”后，听到人们说赵普所读的书就只有《论语》，于是宋太宗就此问赵普，赵普毫不隐瞒，并说出上面的话。

但是，罗大经并没有直接说赵普“半部《论语》治天下”，将罗大经话的意思敷衍成“半部《论语》治天下”一说的，则始自元代著名戏曲作家高文秀（具体生卒年未详）。他在其所著《好酒遇上皇》的杂剧曲文中的第三折，有这样一句话：“每决大事，启文观书，乃《论语》也，此时称小官以半部《论语》治天下。”但是，《好酒遇上皇》写的并非赵普的事迹，而且作为杂剧曲文，本不该作为讨论历史问题的依据，然而“半部《论语》治天下”这句话，不但成为罗大经上述话语的衍生品，与赵普联系在一起，而且借助杂剧这一大众化的文艺形式，硬是广泛流传开来，以至于使得当今迷信《论语》的人们，竞相对此津津乐道。

这可真是中了那句名言：谎言重复一千遍就似乎变成了真理！

难道事实果真如此吗？

不！

谎言即使重复一万遍，也不能变成真理，也不难改变或掩盖事情的真相！

查《宋史·赵普传》，根本没有提及此事，其中与《论语》相关的文字仅仅有：“普少习吏事，寡学术，及为相，太祖常劝以读书。晚年手不释卷，每归私第，阖户启箧取书，读之竟日。及次日临政，处决如流。既薨，家人发箧视之，则《论语》二十篇也。”而在宋太宗（赵光义）亲自为赵普撰写的《赵普神道碑》，和宋代史学家李焘（1115～1184年）所编订的北宋九朝编年史，谦言不敢续《通鉴》而名为《续资治通鉴长编》中，也未涉及此说。

所以，关于赵普以“半部《论语》治天下”一说，不能不令人生疑：

第一，从《宋史》的记载来看：“普少习吏事，寡学术，及为相，太祖常劝以读书。晚年手不释卷……既薨，家人发箧视之，则《论语》二十篇也。”赵普早年学习和熟悉的是“吏事”（这与其出生的家庭有关），而“寡学术”即不学无术，等当了宰相之后，由于适应不了宰相之职和赵匡胤的要求，出了不少洋相，所以宋太祖赵匡胤才经常劝他读书。到了“晚年”才“手不释卷”，死了以后发现他读的居然就是一部《论语》。这样的历史事实昭示：既然赵普在当了宰相后宋太祖劝他多读书，而到晚年手不释卷的竟然只是一部《论语》，这就说明他第一次即在赵匡胤当皇帝时出任宰相，与《论语》并无系，那么，罗大经笔下所写的“昔以其半辅太祖定天下”，就根本不符合史实；

第二，像“半部《论语》治天下”这样惊世骇俗的典故，假若属实的话，《宋史·赵普传》就理应提及。可是，事实却并非如此。《宋史》的编撰虽然早在元初忽必烈当政时期就列入议题，但真正落实撰写，则是到元末至正三年

(1343 年)才由丞相脱脱(1314 ~ 1356 年)主持编纂，1344 年脱脱辞职后，由右丞相阿鲁图(生卒年未详)接替主持编纂，总共只用了两年半的时间便仓促完成，致使《宋史》在史料的裁剪、编次、修饰、检校，以及文字的修饰、全书体例等方面都相当粗糙。但《宋史》却是保存宋代官方史料和私人著述，最系统、全面的一部史书，因而具有相当高的史料价值。当时，包括《论语》在内的《四书》已经被正式作为法定教科书和科举取士之标准，赵普"半部《论语》治天下"之说业已流行多年，《宋史》既为赵普作传，却对此只字未提，足见就连其编纂者也不曾相信这是史实；

第三，宋太宗赵光义(939 ~ 997 年)之所以能顺利当上皇帝，并稳坐宝座，赵普是出了不少点子的，所以他被宋太祖所削去的相位，当宋太宗一即位就给恢复了(罗大经所说的"赵普再相"就是指此)。赵普与宋太宗关系非同一般，这从宋太宗亲自为其撰写《赵普神道碑》可以窥知。假如赵普果真在宋太宗面前讲过"昔以其半辅太祖定天下，今欲以其半辅陛下致太平"之类的话，为什么《赵普神道碑》中却只字未提呢？而宋代自宋太祖起就"重文轻武"，像"半部《论语》治天下"如此有利于这个指导思想的话，要是确实属实的话，而居然未被统治者看中并利用，那就太不合情理了；

第四，生活在北宋末南宋初，比朱熹只大 15 岁的史学家李焘，处在理学盛行，包括《论语》在内的儒家著述大受吹捧的时代，可是，在他编撰的《续资治通鉴长编》中，也只字未提及"半部《论语》治天下"一说；

第五，尤其是把《论语》捧为"四书"之一，定为儒家必读的经典，并将其抬到至高无上的地位的朱熹，熟知赵普三度为相，颇有政绩的史实，要是真有"半部《论语》治天下"的事情，借此抬高《论语》的身价，对朱熹而言，该是多么顺理成章的事！而从朱熹在其著作中煞费苦心地将"收许多藩镇之权"完全归功于赵普来看，表明他的这种意图确实存在。朱熹说："赵韩王(即赵普)佐太祖区处天下，收许多藩镇之权，立国家二百年之安，岂不是仁者之功!"就算是将"收许多藩镇之权"完全归功于赵普，那么说以此"立国家二百年之安"也是吹牛，因为在北宋(960 ~ 1127 年)的 180 年间，单是北方辽金的侵扰，就一直未断，何来"立国家二百年之安"？又何谈"仁者之功"？即使撇开这样的史实不论，那么作为文官的赵普，极力怂恿宋太祖解除开国武将之权，也难脱借此压抑武官权势而抬高自己的干系！也不能算作"仁义"罢！然而，朱熹如此夸大其词地借此宣扬赵普的"仁者之功!"，而像"半部《论语》治天下"这样最为过硬的佐证反倒未用，也只能说明到朱熹时代，还没有"半部《论语》治天下"一说。

上述史实都无一例外地昭示：所谓“半部《论语》治天下”一说，在赵普生前，整个北宋，一直到南宋朱熹生前，即1200年，都还没有出笼。在朱熹将《论语》和《孟子》、《大学》、《中庸》称作《四书》，列入儒家经典的二三十年后，才有人提出此说。

但此说真正流传开来，则是在元朝。然而，恰恰是在元朝，对儒学和儒生表示了极大的轻蔑，所谓“九儒十丐”，即儒生被称为“老九”的说法即由此发端。其地位与乞丐不相上下，连自己的生计问题都难以解决的“满腹经纶”的儒生，何谈什么治理天下?！高文秀在《遇上皇》杂剧中的那句台词，不过是被冷落的儒生们一种打肿脸充胖子，借以自慰的一种自我吹嘘罢了。由于儒生们毕竟充当着私塾的教书匠，占据着社会教育的广大舞台，所以，这句极大夸张了《论语》功能的大话，得到那些能将《论语》倒背如流的儒生们的普遍欢迎，并加以广泛散播，自然也就不足为怪了。

这是依据史料所提出的质疑，另外，从历史与逻辑相结合的角度来分析，此说也大受质疑。

第一，“定天下”之说与史实不符

宋太祖赵匡胤是怎么获得的天下的呢？很简单，是通过策划发动“陈桥兵变”。而“陈桥兵变”只不过是一出主要由赵匡胤自编自导的政变夺权闹剧而已。既没有动干戈，又没有费什么周折，赵匡胤就从他的拜把子兄弟周世宗柴荣之后的孤儿寡母手中，把皇权给夺了过来。要说这是“定天下”的话，实在是夸大其词！要说这是靠《论语》而“定天下”的话，那无疑更是对于《论语》的亵渎！因为就《论语》的主旨而言，是坚决反对这类不仁不义的“僭越”勾当的！退一步说，即便算是，赵普也仅仅是个帮手而已，因为整场闹剧的导演者，恰恰主要是赵匡胤自己，其次是他的弟弟赵光义，再次才是赵普。

《宋史·赵普传》称：“普少习吏事，寡学术，及为相，太祖常劝以读书。晚年手不释卷，每归私第，阖户，启箧取书，读之竟日。及次日临政，处决如流。既薨，家人发箧视之，则《论语》二十篇也。”在正史中，这里虽然首次从正面肯定了《论语》对赵普政治事业的积极作用，但是，由于包括《论语》在内的《四书》正是到了元代，才将作为法定教科书和科举取士之标准的，所以，这样的社会背景很可能是让《宋史》编纂者加上这几句话的原因。即使如此，到“晚年”及以下的话，仍不知其取材何处。即便如此，从这段没有来历的话中，也可以看出赵普生前，人们连他读的是什么书都无从知晓，那么，所谓他与宋太宗对话中所说的“半部论语”云云之类的话，显然就是杜撰的了。后人多认为《宋史》乃突击完成，选材不严，良莠混杂，连很多野史笔记也都照录。即使这样，“半部《论语》治天下”一说，居然也未被采纳。这就不能不让人生疑：《宋史》的编纂者既然熟悉很多野史，那么就不会不知道“半部《论语》治天下”一说。既然如此，像这样大大抬高《论语》身价的话，在将包括《论语》在内的《四书》作为法定教科书和科举取士标准的元代，编纂者们为什么在《赵普传》中却只字未提呢？这只能有一个解释：不相信其是史实！

第二，赵普不是宋朝第一任宰相

在宣扬赵普半部《论语》治天下的文章中，几乎都说赵普是大宋第一任宰相。其实，尽管赵普对于宋太祖在960年策动“陈桥兵变”、黄袍加身有功，但是，宋太祖为了维护朝局稳定，上台伊始，便留任了后周重臣范质、王溥、魏仁浦为相，赵普当时的实职是枢密直学士，后升为枢密使，直到北宋建立后第五年，才当上门下侍郎、平章事、集贤殿大学士，负责相事，而真正当上宰相，则是967年的事了。但6年后，即到973年，赵普则因接受吴越王钱镠所送瓜子金之贿赂，又违法从秦陇买来木材营建官邸、庇护部下贪赃枉法等，激怒宋太祖而被罢相。

第三，赵普的政绩与《论语》大义相悖

赵普被誉为宋代开国元勋的功劳有二：一是参与策动“陈桥兵变”，二是参与策动“杯酒释兵权”。这两件事，从史料所记载的史实看，其主谋和决策者仍是赵匡胤自己，而赵普在其中的分量有限，尤其是关于“杯酒释兵权”，是否赵普的初衷？除了朱熹将其完全归功于赵普之外，学界迄今看法不一，有人认为赵普是主张动用武力即杀戮解决赵匡胤对于重臣的猜忌的。而朱熹将此归功于赵普，则旨在抬高《论语》的社会功能。但在“陈桥兵变”中，赵普确实是出了大力的。然而，“陈桥兵变”不论从犯上作乱，还是从“兄弟相残”(赵匡胤和周世宗柴荣是拜把子兄弟)的角度说，都是与《论语》大义相悖的；因为《论语》开宗明义地反对“犯上作乱”，主张“仁”尤其是“己欲立而立人，己欲达而达人”，把为赵匡胤出谋划策，通过发动“陈桥兵变”而获得天下，说成是“以半部论语辅太祖定天下”，岂不是对于《论语》大义的背离和亵渎吗!?赵普要是真懂《论语》却说这样的话，那可真是大言不惭了！

赵普一生确实先后三次为相，但是，一则从宋太祖开始就不断削弱宰相的实权，所以，不能把赵普三次为相的作用夸得过大；二则赵普的仕途并不顺当，而是一波三折。其原因主要在于赵普自身，其中既有因其专横跋扈而受到的制约，因贪财受贿而受到的猜忌，也有因不学无术而受到的轻蔑，因结党徇私而遭到的罢黜。而所有这些人品、官品上的缺点和污渍，则正好都是与重视个人修养、倡导“仁”的《论语》主旨相悖谬的！尤其是在帮助宋太宗夺去皇位、剪除骨肉兄弟所进献的毒计方面，则更是与以人道主义作为主旨的《论语》精神大相径庭。因此，赵普熟读《论语》并以“半部《论语》治天下”一说，是与赵普其人品和官品完全背离的，除了出于别有目的的杜撰之外，是找不到其他合适的解释的。

第四，林駉和罗大经有附会理学有意借赵普拔高《论语》之嫌

依据现在所查到的罗大经的大约生卒年月，可知林駉和罗大经所活动的时期，比朱熹晚了至少20多年，当时，程朱理学业已盛行，尤其是朱子的影响已经很大，所以，林駉和罗大经两人出于附会理学之需要，杜撰赵普“半部《论语》治天下”一说，借以拔高《论语》和整个理学的影响，则是可能的。

由此可见，所谓“半部《论语》治天下”，并没有可信的史实和相关史料来佐证。

至于这一说法为何广为流传，首先，也是最为重要的原因，那就是宋代继承并大兴儒学，出现了一大批颇负盛名的儒者。比如程颐、程颢及至朱熹。宋代的程朱理学，对儒家思想的传播影响巨大，尤其是南宋朱熹的《四书章句集注》，更是宋代以后科举考试的教材。由此，在儒家学派的精心杜撰和极力宣扬下，“半部《论语》治天下”被炮制出来并不胫而走，也就不足为怪了；其次，《论语》作为儒家经典，无论是在维护皇权至上，讲求尊卑贵贱，调整社会关系上，还是在日常生活中，对于遵从礼教，维护伦理，约束行为等方面，也都显得极为重要；再次，赵普贵为宰相，位高权重，但读书不多。所能炫耀，能够拿得出手的也仅是一部《论语》而已。

至于近些年，为什么有些人，尤其是那些以“新儒家”自诩的人，之所以大肆不顾史实地兜售、鼓噪“半部《论语》治天下”，则不过是借此神化《论语》，神化孔子，神化儒家思想，从而神化他们自己的“研究成果”而已。

2. 孔子是教育家而非政治家

处于21世纪之初的人们在介绍孔子时，往往都把孔子说成是政治家，其实，这种说法不合乎史实。

孔子虽出身贵族，但少时“贫且贱”，当过吹鼓手、“委吏”（司会计）和“乘田”（管畜牧）等差使，并不风光。但他自幼勤学好问，且学无常师，曾就礼、道等求教于老子，学乐于苌弘，习琴于师襄，因而所获得的知识，面很广；想施展政治抱负，但不得志，于是聚徒讲学，始开私学之先；后为中都宰，年五十，一度升任司寇，摄行相事，一度踌躇满志，但不久即被黜；尔后率弟子周游宋、卫、陈、蔡、齐、楚等国，想践行其“学而优则仕”的主张，

到鲁国之外的列国谋取官位，并大言不惭地自诩：“如有用我者，吾其为东周乎！”(《论语·阳货》)然时乖运蹇，不但终不见用，在陈蔡之地，还一度绝粮，落到“惶惶然如丧家之犬”的狼狈境地；到68岁时，虽然被季康子派人迎接回国，被国人尊以“国老”，鲁哀公与季康子也常以政事咨询于他，但终究未被重用；只好依然从事教书的老行当，同时致力于典籍的整理，直到鲁哀公十六年(公元前479年)去世。

通观孔子一生的行踪可知：从15岁到27岁，是孔子边工作边自学的时期；从27岁到34岁，是孔子创建私学收徒讲学的时期；从34岁到37岁，是孔子客居齐国的时期；从37岁到51岁，是孔子“退而修《诗》《书》《礼》《乐》”即继续研修和收徒讲学的时期；从51岁到55岁，是孔子在鲁国从政的时期；从55岁到68岁，是孔子周游列国的时期(57至59岁曾一度回鲁国)；从68岁到73岁，是孔子回到鲁国致力于教育和整理典籍的时期。

孔子虽踌躇满志，但一生多在穷困潦倒中度过，幸赖其勤奋好学、学识渊博而又刻苦修养，临逆境而不颓，遭困厄仍乐进；聚徒讲学，培养弟子，审编古籍，后被尊奉为儒家学派的创始人。

孔子在世时，除了他的学生之外，并不被人尊重，尤其是不为当权者所器重，其学说也未享“尊”荣，只是在他去世后才作为一家之言同其他学说共存，还常受到来自各方面的责难。作为思想家和教育家之名望，在他生前，并不像他死后那样高。说白了，孔子在世时不过是个被人瞧不起的落魄书生，一个“教书匠”而已。

就孔子一生而言，对他尊敬、仰慕的只有他的学生。他在今天享有的一切殊荣，都是在他辞世多年后逐渐被授予的。他的学说也是在他去世后由其弟子和再传弟子加以整理后，才广为传播的。

综观孔子一生及载有其言行的主要著作《论语》，对其冠之为“伟大的思想家和教育家”的称号，可谓名副其实，但称其为“政治家”，则不合实际，甚至荒谬。

孔子终其一生，虽然入仕的思想始终未泯，但其真正从政的时间满打满只有短短的5年(51~55岁)，而其他时间则主要用于教育、研修和整理古代文献方面了。即使在其周游列国的14年中，由于有弟子跟随，所以，其研修和教育工作也并未中断。

尽管《论语》中载有孔子关于从政的言论，尽管他也曾短暂地摄行相事，但不能因此就断定他是“政治家”。

搞学问与搞政治从来就是完全不同的两码事，而且其“道术”相悖。能搞得了学问者一般都搞不了政治；且学问越高，对政治就越外行。因为政治从其实质而言，不过是“一种游戏”，不一定较真，而搞学问却要非较真不可。

所以，堪称思想家和教育家的孔子，不是也不可能是政治家——尽管他的学说中蕴涵政治方面的说教，但那些并不适合于当时的政治需要，这也是他终其一生而在政治上不得志的缘由。

孔子之所以不是政治家，还在于他的思想家、教育家的本质，使他在政治上难免表现出来迂腐和幼稚。

譬如，他说：“如有用我者，吾其为东周乎！”这话就很迂腐，不管谁用你，你得听人家摆布，至少也得征得人家的准许，你才能做什么，岂能容你独断专行、为所欲为？“苟有用我者，期月而已可也，三年有成。”(《论语·子路》)这样的狂傲不逊之言，也是为任何掌权者所不能容忍的！

还有孔子所极力倡导的“君子矜而不争，群而不党”(《论语·卫灵公》)，则更表明了他对于视权势为生命和灵魂的掌权者的无知，因为要是庄重而不争，合群而不结党营私、不拉帮结派的话，那掌权者就简直不能获得、更不能维持其权势了！

至于孔子所传授的“尊五美，屏四恶”的“从政”原则(参见《论语·尧曰》)，殊不知让掌权者说说可以，真要完全落实，那也是根本不可能的。

所以，孔子关于政治和从政的言论，多为狷介狂妄或不谙政治权柄套数之言，书生气十足，不知眉眼高低，说明他根本就不懂政治。当然，后世的政治家们借他的说教装潢门面，哗众取宠，愚弄百姓，则是另一回事了。这同锻造刀剑者自己不会玩弄，而到行家手里则锋利无比、所向披靡的道理是一样的。

3. 不断翻新的“新儒学”离原汁原味的孔学越来越远

《韩非子·显学篇》云：“孔墨之后，儒分为八，墨离为三，取舍相反不同，而皆自谓真孔墨。”关于“儒分为八”，篇中说：“自孔子之死也，有子张之儒，有子思之儒，有颜氏之儒，有孟氏(孟子)之儒，有漆雕氏之儒，有仲良氏之儒，有孙氏(荀子)之儒，有乐正氏之儒。”

“儒分为八”并不是同世并存的八个支派，而是辈分不同的八位学子的学说。其中占有重要地位和影响最大的是，孟子和荀子两人的学说。

尽管“八子学说”彼此均有联系，且有的联系还比较紧密，如子思、孟子之间，就联系密切，仲良子同曾子之间也有联系，但毕竟各有特点，尤其是荀子学派与思孟学派的区别相当明显，前者对后者的批判也相当尖锐。

但是，韩非所概括的“儒分为八”是否完全符合史实？值得探究。因为他的老师荀子所指斥的“贱儒”有“子张氏”、“子夏氏”、“子游氏”三家，而韩非所提到的只有“子张氏”一家；还有，《孟子·离娄下》所提到的率弟子“七十人”的曾参，《史记·仲尼弟子列传》所提到的“从弟子百人，设取予去就”的澹台灭明等，显然也都是开宗立派的大师，至少可以与韩非所提到的一些人物相比，但均未被韩非列入“八子”之中。而荀子在《非十二子》中将则思、孟前后相续，挑明二者具有内在的联系。因此，把韩非和荀子的观点综合起来，儒学的分化至少多于八。

儒家或儒学的分化，反映了学术文化发展的趋势和规律。

不管儒学分化后各学说之间的异同如何，但总的说，与孔子的思想已经均有所不同了。而且这是在“孔子死后”就开始出现的情况，到战国末期愈趋明显，荀子的学说就是最好的证明。

奇怪吗？不奇怪。

任何学说（当然不包含任意杜撰和臆造的荒诞之论）从根本上讲，总是反映一定时代的社会经济、政治等状况的，总是植根于它所赖于产生的既定的政治、经济等土壤条件的，时代在变，政治、经济等具体土壤条件在变，学说要是一成不变，那才怪呢！

以这样的观点看待春秋战国时期的百家争鸣，以及各家内部的演变和分化，就不会陷入迷茫和困惑了。

至于秦汉以后，伴随社会的政治、经济等社会土壤条件的巨大变化而不断地变化，“儒家”、“儒学”的演变和分化就更大了。尽管人们一直认为“儒家”、“儒学”是中国学术文化的主流，是统治中国社会两千多年意识形态的主流，尤其是从20世纪初的“新文化”运动以后，在“打倒孔家店”的喧嚣声中，每每对此展开批判和抨击，但人们在倾泻口诛笔伐的炮弹的时候，似乎都忽略了一个基本的事实：即每个时代人们所称道、谈论、标榜、指斥的所谓“新儒学”，其实其内涵和外延都在变化，尤其是离原汁原味的孔子学说，越来越远！

可以这样说，如果说在从孔子逝世到战国末期的“儒分为八”，其中一些还彼此相关，还称得上是“儒家的主流”（李学勤先生在“经学：知识与信仰”学术讨论会上发言时，就持此观点，详见《国学的主流是儒学 儒学的核心是经学》，《光明日报》2010年8月5日）的话，那么以后，各种不断翻新的、冠之于“新儒家”、“新儒学”的学说，就相当驳杂，离原汁原味的儒学越来越远了。

比如，流传已久的所谓董仲舒的“儒术”，就与“儒家”、“儒学”相差甚远！至于标以“新儒学”的“宋明理学”，那就更相距十万八千里了！所以，后世人们所加给原来“儒家”、“儒学”及孔子的各种毁誉之名，其实，与孔子本人的思想，与原本的“儒家”、“儒学”真的没有多大关系了。

“儒家”、“儒学”就是在这样地被歪曲的历史发展中，空担着各种毁誉之名，时而被捧到九天之上，时而被打入十八层地狱。

4. 后世追封的殊荣使九泉之下的孔子不得安

孔子一生凄惶奔波，终生不得志，正像鲁迅所说：孔夫子活着的时候却是颇吃苦头的。跑来跑去，虽然曾经贵为鲁国的警视总监，而又立刻下野，失业了；并且为权臣所轻蔑，为野人所嘲弄，甚至于为暴民所包围，饿扁了肚子。弟子虽然收了三千名，中用的却只有七十二，然而真可以相信的又只有一个人。有一天，孔夫子愤慨道：“道不行，乘桴浮于海，从我者，其由与?”……然而连这一位“由”，后来也因为和敌人战斗，被击断了冠缨，但真不愧为“由”呀，到这时候也还不忘记从夫子听来的教训，说道“君子死，冠不免”，一面系着冠缨，一面被人砍成肉酱了。连唯一可信的弟子也已经失掉，孔子自然是非常悲痛的，据说他一听到这信息，就吩咐去倒掉厨房里的肉酱云。(《在现代中国的孔夫子》，《鲁迅全集》第六卷)

然而当孔子辞世之后，尤其是汉代以来，却享受了越来越光亮的殊荣。

汉武帝在董仲舒的建议下，开始“罢黜百家”推崇“孔子之术”，孔子和孔学的地位开始提高。而后，自汉平帝元始元年(公元 1 年)至清康熙皇帝，孔子接连不断获得越来越光彩夺目的封号。请看：

汉平帝元始元年(公元 1 年)：褒成宣尼公；

北魏孝文帝太和十六年(公元 492 年)：文圣尼父；

北周静帝大象元年(公元 579 年)：郇国公；

隋文帝开皇元年(公元 581 年)：先师尼父；

唐太宗贞观二年(公元 628 年)：先圣；

唐太宗贞观十一年(公元 637 年)：宣父；

唐高宗乾封元年(公元 666)：太师；

武则天天授元年(公元 690 年)：隆道公；

唐玄宗开元二十七年(公元 739 年)：文宣王；

宋真宗大中祥符元年(公元 1008 年)：玄圣文宣王；

宋真宗大中祥符五年(公元 1012 年)：至圣文宣王；

元成宗大德十二年(公元 1307 年)：大成至圣文宣王；

明世宗嘉靖八年(公元 1529 年)：至圣先师；

清世祖顺治二年(公元 1645 年)：大成至圣文宣先师、至圣先师；

中华民国(公元 1912 年)：大成至圣先师。

在享受这些殊荣的同时，孔子逝世后第二年(公元前 478 年)，鲁哀公就诏示将其故宅改建为庙。此后，历代帝王不断以皇宫的规格加以扩建，使其成为我国三大古建筑群之一，在世界建筑史上也占有重要地位。同时，各式各样的“孔庙”、“文庙”也陆续在各地兴建，使孔子得以享受类似宗教教主般的祭祀和膜拜。

回顾中国历史，可以说，自汉代以来两千多年的专制社会中，“儒学”一直是官方的正统学说，受到提倡和保护。历代专制王朝都尊孔，并封给孔子种种称号。这些封号的基本主旨有二：一是封以爵位，抬高孔子的政治身价，如汉平帝封孔子为公爵“褒成宣尼公”，北周静帝封之为“郇国公”，武则天封之为“隆道公”，唐玄宗封之为“文宣王”，宋真宗先加谥为“玄圣文宣王”，不久改为“至圣文宣王”，元成宗又谥为“大成至圣文宣王”；二是似嫌王公高爵不足以提高孔子声誉，进而以封号来表彰其巨大的教化作用，如北魏孝文帝称孔子为“文圣尼父”，隋文帝尊孔子为“先师尼父”，唐太宗尊孔子为“先圣”、“宣父”，明世宗称孔子为“至圣先师”，清世祖加称孔子为“大成至圣文宣先师”，又称“至圣先师”。这一称号一直传到中华民国。

除此之外，历代皇帝每逢封禅泰山或出巡山东时，大都专门绕道曲阜亲临孔庙拜谒，并经常派官员到曲阜致祭，以示尊崇。其中清帝乾隆八次到曲阜朝圣，创造历代皇帝祭孔之最。

历代的权势者、统治者为什么都竞相尊孔，乃至美化、神化孔子呢？

概而言之，无非是孔子的学说为他们提供了便于统治天下、愚弄百姓的理论工具，尤其是他的政治主张，所谓“尊尊亲亲”“刑不上大夫，礼不下庶人”那一套，更是为统治者所青睐和热衷。正如鲁迅所一语破的指出：“孔夫子曾经计划过出色的治国的方法，但那都是为了治民众者，即权势者设想的方法，为民众本身的，却一点也没有。”所以，“孔夫子之在中国，是权势者们捧起来的，是那些权势者或想做权势者们的圣人，和一般的民众并无什么关系。”

一生穷困潦倒的孔夫子，致死也未曾享受到些微像样点儿的尊荣。当年惨惨戚戚下葬的老夫子若地下有知，见到这些花团锦簇的一个个桂冠，不知是笑还是哭呢?!

关于孔子及其学说的身后命运，鲁迅说：“孔夫子到死了以后，我以为可以说是运气比较的好一点。因为他不会噜苏了，种种的权势者便用种种的白粉给他来化妆，一直抬到吓人的高度。”（同上）

5. 尊孔反孔闹剧何时休

金景芳（1902～2001 年）在《如何评价孔子》一文中说：“在中国，自秦亡以降，两千余年封建社会，一般都尊孔子为圣人，这是事实。当今海外各国，特别是韩国、日本、新加坡，依旧尊崇孔子，这也是事实。孔子在历史上，曾经遭受过无数次冷遇、奚落，以至于长期挨批，这也不能说不是事实。”“应该看到，中国自孔子生时起，一般说，凡是治世都尊孔，凡是乱世都反孔。其道理在于孔子的学说对维护社会安宁秩序有利，对破坏社会安宁秩序不利。”（《孔子新传》，长春出版社，2006 年第一版，第 9 页）

金景芳先生既揭示了尊孔与反孔的历史事实，又揭示了其主要原因。

我国春秋战国时期列国纷争，变幻纷纭的政治形势使诸子百家应运而生。然而国家一旦一统，统治这便认识到再允许各种思想学说无休止地自由交锋，势必动摇其统治。于是，最符合统治者需要，便于维护一统天下，“对维护社会安宁秩序有利”的儒家学说，自然就取代诸家之说而上升至正统地位。因此，作为其学说总代表的孔子，备受尊崇，也就成为必然。

然而，残酷的剥夺和压迫必然引起反抗，而反抗者自然也需要自己的思想旗帜。不管这种旗帜怎样变幻，其主要的矛头指向为专制统治者所尊崇的儒学及其代表人物孔子，也是很自然的了。或者说，“反孔”必然成为那些以推翻专制王朝为目的的历代农民起义军的一面思想旗帜。

于是，伴随专制王朝的更替所展现的尊孔与反孔的斗争，就展现在中国历史之中了。

因此，中国历史上所有的反孔与尊孔斗争，归根到底都是政治斗争，都是维护还是推翻现行政治统治的斗争。

关于历代统治者尊孔的史实，前已论及，现仅就历代被统治者的“反孔”史实，略作说明。

历代农民起义辱骂孔子及其学说，焚烧孔庙等的事例不胜枚举。即使到其孙子辈推崇儒学和孔子的汉代开国帝王刘邦，在当初起义时，也极其鄙视儒学、儒生，骂他们是“竖儒！”拿他们的帽子撒尿。在农民起义军行列中，反孔比较激烈的当属“太平天国”起义军。其首脑人物洪秀全，深知要推翻清王朝的统治，就必须反掉作为“历代帝王专制之护符”的孔子及其学说。为此，他与冯云山等编写《太平天日》，蓄意编造神话说天父上帝审判孔子，命天使捆绑并鞭挞。孔子跪在天兄基督前连连求饶，上帝才命停止鞭打，但永不准他转世下凡。在孔子被大肆丑化、妖魔化的同时，太平军所到之处，大肆焚烧孔庙，捣毁孔像，并宣布《四书》《五经》为“妖书”，如有胆敢念诵教习者，一概皆斩。

太平天国之后，“五四时期”又掀起了反孔的一个高潮。“打倒孔家店”的口号，成为这一运动响亮口号。当然，“五四时期”的“反孔”，不同于“太平天国”等农民起义军。当时主要是因为在由促进思想解放所促成的“新文化运动”潮流面前，孔子及其学说被指斥为维护旧的封建专制统治的“卫道士”、束缚民众思想的“精神枷锁”、“旧文化的代表”，因而被押上审判台的。

历史上没有哪一个文化人能像孔子那样，褒时褒到极致，被提升到圣人的高度，就连推崇他的历代帝王都要对他顶礼膜拜，简直就是中国的神或上帝。但是贬时也贬到了极致，任何人都可以直呼其“孔老二”，把他臭的一钱不值。

历史似乎在上演着物理学关于作用与反作用大小相等、方向相反的定律。当年声势浩大、规模空前的“批林批孔”运动，到改革开放后不几年，便又180度大转弯地，渐渐演化成同样声势浩大、规模空前的“尊孔祭孔”运动。孔子的命运居然一下否极泰来，享受到空前未有的尊荣和崇拜。这里仅择录一篇择录于网络的，关于在孔子的故乡曲阜进行“祭孔大典”的报道：

伴随“国学热”慢慢地升温，让孔老夫子又重新挺直了腰杆 。祭孔大典始于2004年，请看来自新华网9月28日电是这样描述2008年的大典场面：

2008祭孔大典28日在孔子故里山东曲阜市举行，以纪念中国伟大的先贤孔子诞辰2559年。

28日的曲阜秋雨蒙蒙，上午9时许，由政府工作人员、海内外孔子后裔、宗亲及专家学者组成的祭祀队伍在孔庙外的神道上开始缓缓向孔庙行进，他们人人佩戴黄色鲁锦，面色持重，目光虔诚，这是自2004年曲阜公祭孔子以来，第五次祭祀孔子。

今年曲阜祭孔主题是“仁者爱人、自强不息”。9时15分，曲阜祭祀队伍沿着神道行至孔庙万仞宫墙外，全国人大常委会原副委员长许嘉璐为公祭孔子大典主题铭文揭幕。铭文写道：“人之为人，贵有仁心。天生之德，发乎己身……天行健，启众生。君不见，老骥虽迟暮，趋趋向前行。大鸟虽负箭，垂垂怒翅飞。”台湾大学教授傅佩荣说：“‘仁者爱人’出自《论语》，是孔子的核心思想；‘自强不息’出自《易经》，意思是人们的德行每天都有进步，这两句话概括了中华民族的精神。”

铭文揭幕结束后，在平和的雅乐伴奏下，祭祀队伍穿过明故城，过了棂星门、圣时门、弘道门、大中门、同文门、奎文阁、大成门，绕过杏坛，来到孔庙大成殿前。身着“六艺”服的中学生在甬道两侧肃立，大声恭诵《论语》中的部分词句。随后，祭祀代表向孔子敬献花篮后，山东省省长姜大明宣读了金庸先生撰写的祭文，文曰：“清风送爽，海晏河清。国泰民安，举世欢腾。北京奥运，万邦风从。五洲四海，睹我雄风。世界同运，人类一梦。”诵读完毕，在悠扬的古乐中，身着汉服的舞者，峨冠博带，手持羽和龠，跳起公祭乐舞《天下大同》。

更有甚者，2011 年 1 月 11 日上午，一座总高 9.5 米的“孔子”塑像在北京天安门广场东侧的中国国家博物馆北门广场落成。雕像正对东长安街，孔子雕像双手合于胸前，目视远方，身体左侧佩戴有一把宝剑。

据了解，历时 3 年半、投资 25 亿元的中国国家博物馆改扩建工程已全面竣工，2011 年 3 月开馆。作为“十一五”期间中国重大文化建设工程项目。国家博物馆相关负责人表示，北门广场将成为新国博的重要观众出入口。它面向长安街，比邻天安门广场，并与故宫面对，有特殊的政治与文化地位。国博是展示悠久中国历史文化的最高殿堂，因此必须选定一件代表性的展品放在此处。

但是，就在“尊孔崇孔”者们为此“创举”顶礼喝彩之时，亿万民众却就此提出了质问和发出了“反孔”的怒吼。

在人民网就“天安门广场附近竖立孔子像您怎么看”的调查中，22 万多名网友参加了调查，近七成网友反对，认为“国博门前立孔子塑像不严肃”。

100 天后，在 4 月 20 日的深夜，据中新社记者潘旭临报道，国家博物馆北门外广场的孔子塑像被迁入国家博物馆雕塑园。有网友将此事件戏称为“百日复古”！

在天安门广场风光了 100 天的孔子，此时被默默地贬移到雕塑园，不知又该作何感想?!

孔子及其学说两千多年以来，就是被人们这样捧上掷下折腾着。

尊孔与反孔的闹剧，搅得九泉之下的孔子从未稍安。

“吾生前命苦，死后也如此命苦！尊敬的后人啊，求求你们，能否让稍安些?!”

我似乎听见老夫子灵魂在痛苦中呻吟。

六　杨子衔冤两千年

1.《列子·杨朱第七》是否伪书

杨子即杨朱是继老子之后道家的主要代表人物。当然，从迄今所见文献来看，杨朱的某些具体观点与老子并不一致，在某些方面，还有所发展。譬如对老子的贵生、养生而爱身的思想，杨朱就有所发展，体察到“一毫”与人的“肌肤”、“肢节”与人身“肢体”之间，即局部与整体之间的量变、质变关系。

其实，道家的主要代表人物的具体观点都是有差别的，只是从总的方面而言把他们归为道家的。这种情形在其他学派当中也都同样存在。即使有直接师承关系的学派代表人物之间，弟子对老师的学说一般也总是有所修正、有所扬弃的。所谓“青出于蓝而胜于蓝”嘛！春秋战国时期的百家诸子，无不如此。

从《孟子·滕文公下》所说“杨朱、墨翟之言盈天下，天下之言，不归杨，即归墨”，以及孟子对杨朱的猛烈攻击等情形来看，可知杨朱言论的影响一度跟墨子平分秋色，甚至超过孔子。杨朱理应在“国学”的研究和发展中占有重要地位。可惜由于《杨子》一书失传，杨朱没有受到应有的重视。不仅如此，长期以来，杨朱还被扣上“极端利己主义”的帽子，而屡遭非难、攻击。

关于杨朱的评价问题，由于迄今没有发现杨朱本人的著述，我们只能根据相关的记载来考辨。

比较集中反映杨朱思想的著作是《列子·杨朱第七》。

《列子》一书，本是先秦时代一部很重要的著作，对后世哲学、文学、科技、宗教影响深远。但是，大概自唐代柳宗元开始怀疑其“伪”以来，以后不断有人跟应，至清代，姚际恒（1647～1715年）撰《古今伪书考》，首先认定《列子》是“伪书”，以后响应者渐多，尤其一代学术巨子梁启超先生在其《古书真伪及其年代》中宣称：“有一种书完全是假的，其毛病更大。学术源流都给弄乱了。譬如《列子》乃东晋时张湛（即《列子注》作者）采集道家之言凑合而成。真列子有八篇，《汉书·艺文志》尚存其目，后佚。张湛依八篇之目假造成书，并载刘向一序。”“若不知其源，误以为真属列御寇所作，而且根据它来讲《庄》、《列》异同，说《列子》比《庄子》更精深，这个笑话可就大了！”（《饮冰室合集·专集第七册·饮冰室专集之一百四》）梁启超这话影响殊甚。马叙伦（1885～1970年）先生也综各家之说，著《列子伪书考》，以二十条证据判定《列子》是“伪书”。

学界权威一放言，多数人响应，几乎成了定案，而不同意见则一时沉寂，以致使尔后不少文学史、哲学史专著，都将《列子》从古籍中抹掉。

读书须先辨真伪。“以伪乱真”固然有害，而“以真为伪”也同样误人。

近年海内外诸多学人，对此学案重新质疑并加以考辨。如严灵峰著《列子辩诬及其中心思想》（台北文史哲出版社1994版）、许抗生撰《〈列子〉考辨》（载《道家文化研究》第一辑，上海古籍出版社1992年版）、陈鼓应撰《论〈老子〉晚出说在考证方法上常见的谬误——兼论〈列子〉非伪书》（载《道家文化研究》第四辑，上海古籍出版社1994版）、胡家聪撰《从刘向的叙录看〈列子〉非伪书》（载《道家文化研究》第六辑，上海古籍出版社1995版）、陈广忠撰《为张湛辨诬——〈列子〉非伪书考之一》、《〈列子〉三辨——〈列子〉非伪书考之二》、《从古汉语看〈列子〉非伪——〈列子〉非伪书考之三》，（均载《道家文化研究》第十辑，上海古籍出版社1996版）等等。

2000年，北京出版社出版的马达先生《列子真伪考辨》一书，更以翔实的资料，对“《列子》伪书说”之每个论点、论据，都进行了认真考辨，用事实从思想史、文学史、汉语史、先秦诸子成书特点等不同角度，认定《列子》不是伪书。

“辨伪”与“反诬”都是学术争鸣的需要。只要本着“言之成理，持之有据”，以理服人而非强词夺理，更不以势压人的态度，真相和真理就会越辩越明，终究会水落石出。

我认为，不管《列子》是不是“伪书”，其中的典故、寓言，譬如《愚公移山》、《杞人忧天》等均可引用。

同样，我还认为，《列子·杨朱第七》所载杨朱的话语，基本符合杨朱的思想，故可以作为资料引证。

2. 杨朱果真宣扬“极端个人主义”吗？

在《列子·杨朱第七》中，有如下的记载：

孟孙阳问杨朱曰：“有人于此，贵生爱身，以蕲不死，可乎？”曰：“理无不死。”“以蕲久生，可乎？”曰：“理无久生。生非贵之所能存，身非爱之所能厚。且久生奚为？五情好恶，古犹今也；四体安危，古犹今也；世事苦乐，古犹今也；变易治乱，古犹今也。既闻之矣，既见之矣，既更之矣，百年犹厌其多，况久生之苦也乎？”孟孙阳曰：“若然，速亡愈于久生；则践锋刃，入汤火，得所志矣。”杨子曰：“不然；既生，则废而任之，究其所欲，以俟于死。将死，则废而任之，究其所之，以放于尽。无不废，无不任，何遽迟速于其间乎？”

这段话的意思是说，杨朱虽主张“贵生”，但并不赞成违背常理的长生不死的说法，而认为生和死是一种自然现象，其长短应顺其自然，而不宜人为地苛求。

再往下看：

杨朱曰：“伯成子高不以一毫利物，舍国而隐耕。大禹不以一身自利，一体偏枯。古之人，损一毫利天下，不与也；悉天下奉一身，不取也。人人不损一毫，人人不利天下，天下治矣。”禽子问杨朱曰：“去子体之一毛，以济一世，汝为之乎？”杨子曰：“世固非一毛之所济。”禽子曰：“假济，为之乎？”杨子弗应。禽子出，语孟孙阳。孟孙阳曰：“子不达夫子之心，吾请言之。有侵苦肌肤获万金者，若为之乎？”曰：“为之。”孟孙阳曰：“有断若一节得一国，子为之乎？”禽子默然有间。孟孙阳曰：“一毛微于肌肤，肌肤微于一节，省矣。然则积一毛以成肌肤，积肌肤以成一节。一毛固一体万分中之一物，奈何轻之乎？”禽子曰：“吾不能所以答子。然则以子之言问老聃、关尹，则子言当矣；以吾言问大禹、墨翟，则吾言当矣。”

这段话，历来被当成杨朱宣扬“极端利己主义”的主要根据，特别是其中那句“损一毫利天下，不与也”。但是，只要不是断章取义，我看是得不出这样的结论的。

这段话的原意是：杨朱说：“伯成子高不以一毛利物，因此放弃王位而隐居耕田。大禹不为自身谋利，得了半身不遂。古代的人，损害一毛以利天下的事，不干；倾天下之所有而侍奉一人的事，也不同意。人人都不损一毛，人人不利天下，天下太平。”禽子问杨朱：“拔掉你身上的一毛来济世，你干吗？”杨朱说：“世道本来就不是一毛所能济的。”禽子又说：“假如可以的话，你干吗？”杨朱不回答。禽子出来告诉孟孙阳，孟孙阳说：“你没有领会先生的心意，请让我来跟你说说。有人损害你的肌肤而给你万两黄金，你干吗？”禽子答：“干。”孟孙阳又问：“有人砍断你的一个肢节而让你掌管一个国家，你干吗？”禽子沉默了。孟孙阳说：“一毛比肌肤轻微，肌肤比肢节轻微，这是显而易见的。但是，一毛积累起来就构成肌肤，肌肤积累起来就构成肢节。一毛固然只是身体的万分之一，可怎么能轻视它呢?”禽子说：“我是讲不出什么道理来回答你。但是，要是用你的这番话去问老聃和关尹，他们会认为你对；要是用我的话去问大禹和墨翟，他们会认为我对。”

在这里我们且不去涉及文中相关人物如孟孙阳和禽子、老聃和关尹、大禹和墨翟等等，单就文中涉及的杨朱的观点来分析一下。我认为，杨朱话的主旨是：“古之人，损一毫利天下，不与也；悉天下奉一身，不取也。”就是说既不“损一毫利天下”，也不“悉天下奉一身”。这是事物的正反两个方面。两者相反相成。道理很明显，也很简单：之所以不愿意“损一毫利天下”，是因为不愿意“悉天下奉一身”。就是反对让普天下的人一毛一毛地拨出来去奉献给一个人！这体现了杨朱“贵生轻物”思想的本质，是反对“悉天下奉一身”的专制主义。

《吕氏春秋·贵生》继承并发挥了杨朱的这个思想，说：“今吾生之为我有，而利我亦大矣。论其贵贱，爵为天子不足比焉；论其轻重，富有天下不可以易之；论其安危，一曙失之，终身不复得。此三者，有道者之所慎也。”其意思是说，我今天的生命为我专有，对于我而言太重要了。论其贵贱，即使天子之位，也不能与它相比；论其轻重，即使获得了整个天下，也不能与它交换；论其安危，一旦失去了它，就再也不能重新得到。这三个方面的道理，凡是懂得“道”的人，都会慎重考虑。简言之，就是说人的生命，贵过天子，重于社稷，一旦失去就不能复得。所以，凡是懂得“道”的人，都慎待生命。可以说，这段话是对杨朱“贵生轻物”思想的准确而深刻地理解、阐发。

关于文中“人人不损一毫，人人不利天下，天下治矣”这句话，我认为，与上述整体观点相矛盾，也片面，且于理不通。因为与“人人不损一毫”相对应的应是“不悉天下奉一身”。就是说，这句话应写成：“人人不损一毫，不悉天下奉一身，天下治矣。”这样才符合杨朱的整体观点。而原文“人人不损一毫，人人不利天下”，所表达的仅仅是“古之人，损一毫利天下，不与也”这句话一个方面的意思，而未能把这句话另一个方面的意思即“古之人，悉天下奉一身，不取也”也表达出来。在这样的前提下，说“天下治矣”也是于理不通的。试想：“人人都不损一毛，人人都不利天下”，怎么能达到“天下太平”呢!? 所以，我认为原文这句话是“误笔”或“笔误”，到底是原误还是传误?或是其他什么原因造成的？尚无据可考。

当禽子问杨朱“从你身上拔去一毛，以济世，你干不干”时，他直截了当地回答：“世不是一毛所能济的。”当再追问他要是真的能这样时，他并没有应答。字里行间所表示的杨朱的思想已经非常清楚，可后人偏偏把它歪曲成“拔一毛而利天下不为也。”

这样的误解、偏见出自何处？原来始出于《孟子》。

《孟子·尽心上》说：“孟子曰：‘杨子取为我，拔一毛而利天下，不为也。’”虽然《吕氏春秋·不二》有“杨生贵己。”《韩非子·显学》也有“今有人于此，义不入危城，不处军旅，不以天下大利易其胫一毛，……轻物重生之士也。”《淮南子·汜论训》也有“全性保真，不以物累形；杨子之所立也。”但都没有像《孟子》那样歪曲杨朱。由于《孟子》在宋代起被作为《四书》之一，为历代文人学士所必读之书，而孟老夫子又被奉为“亚圣”，所以孟子扣在杨朱头上“拔一毛而利天下不为”的帽子，自然就很难摘下，并越来越流传，越传越沉重，以至被说成是“极端利己主义”典型，而长期遭受猛烈抨击。

孟子为什么要这样做呢？是依据的资料有误，还是出于成见？我看可能两个方面的情况都有，而以后者居多。前面提到，孟子时代，他所看到的学界情况是“杨朱、墨翟之言盈天下，天下之言，不归杨，则归墨。”这种“杨朱、墨翟之言”平分秋色的现实，很自然使得作为孔子学说传人的孟子耿耿于怀了。从他偏激地攻击墨子的史实来看，他对杨朱先歪曲后攻击，也是情理中的事。《孟子·滕文公下》载：“杨氏为我，是无君也；墨氏兼爱，是无父也。无父无君，是禽兽也。”看看，这不仅是歪曲，简直就是谩骂了！

从上面的分析中可知，杨朱并没有排斥君王的意思，只是排斥“悉天下奉一身”的专制者；墨子的“兼爱”，也更谈不上“无父”！很清楚：孟子对杨、墨二人都是先歪曲后攻击。

他为什么这样做呢？因为“杨墨之道不息，孔子之道不著，是邪说诬民，充塞仁义也。仁义充塞，则率兽食人，人将相食。吾为此惧，闲先圣之道，距杨墨，放淫辞，邪说者不得作。”（《孟子·滕文公下》）在他看来，杨、墨的学说不灭亡，孔子的学说不光大，就会使“邪说”蒙骗人民，堵塞仁义，使人人像野兽一样互相残食。所以，他决心捍卫古代圣人的思想，批驳杨、墨，排斥“荒诞”，使“邪说”不能产生。这位陷于感情用事的“亚圣”，以“舍我其谁”的姿态盛气凌人地宣扬：“作于其心，害于其事；作于其事，害于其政。圣人复起，不易吾言矣。”（同上）有我在，就不能使危害事业和政治的“邪说”在人们心里产生！我的话就是真理，即使再有圣人出现，也不会改变我这话！

不难看出，为了“光大”孔子的学说，孟子把“言盈天下”的杨、墨学说斥为“异端”，而发誓要从人们心里拔掉，以至于感情用事，对杨、墨之言先歪曲后攻击，就十分自然了。

关于杨朱的“为我”问题，张岱年先生早在20世纪30年代著述的《中国哲学大纲》中就不同凡响地指出：“杨子可以说是中国思想史上第一个注重个人的。‘为我’是真实自爱之意，并非损人以自利。更非纵情肆欲。”(《中国哲学大纲》，中国社会科学出版社 1982 年版，第 282 页)

张岱年先生的析判可谓画龙点睛，振聋发聩。

七　庄子苦笑后人痴

1. 庄子“相对主义”辨析

“窃钩者诛，窃国者侯。”这句话是由“彼窃钩者诛，窃国者为诸侯”提炼而来的。(参见《庄子・胠箧》)偷钩的被处死，篡夺政权的人反倒成为诸侯。这是庄子所处的战国时期的社会现实。

“以导弹、坦克等大举入侵他国成了‘反恐’，而以‘肉体炸弹’反抗侵略却成了‘恐怖活动’”，这是步入21世纪之初的世界，人们有目共睹的国际社会现实。

相距两千多年却存在的类似的社会现实，说明了什么？“窃钩”和“窃国”，“侵略”和“反侵略”，“恐怖”和“反恐”等等，到底有没有统一的是非标准？要是有，为什么却这样不公？这不公的现实后面所隐含的到底是什么道理？

其实，早在两千多年前的庄子，就在《齐物论》中就一针见血地道破了“玄机”——

“彼亦一是非，此亦一是非。”

暂且先撇开原文，单就字面来理解这句话，就可看出其具有普遍意义。

是非问题本属于人的主观价值评判范围的事情，与人无缘的客观事物本身是无所谓是与非的。客观事物一旦与人结缘，或为人所使然，自然就有是非问题了。在这样的前提下，“彼”和“此”，不论作为物、人，都各有各的是非及其评判标准，并且还要随着时间、地点等具体条件的变化而变化。

难道事实不是这样吗？

从两千多年前的战国时期，到今天21世纪的所谓“世界趋于经济一体化”的“信息时代”，世道一直未能摆脱“彼亦一是非，此亦一是非”之窠臼。

两千多年前的“窃钩”和“窃国”的是与非，本是各自客观明摆着的，但结果却是“窃钩者诛，窃国者侯。”为什么？“彼亦一是非，此亦一是非”所致。

今天“以导弹、坦克等最先进的武器装备大举入侵他国”和“以‘肉体炸弹’反抗侵略”的是与非，也是明摆着的，但是，结果却是“以‘肉体炸弹’反抗侵略成了‘恐怖活动’，而以导弹、坦克等大举入侵他国却成了‘反恐’。”为什么？仍是“彼亦一是非，此亦一是非”所致。

“彼亦一是非，此亦一是非”，其实就是中国老百姓所常说的“公说公有理，婆说婆有理。”

公与婆之间闹矛盾，难道真的就没有客观存在的“是”与“非”吗？

我想应是有的，但是，这客观存在的“是”与“非”在“公”和“婆”各自的心目中，却有不同的标准，因而才各执一端，相互争吵，使得“清官”也“难断”了！

我想那“清官”“难断”的缘由当中，自然还有他个人的是非标准。这就使问题愈加复杂化了。“彼亦一是非，此亦一是非。”“彼”和“此”有多少，“是非”的标准就可能有多少。

自从那个曾经跟美国“冷战”对峙的超级大国苏联，在内部的勾心斗角和外部美国等的软硬兼施中解体后，惟一的超级大国美国便经常以“公允”的面孔出面调解国际间的纠纷。

由于它有它自己的“是非”标准，而且又针对不同的对象灵活多变，表现出双重、多重，再加上当事国又各有各的“是非”标准，所以，它不管本来就乱，一管就更乱！

以愚观察，这是当今世界动荡、混乱和局部战争不断的根源。当今世界的好多乱子，大都与美国有关。

这是事实，是真理。从这个意义上说，庄子是“是非相对论”的伟大发明者。

明白了“是非相对论”这样的道理，就不难明白为什么世界、世道、人间老是莫衷一是、充满纷争了。明白了“是非相对论”这样的道理，就不难学会灵活地为人处世，辩证地看待是非黑白，从而为学会自我救护、自我安慰、自我平衡、自我解脱等等，找到一把随时可用的钥匙。

当我每每看到“彼亦一是非，此亦一是非”的论断，一联系耳闻目睹的现实，就为两千多年前的庄子能有如此的高见和精明之论，所折服。

可是，长期以来，这样一个精明透彻的论断，却一直被扣上“相对主义”的帽子遭受批判。

在经过事实和实践标准的反复检验之后，必须要为此翻案了！

单就“彼亦一是非，此亦一是非”这句话而论怕难于服众，我们有必要联系上下文再加以分析、说明。

庄子《齐物论》这样写道：“物无非彼，物无非是。自彼则不见，自是则知之。故曰彼出于是，是亦因彼。彼是方生之说也。”

这是讲：事物没有不存在与它对立的那一面，也没有不存在与它对立的这一面。从事物相对立的那一面便看不见这一面，从事物相对立的这一面则能知晓。所以说事物的那一面出于事物的这一面，事物的这一面也起因于事物的那一面。事物对立的两个方面是相互并存、相互依赖的。

能说这是“相对主义”吗？

我看不能。因为我们所称道的辩证法也是这样阐述的。

《齐物论》接着写道：“虽然，方生方死，方死方生；方可方不可，方不可方可。因是因非，因非因是。是以圣人不由，而照之于天，亦因是也。”

这是讲：虽然如此，但是任何事物随起就随灭，随灭就随起；刚肯定就转向否定，刚否定就又转向肯定；有因而认为非的就有因而认为是的。所以圣人不走划分是非这条道路，而是观察比照事物的本然，也就是顺应该事物自身的道理。

能说这是“相对主义”吗？我看也不能。

因为从广义上说，把任何处于一定年代的，即使长达十几年、几十年的人事，置于无限广袤的时空内，都是很渺小的，转瞬即逝的；而从狭义上来说，在特定的时空内，比如在十年“文革”期间，我们所看到的“是非”、“黑红”、“人鬼”以及“造反派与保守派”、“革命与反革命”、“革命家与野心家”等等的反复无常、瞬息万变，不正是这样的吗！

不独在政治和社会生活领域如此，不断发展着的科学发现所揭示的物质世界，特别是在纤细的微观世界中，其存在和变幻就更是如此了。

在这样的意义上讲，庄子凭借他超人的想象，在其“是非相对论”中，是不是已经猜测或朦胧意识到，爱因斯坦伟大“相对论”之卓见或萌芽了呢?!

《齐物论》接着写道：“是亦彼也，彼亦是也。彼亦一是非，此亦一是非。果且有彼是乎哉？果且无彼是乎哉？彼是莫得其偶，谓之道枢。枢始得其环中，以应无穷。是亦一无穷，非亦一无穷也。故曰莫若以明。”

这是讲：事物的这一面也就是事物的那一面，事物的那一面也就是事物的这一面。事物的那一面有它的是与非，事物的这一面同样也有它的是与非。事物果真有彼此的分别吗？果真没有彼此的分别吗？彼此不相对待，就是道的枢纽。抓住了道的枢纽，也就抓住了事物的要害，以顺该事物无穷无尽的变化。“是”的变化是没有穷尽的，“非”的变化也是没有穷尽的。所以说不如用明静的心境去洞察事物的实况。

能说这是“相对主义”吗？

我看还是不能。

因为事实和经验告诉我们：事物的两个方面确实既相区别，又相联系；各有各的是与非，但是要是从对立统一的角度审视，他们的“是”与“非”，既有相互区别开来的界限，又没有绝对的界限，所以都是处在无穷无尽的变化之中的。

彼此不相对待，是“道”的枢纽。只有抓住“道”的枢纽，才能抓住事物的要害，顺该事物无穷无尽的变化。要是没有明静的心境，是难于洞察“道”的。

从上述引征的文字看，《齐物论》看到了事物及其属性以及人们对它们的认识的相对性，从世界观和方法论的角度讲，都是难能可贵的。因为这当中蕴涵着“相对论”的萌芽，对20世纪初物理学上“相对论”的创立，具有巨大的启发作用。现代一些西方著名物理学家，如量子力学的创始人玻尔(N. borh)、介子理论的提出者汤川秀树、耗散结构理论的创立者普利高津(I. prigogine)和协同学的创立者哈肯(H. haken)等，在自己的研究工作中都不同程度地认识到包括庄子相对论思想在内的道家思想的重要价值。

当然，联系《齐物论》全文和其他相关篇章的论述，却是有如张岱年先生等所指出的：《庄子》确实含有“泯彼我，同是非，合成毁，一多少，均大小，参古今，齐生死，同梦觉。忘物之异，证物之同”(见《中国哲学大纲》，第154页)的谬误，但《齐物论》反复强调，不走划分是非这条道路，而以明静之心态观察比照事物的本然，即顺该事物自身的道理去判断。所以，不能因此就断定它陷入了只承认事物的相对性、变动性，而否认事物的绝对性、稳定性的“相对主义”。

至于《齐物论》中举出“庄周梦蝶”，说庄周曾梦见自己变成了蝴蝶，欣然自得，根本不知道自己原来是庄周，等突然醒来才发现自己分明就是庄周。又说了一句不知是庄周做梦变成蝴蝶，还是蝴蝶做梦变成庄周的话。

正是这句似乎“画蛇添足”的话，成了庄子被扣上“相对主义”帽子的主要根据。

其实，这句话不过是重复梦中的幻觉而已(大凡常做梦的人，都有类似的幻觉)。因为紧接着他又指出庄周和蝴蝶必定有所区别，蝴蝶依然是蝴蝶，庄周还是庄周。可见，庄周梦蝶，正像他所指出的，不过是“物化”的瞬间表达，他并没有因此而陷入并宣传神秘，也没有说人真的就可以变化成为蝴蝶。

所以，据此就说《齐物论》宣扬的是“相对主义”，也同样站不住脚。

退一步说，就算庄子的《齐物论》等宣扬了“相对主义”，也是对“相对主义”现实的真实反映，愤懑表述和强烈叱责。譬如“彼亦一是非，此亦一是非”，就是对春秋战国时期社会动荡和政治斗争的反映。在彼此争霸和互相侵伐的诸侯、君主那里，哪里有什么统一的是非标准！当然，不独在人类社会，就是在动物世界，人们司空见惯的“弱肉强食”，在强悍的猛兽和弱小的动物之间，不也是“彼亦一是非，此亦一是非”吗！

当爱因斯坦的伟大相对论问世后，人们更发现：“彼亦一是非，此亦一是非”之类的“相对主义”，原来在整个宇宙，也普遍存在！

在“只追求目的而不择手段”的极端政治家那里，是非黑红的判定标准历来都是“相对”的，不确定的，所以，如果硬说庄子的观点是什么“相对主义”的话，那么，这也正是对政治领域迄今所一直存在的“相对主义”现实的真实写照。

“窃钩者诛，窃国者侯。”惨遭侵略、蹂躏的民族和人民用肉体炸弹反抗侵略者成了“恐怖活动”，而肆意杀人掳掠的侵略者却成了“反恐英雄”！“反恐”反倒以“莫须有”的“罪名”派十几万大军到人家主权国家任意地烧杀掳掠，还要高唱“和平”、“民主”和“自由”的高调，国际间这种充满血淋淋的混账世道，不正是对《庄子》“相对主义”的鲜明注解吗!?

庄子对事物及其属性，以及人们认识的相对性的理解，是很深刻的。他在《齐物论》中反复强调了“自身不证，异类不比”的原则。尔后两千多年的史实反复昭示，这是非常正确的，是真理。

“自身不证”，即通常所说的“秤不自称”。有哪个秤能称自身的重量呢?!这是再简单、再明了不过的道理，真理！引申开来，就是任何人（当然也包括群体及其组织）也不可能公正地评价自己。可是，在当今的社会生活中，人们却老是违背这个常识性的真理，“王婆卖瓜，自卖自夸！”

“异类不比”，就是说不同类属的事物之间是不能比较的。比如老虎和石头之间，就不能比较。这也是常识性的真理。可是，出于自身或群体、集团、阶级的需要，人们却一再无视、违背、乃至践踏这个真理，反其道而行之，老是“异类”而比，非要在不同的事物之间弄出个是非曲直来！许多荒唐的事情，许多冤假错案就是这么被“硬拨弄”出来的！

历史和现实反复昭示，当“自身而证，异类相比”样的事情发生在最高统治者、决策者身上的时候，就必然上演一系列历史闹剧、悲剧。鲁迅先生所洞察到的“吃人”的历史的延续，与此大有关系。

2.《逍遥游》果真宣扬“绝对自由”和“虚无主义”吗

对于庄子构思宏伟，文思奇妙，语言生动，称得上千古佳作的《逍遥游》，长期以来一直认定其旨在论证、宣扬“绝对自由”和“虚无主义”，并予以指责。

其实，这都是未读懂《逍遥游》，是对它的曲解。

我反复研读《逍遥游》，却怎么也觉察不到这些指责的依据在哪儿？

《逍遥游》先是运用想象、寓言和传说，反复论证了“小”和“大”的区别。

你看：在北海有身躯大得“不知其几千里”叫做“鲲”的鱼，化作其背“不知其几千里”叫做“鹏”的鸟，奋起高飞，翅膀大得像遮盖天空的云气，直达九万里高空，一飞就是六个月。而游气、尘埃和小生物则被风吹得在空中飘荡。天穹苍茫，高远无极，都被展翅高飞的大鹏一览无余。

这是何等的磅礴，何等的豪迈！而逍遥也正体现在这种磅礴、豪迈的气势之中。

水积不厚无力载负大船。风积不厚无力托负大翼。这是再简单不过的道理。同样，大鹏之所以高飞九万里，毫无阻挡地飞往南海，那是借助了下面托负它的巨大风力啊！

只能在树林间飞飞停停，还时不时落在地上的蝉和斑鸠，却自鸣得意地讥笑大鹏：何必高飞九万里，还要飞到南海(而自苦)呢？

文章在用人们日常根据行程远近，在食物上作不同的准备的道理加以说明后，着重阐述了“小知(智)”和“大知(智)”、“小年(寿)”和“大年(寿)”的区别。

“朝菌”不知有早晚，夏蝉不知有春秋。这就是“小年(寿)”。而“灵龟”以五百年为一春一秋，“大椿树”则以八千年为一春一秋，这就是“大年(寿)”。

而只活了八百岁的彭祖却以久特闻，被人们津津乐道，岂不可悲吗！

“小”和“大”本是客观存在着的事实，各有各的逍遥。要是光知道自己的“小”而满足却不理解“大”，甚至加以讥笑的话，这就叫“小知(智)”。

接着，文章又通过汤和棘的对话，以生活在小水洼，只能在蓬蒿之间飞来飞去的鴳雀，讥笑生活在大海里的鲲和能扶摇直上九万里高空的大鹏作比喻，揭示了坐井观天、鼠目寸光者无法理解扶摇直上、高瞻远瞩者的道理，即“小”(如鴳雀)和“大”(如大鹏)的区别。

在这样的基础上，《逍遥游》回到现实生活中来，说那些才智可胜任一官之职、行为可联合一乡之众、德行可合乎一君之求、能耐可取得一国之信的人，也居然自鸣得意，都不过像蝉、斑鸠和鴳雀一样(小知)罢了！自然受到宋荣子的嗤笑。因为宋荣子既不因世人的称誉而奋勉，也不因世人的诽谤而沮丧。他能认定内我和外物的分际，分清光荣和耻辱的界限。像他这样处世的人，没有多少。他虽然如此，但还有未曾看破（树立）的。

列子乘风而行，飘然自得，过了十五天而返回。能如此“致福”者，也没有多少。

他虽然免除了徒步之劳，但毕竟有所依待。

假如能顺应自然的规律，而把握六气的变化，以遨游于无穷的宇宙，那还有什么依待呢！

所以说：“至人无己”、“ 神人无功”、“圣人无名”。

文章的主旨正在这里！

下面文章又借助尧和许由、肩吾和连叔、惠子和庄子的对话，进一步阐述了“小”和“大”，“有用”和“无用”等的区别。字里行间所昭示的是关于事物相对性的理解：“小”和“大”各有各的用处，就看你会不会用；会不会用，其成效大不一样。譬如防止手龟裂的药，用于冬季水战和用于漂洗丝絮，成效就大相径庭！

这样富有说服力和充满辩证法的文字，哪里有什么“绝对”！

文章为了说明“小知（智）”和“大知（智）”的区别，还深刻地指出：“岂只有形骸上的聋和瞎，在智慧上也存在聋和瞎呀！”

事实和经验告诉我们，在智慧上聋和瞎的人，比起在形骸上聋和瞎的人，要多得多！

正是在这样的基础上，文章向人们昭示和倡导“大知（智）”，“无所可用，安所困若哉！”要突破世俗的权、势、功、名、利、禄、物、我、生、死等的束缚，顺应自然，使精神达到无记挂、无阻碍的“逍遥自在”，乃至“无己”即“物我两忘”（见《齐物论》）的境界！

庄子所提出和倡导的“至人无己”、“ 神人无功”、“圣人无名”，是一种高深的修养境界，是庄子心目中三种最高尚的人。第一种是最为难得的“无己”的“至人”，也就是真正修得“物我两忘”的真人；其次是虽不能做到“无己”，但对功业既不孜孜以求，更不居功自傲的“神人”；第三种则是不能“无己”、“无功”，但能“无名”即澹泊名利的“圣人”。

人们多以文章所说的“有待”和“无待”作为《逍遥游》主张或提倡“绝对自由”的凭据。

不错，在《逍遥游》中，“有待”和“无待”的确大不相同；“有待”的程度也确实与“逍遥”的程度密切联系。但是，即使文中所强调“无待”地“逍遥”时，也并没有陷入无条件的“绝对”！

文章对此表示得很清楚：“若夫乘天地之正，而御六气之辩，以游无穷者，彼且恶乎待哉？”

这就是说：要是顺应自然的规律，而把握六气的变化，以遨游于无穷的宇宙，那他还有什么可依待的呢！意思就是说，无须什么依待，即什么也不依赖了！

可见，庄子所说的“无待”，并非人们所一直指责的不讲条件，或脱离任何条件的“绝对自由”，而是顺应自然规律，把握六气变化之道，以遨游于宇宙的逍遥自在！

顺应自然规律，把握六气变化之道，是达到“无待”之“逍遥游”的条件、前提！

那么，庄子为什么却把这样的条件、前提视为“无待”呢？这正是为指责庄子提倡“绝对自由”的人士所没有洞悉的。

实际上，庄子在《逍遥游》中所讲的“有待”，都是指人们违背自然规律，而在主观上人为所造成的障碍。

通观《逍遥游》全文，所见到的都是“小”讥笑“大”，即蝉、斑鸠和鴳雀讥笑大鹏，而从未写“大”讥“小”即大鹏讥笑蝉、斑鸠和鴳雀。

这是偶然的吗？

不是。

其实，《逍遥游》向我们昭示的庄子的思想境界是：崇尚“大知（智）”，崇尚大鹏那样的雄健体魄、磅礴气度，尤其是顺应自然规律，凭借厚积的风力扶摇直上九万里，直飞南海天池的气概！

能像大鹏那样展翅高飞，就可逍遥自在！

大鹏之游就是庄子所提倡的“逍遥游”！

这是一种无拘无束的逍遥自在。

虽然带有理想主义的色彩，但既没有宣扬不讲条件的“绝对自由”，也没有宣扬那种全盘否定各种现实存在、价值观念，乃至道德真理的“虚无主义”！

联系庄子所生活的列国纷争，“窃钩者诛，窃国者诸侯”，各种人物在社会尤其政治舞台上粉墨登场，竞相角逐，争名于朝、逐利于市，以至于六亲不认、寡廉鲜耻的情景，就会认识到：他的这种“逍遥观”是对世俗见解的深刻反驳，是对混乱世道的智慧抗争，是真正得“道”之人，对纷乱的世道所应采取的明智即“大知（智）”态度。

世道演进并消逝了两千多年，但我想，凡是经过动荡、混乱世道的人，对此应该都会深有感触。

在是非混淆、人妖颠倒的混账世道（譬如“四人帮”作乱的“文革”时期），特别是当“莫须有”的罪名和灾殃突然降临到你的头上时，你就会深切感触到《逍遥游》所提倡的“逍遥自在”是多么深刻和精辟！用这样的精神状态面对现实，你就能学会自我救护，自我安慰，自我超脱，自得其乐，而决不会自寻短见！

鲁迅笔下的阿 Q，本是充满压迫和剥削的黑暗社会里中国农民的典型，阿 Q 的自我精神胜利法，本来代表着愚昧和无知，但在世道比阿 Q 时代有了巨大进步，然而各种不公却依然存在甚至在某些地方还相当加剧的今天，“阿 Q 精神”却成为人们寻求自我心理平衡的法宝，而值得学习和提倡了！

“要有点儿阿 Q 精神！”已经是自我救护、自我战胜、自我安慰、自我解脱的诀窍之一，是一条重要的养生之道了！这可以说是对“逍遥自在”的灵活运用。

当不学无术、毫无建树之徒竞相凭借职权猎取“专家”、“教授”的桂冠，招摇过市，而真才实学、卓有建树者却遭受压制、打击，当有人真的把“说你行就是行，不行也行；说不行就不行，行也不行”付诸实践，肆无忌惮地拉帮结派，在你身边横行霸道时，你还对权、势、功、名、利、禄等感兴趣吗!?你就会感触到庄子的“逍遥自在”论对自己来说，是多么重要和管用了！

为什么在历代总有那么多人面对不公的世道而不能自保，却自戕、自残，自甘沉沦等等，盖主要就是没有学会和掌握庄子所倡导的“逍遥自在”论！

我似乎听见庄子在笑，笑他的后人傻呀！

八　孟子决非政治家

1. 孟子在政治上的迂和腐

把孟子称为“政治家”，跟把孔子称为“政治家”一样大错特错。

《孟子》一书确实记载了孟子的许多政治主张，特别是关于实行“仁政”的主张，但据此而把他归于“政治家”一类就错了。

孟子尽管效仿孔子，踌躇满志地游历魏、齐、宋、鲁、滕、薛等国，向君王陈言进谏，阐释自己的政治抱负，但除了短暂地被齐宣王聘为客卿外，其政治主张也与孔子一样终生不被采用，所以只能回到老家乖乖地聚徒讲学，充当“教书匠”。

也许孟老夫子到死也不知道，他为什么在政治上失意。这正好说明了他的愚和迂，始终未能摆脱书生气，未能搞懂政治！

他不知道任何君王，任何统治者，都视权力如性命，最忌讳和最害怕的就是才德高于他，且不善于逢迎而又锋芒毕露，对其权力构成威胁的人。可他偏偏却在君王面前自恃才高，口出狂言。

你听，孟老夫子神采飞扬地说：“五百年必有王者兴，其间必有名世者。由周以来，七百有余岁矣。以其数，则过矣；以其时考之，则可矣。夫天未欲平治天下也；如欲平治天下，当今之世，舍我其谁也？”(《孟子·公孙丑下》)五百年必然出现一个能平定天下的人，现在过了七百多年，早超过年数了，但从现实需要看，老天要是不想让天下太平也就算了，要是想让天下太平，当今除了我谁还行呢？其目空一切，惟我独尊的神态，跃然笔端。

有哪个君王敢用这样目空一切的人呢!?

孟子犯了跟孔子一样的错误，并且比孔老夫子走得更远。他公然直言不讳地喊：“民为贵，社稷次之，君为轻。”(《孟子·尽心上》)

殊不知，这就直捅了君王的命根子。

像这样的话，对任何君王来说，顶多是口头上说说而已，真要像耿直倔强的孟老夫子说的那样，把黎民百姓置于江山社稷和王位宝座之上，他才不干呢！

任何君王、专权者，绝对不愿、不肯，不能容忍把黎民百姓置于江山社稷和权位宝座之上！

这是被历史所反复证明了的事实。

还不止此，孟子居然还当着君王的面大谈“臣下易君”。他说：“君之视臣如手足，则臣视君如腹心；君之视臣如犬马，则臣视君如国人；君之视臣如土芥，则臣视君如寇仇”；“君有大过则谏，反复之而不听，则易位”；“闻诛一夫纣矣，未闻弑君也。”（《孟子·离娄下》）

这种闪着刀光剑影的言辞，显然直捅帝王的心窝子！

难怪当孟子在同齐宣王说这话时，“王勃然变乎色”。

当孟子之后一千多年的大明帝国的皇帝朱元璋看到这些话时，径直破口大骂：“孟子这老头儿，若活到今日，朕非严办不可！”下令将孟子牌位移出孔庙，又亲自删节《孟子》，在科举以《孟子节文》为准。（《明朝小史》卷2）

所以说，尽管孟子大谈政治，其实他并不懂政治，终归是老学究一个！所以兴冲冲、气昂昂地高谈阔论地游说了一大圈，只能把高飞的心气收回，回老家规规矩矩地教书、著述。

教书也好，著述也好，都属于“士”即今天的知识分子一类，其与“政治家”之间，相距何止十万八千里！

2. 民本主义是《孟子》的主要思想

孟子和孔子的学说被尊称为“孔孟之道”，在“国学”中占据重要的地位，影响深远。

到南宋孝宗时，《孟子》被朱熹列入《四书》，而元、明以后又成为科举考试的内容，成为读书人的必读书。

孟子到多国游说一圈而最终不得不回到家乡聚徒讲学，与学生万章等，“序《诗》《书》，述仲尼之意，作《孟子》七篇。”（《史记·孟子荀卿列传》）赵岐在《孟子题辞》中把《孟子》与《论语》相比，认为《孟子》是“拟圣而作”。所以，尽管《汉书·艺文志·诸子略》仅仅把《孟子》放在诸子略中，视为子书，但在汉代人的心目中，实际上已经把《孟子》看做辅助“经书”的“传”书了。汉文帝将《论语》、《孝经》、《孟子》、《尔雅》各置博士，便叫“传记博士”。到五代后蜀时，后蜀主孟昶命令人楷书十一经刻石，其中就包括了《孟子》。这可能是《孟子》列入“经书”的开始。南宋朱熹编入《四书》，孟子其人其书身价倍增。

“民贵君轻社稷次之”，是孟子对孔子“仁”的思想和儒家人道主义的发挥和升华，并汲取了墨家的人本思想和杨朱重视个人的观点，把“民”置于君王之上，看得比国家还重要，实际上是对以往各家“民本”思想的继承和发展。与人道主义相联系，民本主义成为儒家等学派所宣扬和倡导的重要思想。

“得天下有道：得其民，斯得天下矣；得其民有道：得其心，斯得民矣；得其心有道：所欲与之聚之，所恶勿施，尔也。”(《孟子·离娄上》)取得天下的办法，就是得到天下老百姓的拥护；得到天下老百姓拥护的办法，就是得到民心；得到民心的办法，就是把老百姓想要的聚集起来，不想要的别强加给他们。

这也就是后来人们常说的“得民心者得天下，失民心者失天下。”

孟子主张施行仁政，主张“制民之产”，使天下老百姓“仰足以事父母，俯足以蓄妻子，乐岁终身饱，凶年免于死亡。”都体现了他的民本主义思想。（详见拙著《国学览胜》）

九 屈宋幽灵泪潸潸

1. 称屈原为“人民诗人”似更确切

屈原留给我们许多不朽的诗作，尤以《离骚》、《天问》、《九歌》等最为著称。

《九歌》是屈原在民间祭歌的基础上加工而成，众神的形象栩栩如生。大量的人神恋歌表现了屈原对自然，对人生的挚爱。

《天问》是以向苍天一连串的诘问所铸就的奇特诗篇。172 个追问，层层递进、刨根究底，涉及天道、地道和人道所有领域。借问难以泄愤而抒情，借问难以讽谏而言志，借问难以探索而求真。集情感抒发、意志表达、理性探索三者于一体，表现了屈子对传统观念的大胆怀疑和“路漫修远”、“上下求索”的执著精神，是两千多年来所仅见的融情、志、理于一体的，深富哲理的抒情诗。

172 个拷问，既凝聚着屈子对前人所涉及的相关问题之承继，更喷发着他于离愁忧思中所积聚的思考和疑问。在天命观念和各种迷信笼罩社会的氛围中，屈原自身也同样遭受着各种精神上的束缚，但作为善于思考和不懈探索的智者，他向传统和世俗的观念提出了一系列富有挑战性的拷问，倾泻了对楚王“隆祭祀，事鬼神，欲以获福助”以迷信误国的愤懑，以及对历史与现实的反思和审视。

其拷问之广远，哲理之深邃，不仅在楚辞中耀眼夺目，而且成为中国诗歌史上的千古奇葩。

《离骚》则以极富开创性的浪漫主义文笔，抒发了其美好的政治抱负，是中国文学史上迄今最长的一首富有浪漫主义的政治抒情诗。

“举贤而授能兮，循绳墨而不颇。”这样的用人理想，别说在君王独尊、等级森严、特权凝固的战国时期，即使在两千多年后的今天，在 21 世纪初，不论在什么制度下都不能很好实现。

我国政府尽管三令五申地制定、颁布关于“举贤任能”的干部政策和措施，但任人唯亲、拉帮结派之风依然随处可见。见小人结帮之蝇营狗苟兮，笑螃蟹之横行。在全面建设社会主义小康社会的制度下尚且如此，就更可想在两千多年前王权统治的社会制度下是个什么样子了！

所以，屈原的“美政”理想与社会现实的严重背离，注定了他在政治上必然四处碰壁。

他的人生悲剧的根源正在于此。

至于张仪的连横离间，子兰、靳尚、郑袖之流的妒忌、谗陷，不过是他悲惨命运的导火索和催化剂罢了。而屈原的诗赋所表现出来的旷世奇才，尤其是奇崛、豪放的才思，又正好与他作为政治家的角色相抵牾，成为他在政治舞台上必然遭遇悲剧命运的自身秉性上的根由。就像在他之后一千多年的李白，好不容易碰上一次腾达的机会，由于其放荡不羁的秉性（让高力士脱靴），从而顷刻之间便把政治前途断送一样。尽管屈子在政治舞台上的表现并没有后世李白那样的放荡不羁，但他诗赋家的较真和秉笔直书的秉性所促成的直谏，实质上与李白让高力士脱靴是一样的。所以，尽管他年轻时也曾一度得志，受到楚怀王的信用，但秉性和才华与政治角色的内在矛盾和冲突，注定了他“好景不长”的悲惨结局。

从素质与角色关系的角度讲，诗赋家（当然也包括学问家）的秉性在本质上是与政治家相抵牾的。所以，就一般而言，诗赋家在仕途上是不可能得志的，即使得志也不可能久远。诗赋家只能成为失败的政治家，把屈原称为“杰出的政治家”与史实不符。当然也有个别例外。不过，当诗赋家成为杰出的政治家时，他那诗赋家的秉性必然扭曲、沦丧；否则，那他就只能是握有国家至高无上权力的人物！而这种人的诗赋家的秉性一旦表现在决策中，则往往表现出与社会现实的严重背离，不是导致个人身败名裂、国破家亡，就是给国家和人民带来悲剧性的灾难。南唐后主李煜（937～978 年），就是一个典型。

屈原死后一直被历代誉为“爱国诗人”而备受赞颂，其投江的日子农历五月初五受到后人隆重纪念和祭祀。屈原的爱国精神，确实感召和哺育着一代代炎黄子孙、中华儿女，尤其是当国家民族处于危难之际，其作用就愈加明显。

然而，对于屈原的“爱国精神”，我倒觉得应做点具体分析。站在楚国的立场上，对屈原这样地尊奉和纪念自然是非常正确的。如司马迁在为屈原作传时所云：“虽放流，眷顾楚国，系心怀王，不忘欲反，冀幸君之一悟，俗之一改也。其存君兴国而欲反覆之，一篇之中三致志焉。”一位忠君报国且在内政外交均多建树的年轻有为官员，“入则与王图议国事，以出号令；出则接遇宾客，应对诸侯”(《史记·屈原贾生列传》)，正当他踌躇满志地为王室“导先路”，“专惟君而无他”之际，却遭妒忌、谗陷“信而见疑，忠而被谤”，先是由左徒贬为三闾大夫，继而一再遭逐，虽历尽坎坷却始终“虽九死而犹未悔”，抱定“怀沙”殉国之志，并在最后的一线希望破灭后，以身殉国，确实体现了对楚国致死不悔的热爱！

但是，联系当时列国纷争的局面，楚国不过是七雄割据中的一个，而百家诸子、各种人才又多在列国之间奔走、游说，以达到施展其抱负和才干之目的。不仅兵家、纵横家如此，就连儒家、墨家等家也不乏其人。与他们相比，屈原是不是太狭隘、愚拙了呢？

不能突破狭隘的以出生国为祖国的观念，而以包括七雄在内的诸国为祖国，此为我认为其愚拙之一也。

既然自己“专惟君而无他”，竭忠尽智，殚精竭虑，坦言直谏，却落得“信而见疑，忠而被谤”，被贬后又遭逐，昏庸的怀王最终也落入秦国圈套，客死他乡，倾襄王即位后依然不记前辙之鉴，眼巴巴地见报国无门却仍旧抱着“虽九死而犹未悔”的心理，依然直谏，结果一再被逐。眼看自己的国家已经无望，尽管也曾认真地考虑出走别国施展抱负，但最终还是不能离开故土而自沉。

关于屈原自沉的原因，历来说法不一，但不管是“殉国说”、“愤世说”、“洁身说”，还是其他种种说法，均不能说其是一种积极态度。

以其聪明才智，却连“良禽择木而栖”的道理都理解不了，优柔寡断，最终选择投江自沉。此为我认为其愚拙之二也。

其三，明知自己作为诗赋家的秉性与政治、仕途格格不入，却非要在仕途上钻营，岂不更愚拙了吗！既然自己的忠心不被承认，既然自己一再被贬遭逐，而自己又爱好诗赋，何不干脆趁此机会把流放当成漫游，纵情于山水之间，吟诵抒怀，引吭高歌！？何必空发牢骚，徒伤身心？更何必为区区一隅之楚国和昏庸无能的君王而投江呢！

唉！屈赋的奇崛、豪放与屈子内心的狭隘、愚拙恰成鲜明的对比！

赞其赋之奇崛兮，叹其心之愚拙！

我在 1993 年游览位于湖北省秭归县城的“屈原祠”时，曾作一首小诗，这样写道：

秭归屈子祠，再址又临徙。人云像屈子，生前三遭逐。
背靠葫芦城，面对江流滚。风雨千年后，英魂仍凌云。
人夸报国志，我赞高手笔。昏王何劳报？诗赋鬼神泣。

楚国本一隅，何苦枉屈尊？神州版图大，何不效仪秦？
山河多秀美，既逐当歌吟。纵情山水间，何苦投江殉？
投江增身价，良苦帝王心：忠君要痴迷，宁死不负君！
才思高八斗，胸襟欠开阔。若是李谪仙，决不投汨罗！
我非责英魂，自知时境迁。人事各个殊，岂可强求全？
屈子乃屈子，李白是李白。屈辞日月悬，李诗千古传。
郢都早湮没，王宫无蛛痕。功名本粪土，佳作传古今。

其中的“葫芦城”，是指在江轮上眺望秭归城墙，像个倒悬的葫芦。“屈原祠”位于该城东侧，比该城临地势较低。三峡水库蓄水后，“葫芦城”和“屈原祠”所在位置均被淹没。

屈原的愚拙是明摆着的，为什么却一直受到历代统治者的尊崇呢？

历代的君王之所以尊崇他，正是因为看中了他“忠君要痴迷，宁死不负君”的利用价值。

愚拙所导致的愚忠，是历代统治者最为看中和需要的啊！

而历代的人民之所以尊崇他，一则自然主要与受了历代统治者的宣传有关，二则更与从屈原的诗赋中看到了他与人民的血肉联系有关。

屈原虽然愚拙、愚忠，但在他的诗赋中，还是倾诉了对昏庸的王室和腐败政治的无情针砭，强烈痛恨，繁复抱怨，尤其是抒发了对劳动人民和自然山川的热爱和眷恋。

从高位跌落后的长期流放生活，使他扎根于劳苦大众的肥田沃土之中，赖以生存，汲取营养，既铸造了他与劳苦大众的血肉联系，又成就了他反映人民心声的诗赋家的品格和素质。

仕途、人生历程中的坎坷和不幸，是成就伟大作家和诗人的肥田沃土。屈原的不幸，为中华文化成就了一位不同凡响的诗坛巨匠，却又是中华文化之大幸！

正是在这个意义上，我认为称屈原为“伟大的人民诗人”似更确切，更富有教益。

2. 宋玉果真是“没有骨气的文人”吗

如果说屈原生前不幸的话，那他死后还算是幸运的，因为他享受了古代诗赋家少有的殊荣和尊崇。

相比之下，宋玉可就不幸多了！

宋玉生前不幸，死后依然不幸。

宋玉生前既未像屈原那样春风得意过，死后其诗赋多被张冠李戴不说，其墓竟也居然长期被误作“宋王墓”而受冷落。

更加不幸的是，他本来见于文坛、史册的与屈原并提的“屈宋”名望，到20世纪中叶，竟然由于赫赫有名的历史学家郭沫若的剧作《屈原》，把他贬斥为“没有骨气的文人”、“卖师求荣的叛徒”的“无耻小人”等，而被剥夺，并长期遭受斥责辱骂。

《屈原》一剧所刻画的宋玉卑躬屈节的小人形象，在大、中学生和年轻知识分子中流传甚广，影响很坏。

由于自己从小喜欢诗词，对于屈原、宋玉充满了崇敬。尤其是当第一次看到宋玉这个本族人的名字及其诗赋时，便禁不住一振，心中立刻生起一种自豪感。可是，当后来看了郭沫若的《屈原》一剧后，便大失所望，嗟叹不已。从此，对于自己这位本族名人的品格和盛誉，长期受郭沫若笔下形象的影响而不怀好感。

然而，当“权势真理”的时代过去，伴随正本清源、拨乱反正时代的到来，在诸多人士的一致拷问和厘定下，宋玉的真实人格和作品得以回复其真容、本相。我终于释解了积压在心中的郁结和偏见，为有这样一位本族先辈诗赋家而深感自豪了！

宋玉，字子渊，晚年号鹿溪子，楚国“归州”即三峡水库蓄水前的秭归归州镇一带(一说鄢郢即今湖北省宜城市)人。大约生于楚顷襄王元年(前298年)，卒于楚被秦灭亡之次年(前222年)，活了约76岁。《安福县志·外纪·流寓》有这样的记载：“周宋玉，归州人，屈原弟子，悯其师忠而放逐，作《九辩》五首，以述其志；又怜师命将落，作《招魂》以复其精神，延其寿命；与景差、唐勒并称，客仕楚为大夫；尝居于邑，有‘城’与‘庙’，及‘看花山’、‘放舟湖’诸迹，后殁葬邑之‘浴溪河’南岸。”意思是：宋玉是归州人，屈原的学生，同情老师忠贞却被放逐的遭遇，而作《九辩》五首，以阐述其志向；心疼老师生命垂危而作《招魂》，以光复其精神，试图延长其生命；其名位与景差、唐勒并称，一起当过楚国大夫；曾经在安福城居住，有纪念他的“城”与“庙”，以及“看华山”和“放舟湖”等遗迹，死后被埋葬于“浴溪河”南岸。

经过相关专家、学者考证，上述记载比较可信。其晚年之所以自号“鹿溪子”，正与其晚年生活在“浴溪河”一带有关。

宋玉出身贫寒，因儒雅风流，长于词赋，到楚国京都后在友人的推荐下谋得一个小小的文学侍从官职。后经磨练及其才干显露，虽为议政大夫，凭借机敏的思维、想象和口才，在一次陪楚王游猎于云梦的谈笑中得到楚襄王的赏识，获赐云梦之田(今湖南省临澧一带)，但好景不长，后遭人嫉妒而失职，被放归云梦之田，并在此终老。

宋玉天资聪慧，勤奋好学，又受屈原教诲及其诗赋影响，加上仕途坎坷，后半生挣扎在社会底层，了解普通百姓疾苦，虽飘泊异乡，艰辛备尝，但秉性高洁，意志坚强，常吟诗述怀，除借以抒发“失职而志不平”，和“无衣裘以御冬兮”(《楚辞·九辩》)的遭际之外，还创作了许多内容丰富、极富浪漫色彩和韵味的优秀诗赋。秦兵攻破楚都后不久，宋玉于兵荒马乱中死去。“看花山”一带百姓和他的友人、学生们替他举办了简单的丧事，后来又为他立碑。但是，经岁月烟尘的剥蚀，“宋玉墓”的“玉”字之关键一点居然模糊难辨，致使人长期把“宋玉墓”误为“宋王墓”，直到六朝时的一首“黄花鱼儿歌”，才道出了真情——

年年四月菜花黄，黄花鱼儿朝宋王。
花开鱼儿来，花谢鱼儿去。
只道朝宋王，谁道朝宋玉？

“黄花鱼儿歌”传唱多年，没人理会。直到晚唐时，在宏文馆作校书郎，“以居住沅湘，宗师屈宋”的澧州籍诗人李群玉(约 813 ~ 860 年)，在游历宋玉墓后才辨明真伪，写下了“雨蚀玉文旁没点，至今错认宋王坟”的诗句，“宋玉墓”之谜才被解开。

此后，经唐、宋、元、明几代，宋玉墓又渐渐埋没于草莽而无人问津。直到清咸丰年间，安福巨富蒋光业(1761 ~ 1828 年)等以“助军饷”事闻名全国，蒋氏家族被封官晋爵，盛极一时，遂与当时湘之中上层官吏联络，附庸风雅，掀起一股纪念屈、宋的高潮，由蒋明试(1794 ~ 1860 年)等乡绅牵头，捐资重为宋玉墓培坟竖碑，并修建“宋玉庙”，于庙侧建“九辩书院”，由贡生辛登岸撰写《九辩书院记》以记其事。一时，澧州一带不少官吏、文人学士竞相写诗抒怀，纪念宋玉。这些诗文大都收录于《安福县志·艺文志》中。

宋玉生前穷困潦倒，死后其墓虽然长期被误读、被冷落，其作品也长期多被张冠李戴，使其英名在一定程度上受到一些磨损。但是，史实终究会在历史长河巨浪的冲刷下水落石出，宋玉留给中国文坛的精品之作，终究会因被厘清而真相大白。

据诸多人士考证，宋玉留传于世的赋，现存 14 篇：《九辩》、《招魂》(见王逸：《楚辞章句》)、《风赋》、《高唐赋》、《神女赋》、《登徒子好色赋》、《对楚王问》(见肖统：《昭明文选》)、《笛赋》、《大言赋》、《小言赋》、《讽赋》、《钓赋》、《舞赋》(见无名氏：《古文苑》)和《高唐对》(见严可均：《全上

古三代文》)

宋玉的诗赋在中国文学史上影响深远。

司马迁在《史记·屈原贾生列传》中说:“屈原既死之后,独有宋玉、唐勒、景差之徒者,皆好辞而以赋见称……”

宋玉在诗赋上的成就,成为屈原之后的诗坛奇葩,故后世多以“屈宋”称之。尤其是以“屈宋”为代表的歌颂美人的作品,成就了我国美人作品的艺苑。司马相如的《美人赋》,就脱胎于屈宋之作;其《子虚赋》、《上林赋》等,则更是呈现摹仿宋玉《高唐赋》之特色。

宋玉的人格及其诗赋成就,烁烁闪光,在中国文学史上占据重要的一页,受到历代文人、诗词名家的敬仰和歌颂。

南朝北齐、梁时代的文学评论大家刘勰(465 ~ 520 年),在其巨著《文心雕龙》,肯定了宋玉创制新文体的功绩、文学创作的成就,并将“屈宋”并称:“战代任武,而文士不绝;诸子以道术取资,屈宋以辞赋发采”,“相如好书,师范屈宋”,“屈平联藻于日月,宋玉交彩于风云”、“屈宋逸步,莫之能追。”由此确立了“屈宋”在中国文学史上的地位。

与刘勰几乎同代的学士沈约(441 ~ 513 年)在《梁书·谢灵运传论》中也指出:“屈平、宋玉导清源于前,贾谊、相如振芳尘于后,英辞润金石,高义薄云天,自兹以降,情志愈广。”

而后,宋玉的英名屡屡出现在文学作品中。

到唐代,像李白、杜甫、王维、李商隐、李贺等等著名诗人,都有诗歌颂宋玉。

如李白吟诗赞曰:“宋玉事楚王,立身本高洁。”(《感遇其四》)“高丘怀宋玉,访古一沾裳。”(《宿巫山下》)

杜甫不仅将“屈宋”并提,而且推崇备至:“不薄今人爱古人,清词丽句必为邻。窃攀屈宋宜方驾,恐与齐梁作后尘。”(《戏为六绝句》)他尤其同情宋玉的悲凉,敬佩宋玉的儒雅:“摇落深知宋玉悲,风流儒雅亦吾师。怅望千秋一洒泪,萧条异代不同时。”宋玉在“诗圣”心目中的崇高地位足见一斑。

李商隐专门以《宋玉》为题,吟诗赞之:“何事荆台百万家,惟教宋玉擅才华。”又在《高花》中歌颂道:“宋玉临江宅,墙低不碍窥。”

至两宋,一代文豪欧阳修甚至说:“宋玉比屈原,时有出蓝之色。”(陈辅撰:《宋诗话辑佚·陈辅之诗话》)苏轼、秦观、柳永、辛弃疾和陆游等著名诗人,都在自己的作品中歌颂宋玉。

苏轼在一首《浣溪沙》中写道:“有客能为《神女赋》,凭君送与雪儿书。”

可见其对宋玉《神女赋》的欣赏。

秦观在一首《南乡子》中赞道："妙手写徽真。水翦双眸点绛唇。疑是昔年窥宋玉，东邻。"又在一首《浣溪沙》中称："料得有心怜宋玉，只应无奈楚襄何。"

柳永在《玉蝴蝶》一词中感叹："晚景萧疏，堪动宋玉悲凉。"

辛弃疾在《踏莎行(庚戌中秋后二夕，带湖篆冈小酌)》中，表达了对宋玉悲凉遭遇的同情："笑吟吟地人来去。是谁秋到便凄凉？当年宋玉悲如许。"

陆游在《立秋后作》一诗中写道："宋玉悲秋千载后，诗人例有早秋诗。"

到明代，宋玉在文坛的声誉依然很高。音韵家陈第在《屈宋古音义》中写道："宋玉之作，纤丽而新，悲痛而婉，体制颇沿于其师，讽刺有补于其国，亦屈原之亚流也"。(《毛诗古音考·屈宋古音义》，中华书局2008年版)

明末清初的王夫之评价说："故嗣三闾之音者，唯(宋)玉一人而已"(《楚辞通释》卷八)等等。

尽管宋玉的墓地曾长期遭冷落，他的诗赋之作也有的长期被张冠李戴，但其诗名则在中华诗坛久享盛誉。

令人意想不到的是，以历史学家和考古学家著称的郭沫若，却于1942年在剧本《屈原》中，竟把宋玉贬斥成"一个没有骨气的文人"，背叛屈原投靠南后的"卖师求荣的叛徒"、"无耻小人"等。

从迄今留存的宋玉作品和相关史料看，宋玉并未有过薄德求荣之迹，他同屈原的关系虽然还有些问题尚待进一步厘定，但可以肯定的是，作为屈原的弟子，宋玉不但没有投靠南后"卖师求荣"，而且专为屈原蒙冤被逐而鸣不平，为屈原生命垂危而祈祷。从前面引征的历代文学大家的诗文来看，他的人格和文学才华，两千多年来是被肯定和讴歌的，而并未见有类似郭沫若《屈原》剧作中的微词。《襄阳耆旧记》(卷一)载："……玉识音而善文，襄王好乐爱赋，既美其才而憎之似屈原也。"由憎恨屈原而憎恨"似屈原"的宋玉，其中是否蕴涵宋玉生前遭遇不幸的缘由呢!?

由此也可断定，宋玉与屈原是一脉相承的。

郭沫若对宋玉的贬斥查无史据，或强词夺理。

就一般而论，一出戏的影响不一定会有多大。但出自大名鼎鼎的史学家、考古学家，且在中国文坛久负盛名的郭沫若笔下的剧作，其影响就非同一般了!

《屈原》剧本发表和剧目公演后，一顶顶"没有骨气的文人"、"卖师求荣的可耻叛徒”等帽子，便一下都扣在了宋玉的头上！

郭沫若是玷污宋玉盛名的始作俑者。

因政治需要和个人某种目的任意地杜撰和编造，而不顾历史的起码真实，是郭沫若步入政坛尤其身居高位后，为文的一个重要特点。

对于郭沫若在《屈原》剧作中对宋玉的歪曲，文化界的有识正直之士曾根据史料予以驳斥，而在1953年9月，郭沫若在回应文章中也曾说过“在重庆时，用宋玉来影射变节而投降到国民党的文人”。这样的解释尚情有可原，但不久郭沫若却出尔反尔，以《关于宋玉》(《新建设》1954年第二期)为题专门撰文反驳批评者。这就意味着他在《屈原》一剧中对宋玉形象的塑造，不是一般剧作家的艺术创造和敷衍，而是出于对宋玉的历史真实和相关记载的曲解、断章取义等。

对其《关于宋玉》一文的断章取义和强词夺理，已经有诸多学者予以批驳，兹不赘述。

在此只是指出：身居高位的郭沫若出于政治上的考虑和个人的某种目的，在作学问而撰文时，已经失去他早年作为史学家和考古学家的品格了！

联系到郭沫若在文化界一次接一次的“批判”运动及其对知识分子“思想改造”运动日益升级，无论是批判“胡适派”、“胡风反革命集团”，还是“反右斗争”中，都步步紧跟，积极“投入战斗”；1958年“大跃进”面对小麦亩产三万斤、五万斤的“浮夸风”，昧着起码的科学常识而连续赋诗张扬；当眼巴巴见“文革”的熊熊烈火要烧到自己头上时，赶紧发表“焚书声明”：“拿今天的标准来讲，我以前所写的东西，严格地讲，应全部把它烧掉，没有一点价值”；随后又迎合领袖“以阶级斗争为纲”和褒李贬杜的意旨，刻意撰写《李白与杜甫》，谩骂“杜甫是完全站在统治阶级、地主阶级一边的”；每次运动一来，或“最高指示”一下达，总是立刻提笔写诗迎合，吹喇叭、抬轿子；其诗成为不折不扣的政治运动的“传声筒”和“风向标”！他卑躬屈节，一味媚上，以至不顾自己比领袖年长的事实，高歌“你真赛过我亲爷爷！”(《郭沫若文选》第12卷第765页)，一副奴颜婢膝、有肉没骨头的奴才相，暴露无遗。

墨写的谎言，歪曲、抹煞不了铁的事实。“没有骨气的文人”不是宋玉，恰恰是他郭沫若自己！

一个不惜歪曲史实，而硬把“没有骨气的文人”的帽子扣在宋玉头上，借以“影射变节而投降”分子的人，到头来，这顶帽子却径直反扣到他自己头上，并且扣得牢牢的！

这其中的蹊跷，很值得人们思考，揣味！

我在 2006 年 4 月到位于前海西沿 18 号的郭沫若故居参观后，赋诗云：

风流才子傲学林，浪漫情勃诵女神。笔力纵横冲乱世，风云叱咤振国魂。

官爵升大人格降，人品跌失文品参。媚骨奴颜成笑柄，茶余饭后任评纷。

十　钱权交易后果惨

1.“奇货可居”勾魂魄

吕不韦本是富商大贾，在赵国遇秦孝文王之公子异人即子楚，认为“奇货可居”，便以重金贿赂，并游说秦孝文王后华阳夫人，使孝文王将子楚立为太子，并将怀有自己身孕的赵姬相送，后生嬴政。秦孝文王死后子楚继位是为庄襄王，赵姬为王后，吕不韦被任为相国。嬴政即位后，吕不韦继任相国，被尊为“仲父”。因嬴政年幼，吕不韦摄政，权倾朝野，封地蓝田、河间，常有家童上万，门客三千。其父对其关于权力含金量比务农、经商高千万倍的训教得以证实。

吕不韦本来生意做得不错，但总觉得不满意，于是请教其父：“耕田之利几倍?”父曰：“十倍。”“贩卖珠宝玉之利几倍?”父曰：“百倍。”“若扶立一人为王，掌握山河，其利几倍?”父笑曰：“安得王而立之，其利千万倍，不可计也。”(《战国策·秦策》)在其父亲的点拨下，认识到权力的含金量最大，尤其是至高无上的权力含金量更是无法计量后。

“奇货可居”的训导勾走了吕不韦的魂魄。

于是，吕不韦不惜重金地投机钻营，费尽心机地进行权钱交易，终于掌控了含金量最大的权势。

吕不韦在“立德”、“立功”后又要“立言”，于是凭借权势及赖其所积聚的丰厚财富和人才资源，主持编撰《吕氏春秋》，成书后炫耀于城门，称有人能挑改一字者，赏千金。居高临下，风光一时。秦王政摄政后锋芒崭露，大权独揽，吕不韦被免职，先居河南，后迁蜀地，忧惧自杀。

吕不韦作为商贾后裔，在其父“生意经”的启发下，从经营一般商品买卖转营权钱交易，投机钻营而用心良苦，诡计奸诈且机关算尽，终于赚得“奇货”，并达到商品买卖所不可能达到的目的。单此一招即非一般商贾可比，其不同凡响的“生意经”中已蕴含杂家思想；后居相位并摄政多年，出于内政外交之需要，更搜索枯肠，无所不学，稳坐宝座，权倾朝野；至于主持编撰《吕氏春秋》，为了赢得生前身后名，则更需“兼儒墨，合名法”，广采博取，杂糅百家。所以，吕不韦被奉为杂家的主要代表人物，《吕氏春秋》被奉为杂家的代表作，绝非偶然。

吕不韦作为商贾何以能握“相国”之权柄，并在秦庄襄王死后趁嬴政年幼而摄政期间，权倾朝野，玩权术于股掌之间？

盖与奸商与权奸本来相通有关：奸商实为商场上的权奸，而权奸则实为官场上的奸商。

奸商在商场上的营私舞弊，与权奸在官场上的投机钻营，实质上是一样的。

吕不韦身上所表现出来的两者的一致性，自然成为后世权奸和奸商竞相效仿的榜样。

吕不韦实为钱、色、权交易成功的始作俑者，并堪称典范。

然而，这与杂家思想并无必然关系；不是因为吕不韦成功地进行了钱、色、权交易才称其为杂家，而杂家者也并不一定都像吕不韦那样进行钱、色、权交易，但是，杂家思想确实有助于吕不韦钱、色、权交易的成功。

我认为，吕不韦是由奸商而到权奸，再到杂家的。

2. 高位跌落更凄惨

然而吕不韦父子未能深晓的是：一般的商品交易虽然没有权钱交易那样利大无比和风光无限，但总不至于招致杀身之祸，而权钱交易虽然“利大无比”，且使吕不韦一度步入权力的峰巅，“风光无限”，但最终还是落得惨死的下场！

其间的是非得失，为后人，尤其是为那些投机钻营于商场、官场之间，热衷于权钱交易的人们，留下了深思、省察的话题。

喜欢过平民生活的商界百姓，自然从吕不韦的人生教训中，醒悟到还是老老实实地作自己的生意，不去碰权力的好！而那些向往权力的荣耀想即使得势于一时，纵然身败名裂也在所不惜的人们，却依然步吕不韦的后尘，而蝇营狗苟，趋之若鹜，心甘情愿非要尝试从高位跌落、粉身碎骨的滋味儿不可，这自然也是人间万象之一。

十一　“焚书坑儒”是与非

1.“焚书”对“国学”之源的毁灭性摧残

秦始皇鲸吞六国，结束了延续五百多年的列国纷争局面，使华夏归于一统，开创性地推行中央集权制下的郡县制，客观上无疑是中国历史上跨越式的进步。在颁布推行统一度量衡等举措的同时，把原来由各国实行的不同文字也统一为小篆，又无疑有力推动了中国学术文化的发展。

然而，秦始皇所实行的残酷的文化专制和“焚书坑儒”，却对中国学术文化，尤其是作为“国学”之源的先秦典籍，造成了毁灭性的破坏。

对于秦始皇“焚书坑儒”，两千多年来一直褒贬不一，莫衷一是。

“焚(燔)书”本是商鞅、韩非等法家的共同主张，秦始皇不过是第一个实践者罢了。多思好议，也本是“儒生”即知识分子的天性，然而暴戾的秦始皇，却容不得这样的天性。

秦始皇用强制的办法采取一系列巩固中央集权制的举措，招致儒生们的非议，使其恼怒、忌恨，趁丞相李斯建议“臣请史官非秦记皆烧之。非博士官所职，天下敢有藏《诗》、《书》、百家语者，悉诣守尉杂烧之。有敢偶语诗书者弃市。以古非今者族。吏见知不举者与同罪。令下三十日不烧，黥为城旦。所不去者，医药卜筮种树之书。若欲有学法令，以吏为师”(《史记·秦始皇本纪》)，便“下焚书之命，行偶语之刑。”(《隋书·牛弘传》)

从李斯的进谏看，其建议所焚是“非博士官所职”的藏书，而且把“秦纪”和“医药卜筮种树之书”排除在外。但因“博士官”有限，再加上“焚书”之火一旦点燃，就难免失控，所以秦火使作为“国学”之源的先秦典籍遭到空前劫难。而旨在为了统一舆论，禁止人们议论朝政，“以愚黔首”的“行偶语之刑”，则更是残酷地窒息了自由讲学和学术争鸣的氛围。

人人噤若寒蝉，学术文化领域更是万马齐喑，于是，百家争鸣的局面被扫荡殆尽。

“焚书坑儒”对“国学”的传习、研究，直接造成了难于弥补的巨大损失。

“焚书”所导致的对先秦学术文化典籍的毁灭性破坏，其后果之严重，即使今天也能感触得到。我们之所以不能详尽地看到先秦的典籍和文献，之所以不得不依靠考古发掘来多少弥补一些损失，都与“焚书”所造成的惨重破坏有很大关系。

因此，“焚书”所导致的损失甚于“坑儒”。

2. 秦始皇到底“坑”了多少“儒”

秦始皇亲自下令在国都咸阳郊区“坑杀”了460个“儒生”后，据东汉卫宏在《诏定古文官书序》所载，为了进一步推行愚民政策，禁锢言论，秦始皇故以征录官员为名，让地方官吏访求各地书生送到京城，先封为“郎官”，然后用狡诈的欺骗手段，以在骊山温泉山谷挖坑种瓜，冬季瓜熟的奇异景象为由，诱惑博士诸生前去观看，趁机下令将其全部坑杀、封埋，共有700多名。（见《秦始皇到底有没有“焚书坑儒?”》，载《可怕的悬案》，金城出版社2011年版）

所以，秦始皇所“坑”之“儒”，至少在1200人左右。

有个问题需要澄清：所谓“坑儒”的“儒”，即“儒生”，系指当时的读书人即知识分子的泛称，而并非专指“儒家”。

厘清这一点特别重要，自秦始皇伊始，“儒”不再是先秦的“儒家”或“儒学”，而成为读书人、书生或我们今天所说的“知识分子”的泛称了。厘清这一点，对我们以后辨析诸如“罢黜百家，独尊儒术”之类的话题，至为关键。

有人认为秦始皇所坑的，不过是那些靠神仙术和长生不老术，进行招摇撞骗的“方士”。

这种看法有违史实。

从可靠的史料看，秦始皇所坑的首先是对其政策进行评论、尤其非议的“儒生”，而这些人则大都是多思好议、且锋芒毕露的文化精英。

退一步说，即便是“方士”，也当属于“儒生”之列，也昭示了秦始皇的暴戾。

秦始皇先是笃信方士祈求长生不老，当达不到目的时便处心积虑地予以“坑杀”，其中之是非岂非不言自明了吗！

况且，在科学和迷信多混沌不分的时代，真正丝毫不沾“方士”味道的“儒生”，恐怕少之又少。

3.“焚书坑儒”的是与非

在秦始皇死后两千多年后，马克思、恩格斯在《德意志意识形态》中写道：

统治阶级的思想在每一个时代都是占统治地位的思想。这就是说，一个阶级是社会上占统治地位的物质力量，同时也是社会上占统治地位的精神力量。支配着物质生产资料的阶级，同时也支配着精神生产的资料。因此，那些没有精神生产资料的人的思想，一般地是隶属于这个阶级的。

中国自秦汉以来的历史证明，马恩所讲的这番道理是不错的，但问题在于"统治阶级的思想"在何种程度上"占统治地位"，以什么方式"支配着精神生产的资料"，而"那些没有精神生产资料的人的思想，"又怎样"一般地隶属于这个阶级的"？在"一般"以外又是怎样的情形？其实都相当复杂，值得探究。更何况"统治阶级"自身的"思想"，也自有其复杂性和不确定性的一面呢！

按照马克思和恩格斯的观点，一统的国家需要一统的舆论，专制的政治需要专制的文化。秦始皇作为一统国家的最高统治者，要用他自己或他所信奉的思想统治社会，似乎无可厚非，但是，秦始皇的愚蠢就在于他强制地把自己的思想作为社会的唯一思想，而不懂得一个人的思想真要成为社会的"唯一思想"的话，那么，其"统治"和"支配"作用又从何谈起呢?!

秦始皇企图通过"焚书坑儒"来达到自己的目的，自然就更行不通。

因为"书"可以被"焚"，"儒"也可以被"坑"，但书和人所具有的思想却是永远"焚"、"坑"不了的！况且，秦作为统一后的一个大国，"书"和"儒"是绝对不可能被"焚"完、"坑"尽呢！

这是秦始皇所推行文化专制之愚蠢之第一表现；第二，秦始皇的残暴专制所危害的并不仅仅是"儒"，而是所有的臣民，而不读诗书的广大老百姓远比"儒生"的数量要多得多。

所以，正是他的专制制度所酿造的暴政，终于使初建伊始貌似强大的秦王朝成了短命鬼！更令秦始皇万万没有料到的是，推翻他自以为可以传袭万万世的嬴氏江山的，并非他所坑杀的儒生者流！

为此，晚唐诗人章碣在其《焚书坑》一诗中，颇带嘲讽意味地写道：

竹帛烟销帝业虚，关河空锁祖龙居。

坑灰未冷山东乱，刘项原来不读书。

从"焚书坑儒"的实质看，秦始皇是地地道道的中国文化专制的始作俑者。尔后接连出现的、形形色色的"文字狱"，及各种五花八门的、对知识分子及其所从事的学术文化事业的打击和摧残，皆从"焚书坑儒"学来。

4.“百家争鸣”去而不返了吗

春秋战国时期五百多年的“礼崩乐坏”和列国纷争局面，成就了学术上的“百家争鸣”和“诸子百家”的涌现，而伴随一统的秦帝国的建立，尤其是秦始皇所导演的“焚书坑儒”悲剧的上演，百家争鸣的局面结束了。

从马克思和恩格斯关于“统治阶级的思想在每一个时代都是占统治地位的思想”这一观点看，“百家争鸣”局面的结束似是统一的国家所导致的必然结果。而两千多年的历史也充分证明了这样的史实。

除了在一统的江山被分裂的局面下，或虽然统一却实际上存在着地方（门阀、军阀等）割据的局势下，也出现过类似“百家争鸣”的迹象外，实际上，真正的“百家争鸣”迄今再也没有出现过。尽管中华人民共和国建立不久，从1951年后毛泽东陆续提出“百花齐放”和“百家争鸣”的口号，但在他当政的时期（1949～1976年），“百家争鸣”不但未能实施，而且取而代之的是空前的文化专制。

1951年4月，毛泽东为中国戏曲研究院题词：“百花齐放，推陈出新”。而“百家争鸣”则是毛泽东在1953年就中国历史问题的研究提出来的，起初并未公开。到1956年4月25日，中共中央政治局扩大会议，在讨论毛泽东《论十大关系》的讲话时，有人建议在科学文化上要贯彻“百花齐放”、“百家争鸣”这两个口号。1956年4月29日，毛泽东在会议上作总结发言时，对这种意见予以肯定。1956年5月2日，毛泽东在最高国务会议第七次会议上正式提出实行“双百方针”。他说：现在春天来了嘛，一百种花都让它开放，这就叫“百花齐放”。“百家争鸣”是诸子百家，春秋战国时代，两千年前那个时候，有许多学说，大家自由争论，现在我们也需要这个。5月26日，中共中央宣传部部长陆定一，在题为《百花齐放，百家争鸣》的总结讲话中，系统阐述了“双百方针”，强调“我们所主张的‘百花齐放，百家争鸣’，是提倡在文学艺术工作和科学研究中有独立思考的自由，有辩论的自由，有创作和批评的自由，有发表自己意见的自由。”“我们主张政治上必须分清敌我，我们又主张人民内部一定要有自由。‘百花齐放，百家争鸣’，是人民内部的自由在文艺工作和科学领域中的表现。”“在某一医学上，生物学或其他自然科学学说上，贴上什么‘封建’‘资本主义’‘社会主义’‘无产阶级’‘资产阶级’之类的阶级签，……是错误的。”在文艺创作上“只许写工农兵题材，只许写新社会，只许写新人物等等，这种限制是不对的。”“‘百花齐放，百家争鸣’，对批评工作来说，就是批评的自由和反批评的自由”。

1957 年 2 月，毛泽东在最高国务会议第十一次（扩大）会议上宣布："百花齐放，百家争鸣"是党促进艺术发展和科学进步，促进社会主义文化繁荣的方针。这次讲话经整理补充后以《关于正确处理人民内部矛盾的问题》为题，于 1957 年 6 月 19 日在《人民日报》发表。1957 年 3 月，毛泽东《在中国共产党全国宣传工作会议上的讲话》中，再次强调"百花齐放，百家争鸣"，是党对科学文化工作基本性的长期性方针。

但是，言犹在耳，很快就被毛泽东所亲自发动的"反右"浪潮，以及接踵而来的"大批判"和文化禁锢所替代，一直到"史无前例"的"无产阶级文化大革命"，不但"百花齐放"和"百家争鸣"未能实施，反而酿成了空前的文化专制和文化浩劫。

"百家争鸣"时代难道一去不复返了吗？

按照马克思主义关于"统治阶级的思想在每一个时代都是占统治地位的思想"这一观点看，在"统治阶级"作为一个阶级存在的前途下，如果说"百家争鸣"难以出现的话，那么，当"统治阶级"不是作为一个阶级而是人民大众的时候，是否应出现呢？况且，在进入以"网络"这种难于禁锢的传媒手段为大众所掌握的信息时代后，"百家争鸣"是否乃大势所趋了呢?!

有的网民认为："我国正处在一个类似百家争鸣的时代，我把它称为：千家争鸣时代。学术自由是世界潮流，谁也无法阻挡。技术革命的成功使文化交流突破政党、国界，知识像核爆炸一样呈极速扩张之势，任何网上警察只是螳臂挡车，望洋兴叹。这个时代会出现千千万万的作家、思想家、科学家等等。生在这样一个伟大的时代我们应庆幸和骄傲！"（《中日网论坛》，2006 年 7 月 23 日）

这位网民是否过于乐观了呢?!

其实，"百家争鸣"是包括学术在内的一切科学研究和发展、繁荣的必由之路。

任何科学研究都需要百家争鸣，因为谁也不是真理的化身，谁也不是真理的专营者，真理只有通过越来越多的"家"所鼓吹的各自学说的反复"争鸣"，才能越辩越明。但是，百家争鸣又必须以缜密的科学研究为基础，而不能掺杂科学之外譬如权力干预和主观臆断之类的东西。所以，两者要相辅相成，才能推动科学的发展和繁荣。

在迄今为止的社会历史条件下，学术上的百家争鸣需要政治上切实而充分的民主来保障。这不是在任何政治体制下都能做到的。我国现行的政治体制，若不切除其影响保障切实而充分的民主实施之弊端的话，那么，"百家争鸣”就只能是句空话。

5.“秦火”之后的“国学”流向

一统的中央集权专制国家，要求一统的为中央集权专制国家服务的意识形态。所以，当秦始皇一统天下之后，力图在舆论上维护其一统的天下，势所必然。所以，即使不采取“焚书坑儒”的手段，他也会想出其他办法来达到目的。“焚书坑儒”有其产生的主客观条件。一把“秦火”不仅将作为“国学”之源的典籍毁灭殆尽，而且结束了诸子百家竞长争高的局面，改变了整个“国学”的流向。

以往诸子百家那种随意聚徒讲学，任意游说和著书立说的“百家争鸣”的氛围，被彻底窒息了。在随意发表言论可能招致杀身之祸的严峻氛围下，躲过“坑难”的“儒生”们，在专制强权的威慑下，有的骨头软了，舌头短了，甚至甘愿屈从于政治和权势，充当“御用文人”；有的则干脆不读书、不讲话了；有的则专门玩起了术数、占卜之术；还有极少数人干脆隐居蛰伏起来，把读书和研究转入地下。

在这样的境域下，“国学”蓬勃向前、向上的单纯流向不复存在，而大体分化为四股：

一股丧失了先秦“国学”的纯洁性，而转向专门为统治者吹喇叭、抬轿子即所谓“君学”的方向发展；一股则试图离开政治，主要向着“自然”、“无为”、“养生”或探索天文、地理、水利等方向发展；一股则或为了追求“市场价值”，或为了媚上媚俗、玩世不恭而专门玩弄术数尤其占卜之术；一股则潜伏于地下，在艰难的条件下，继续进行着“国学”的研究和发展。

第一股逐渐成为“虚学”、“玄学”的主流；第二股则逐渐成为“实学”，自然科学的主流；第三股则成为术数、占卜等的主流；至于第四股，则情况比较复杂：其中一部分人虽然蛰伏，但依然能够用敏锐的目光关注着时局的发展、变化，并以缜密的态度加以分析、研究，综合创新，因而其研究具有较高的学术价值，这当中自然也包括那些只是在高压下韬光养晦，伺机而动，一旦气候变化就复出入仕，一试身手者；而其中另有一些人则因为处于与世隔绝的状态而闭门造车，所以其学问的价值就很难说了。但每一股流向都不再是、也不可能是原有的某家学说的原版传习。诸子百家之学统统被截断了，而承继在战国末期就越来越趋明显的，对以往诸子百家之说加以贯通、融汇、创新(当然有的实不过为杂糅、混合、拼凑等等)的一个一个新的学派不断涌现，成为“国学”发展之大势所趋。

十二　“独尊儒术”真与伪

1. 汉武帝有无“罢黜百家，独尊儒术”

关于汉武帝“罢黜百家，独尊儒术”这个几成定论的问题，近来受到质疑：如孙景坛先生在《南京社会科学》1993 年第 6 期上，发表《汉武帝“罢黜百家，独尊儒术”子虚乌有》一文，就认为武帝乃至整个汉代均不存在“罢黜百家，独尊儒术”之事实。汉代只是将儒学当做了社会的主导思想，并未对百家进行剿杀，与秦代的“罢黜百家，独尊韩术”有质的不同。武帝初年虽“罢申、商、韩”，但不属“罢黜百家，独尊儒术”的范围，因为此时“黄老”是主导思想，儒家乃属在野学派。武帝六年“绌抑黄老，崇尚儒学”虽是儒家所为，但不能叫“罢黜百家，独尊儒术”，因为只是将“黄老”从主导地位上拉了下来，由儒家居正统。“黄老”后来与“申、商、韩”一样，都是合法的在野学派。汉代无“罢黜百家，独尊儒术”之事实，怎么能说汉武帝采纳了董仲舒“罢黜百家，独尊儒术”的建议了呢？

当受到某些学者的质疑后，孙先生在辩驳时认为，所谓“汉武帝采纳董仲舒‘罢黜百家，独尊儒术’”之说的始作俑者是班固，但班固不能自圆其说，所谓《三策》是其所伪造，抵牾之处甚多。而司马光则是“汉武帝采纳董仲舒的建议‘罢黜百家，独尊儒术’”一说的正式炮制者。司马光发现了班固作始俑时有两大矛盾：一是武帝七年后，无汉武帝“罢黜百家，独尊儒术”的实证；二是说不清田蚡在武帝六年的“绌抑黄老，崇尚儒学”与董仲舒的“罢黜百家，独尊儒术”的关系。为此，司马光将董仲舒的对策从武帝七年提到了元年，并同时将武帝六年田蚡的“绌抑黄老，崇尚儒学”从历史上抹去。这就告诉人们：汉代只有汉武帝采纳董仲舒的建议“罢黜百家，独尊儒术”，没有田蚡的“绌抑黄老，崇尚儒学”。（参见孙景坛网络稿：《再论董仲舒非儒家——兼答吴九成、周桂钿先生》）

对于孙景坛先生上述观点，学界有不同意见，我也不敢妄自加以全面评论，而只是依据所见史料，谈些粗浅之见：

首先应当肯定：第一，孙先生不迷信古今权威，敢于依据文献，发现破绽而提出质疑，这种求索和较真精神，难能可贵，值得提倡；第二，孙先生针对长期以来几成定论的，关于汉武帝“罢黜百家，独尊儒术”一说，提出的质疑，确实值得认真考证，重新厘定。譬如他所质疑的关于董仲舒的记载，是班固与司马迁史书中“差异最大的一篇”。“班固将《董仲舒传》从《史记·儒林列传》中析出，独立成篇。内容除抄司马迁外，横增出董仲舒在武帝初期的对策一事，并附录了《天人三策》”，确实值得探究、考证。

司马迁不仅与汉武帝同时，而且在公元前127年(汉武帝元朔二年)19岁时，随家迁至京城，在从孔安国学《尚书》的同时，还从董仲舒学《春秋》，与董仲舒有师生之谊。董仲舒在公元前104年去世时，司马迁42岁。恰在此年，司马迁以太史令身份倡议并奉汉武帝之命与上大夫壶遂等制定《太初历》，并开始著述《史记》，“绝宾客之知，忘室家之业，日夜思竭其不肖之材力，务一心营职。”而在此前24岁时即作为郎中多年，多次侍从汉武帝巡游。在公元前111年(元鼎六年)三十五岁时，还受命为郎中将，并以皇帝特使身份奉使西征巴蜀以南，到达邛(今四川西昌一带)、筰(今四川汉源一带)、昆明(今云南曲靖一带)，安抚西南少数民族，设置五郡。到公元前99年(天汉二年)47岁时，又以太史令身份，于三月随汉武帝巡游至河东祭祀后土。十一月，李陵战败被匈奴俘虏，司马迁因替李陵辩护而被判死刑。次年李陵被灭族。司马迁为著作史记而自请宫刑，忍辱苟活，到公元前97年(汉武帝天汉四年)49岁时，被赦出狱，任中书令，发愤专著史记，到公元前91年(汉武帝征和二年)55岁终于完成。约在次年去世。

我之所以细述司马迁简历，旨在说明司马迁在20多岁后就侍从汉武帝多次出游，并曾丰诏参与“太初历”的制定等，还曾以皇帝特使身份奉使西征巴蜀以南，说明他与汉武帝关系密切，而与董仲舒又有师生之谊，因而对于汉武帝和董仲舒之间发生的事，尤其是像被后世誉为“开此后两千余年封建社会以儒学为正统之先河”的，所谓“汉武帝采纳董仲舒‘罢黜百家，独尊儒术’”之说这样一桩大事，却在《史记》关于汉武帝和董仲舒的纪、传中一个字也未曾提及，的确让人不解，生疑！况且司马迁又是在年富力强、精力充沛的中年42时开始著述《史记》，对于当朝发生的大事，是决不会疏漏的！还有，对于曾经教诲自己的老师，当时名声显赫的董仲舒，司马迁当应格外关心和了解，像老师向汉武帝进言《三策》这样的大事，要是真的有，他不可能不知道；要是知道，他又不可能不记。

通过《史记·儒林列传》与《汉书·董仲舒传》相比较，我认为司马迁关于董仲舒生平的记载比较符合情理：

董仲舒，广川人也。以治春秋，孝景时为博士。下帷讲诵，弟子传以久次相受业，或莫见其面，盖三年董仲舒不观于舍园，其精如此。进退容止，非礼不行，学士皆师尊之。今上即位，为江都相。以春秋灾异之变推阴阳所以错行，故求雨闭诸阳，纵诸阴，其止雨反是。行之一国，未尝不得所欲。中废为中大夫，居舍，著灾异之记。是时辽东高庙灾，主父偃疾之，取其书奏之天子。天子召诸生示其书，有刺讥。董仲舒弟子吕步舒不知其师书，以为下愚。于是下董仲舒吏，当死，诏赦之。于是董仲舒竟不敢复言灾异。

董仲舒为人廉直。是时方外攘四夷，公孙弘治春秋不如董仲舒，而弘希世用事，位至公卿。董仲舒以弘为从谀。弘疾之，乃言上曰："独董仲舒可使相缪西王。"胶西王素闻董仲舒有行，亦善待之。董仲舒恐久获罪，疾免居家。至卒，终不治产业，以修学著书为事。故汉兴至于五世之闲，唯董仲舒名为明于春秋，其传公羊氏也。

关于董仲舒的简历，董仲舒和公孙弘之间的纠葛，以及董仲舒怎么当上的胶西相，又如何"疾免居家"，专门"修学著书"，司马迁都交代得很清楚，并得出结论：董仲舒的学说在于汉代五世以来"名为明于春秋，其传公羊氏也。"而其中却只字未提董仲舒向汉武帝进言《三策》之事。

相比之下，班固的《董仲舒传》则确实漏洞、抵牾之处甚多，尤其是把董仲舒誉为"儒者宗"，更与司马迁的结论相悖，不能不令人困惑、生疑。

《董仲舒传》与《史记》在记载上的一个最大的区别在于：

《史记·儒林列传》载："及今上即位，赵绾、王臧之属明儒学，而上亦乡之，于是招方正贤良文学之士。自是之后，言诗于鲁则申培公，于齐则辕固生，于燕则韩太傅。言尚书自济南伏生。言礼自鲁高堂生。言易自菑川田生。言春秋于齐鲁自胡毋生，于赵自董仲舒。及窦太后崩，武安侯田蚡为丞相，绌黄老、刑名百家之言，延文学儒者数百人，而公孙弘以春秋白衣为天子三公，封以平津侯。天下之学士靡然乡风矣。"

很明显，司马迁虽然也将董仲舒列为"儒林"，但他所说的"儒"显然不是严格意义上的"儒"，因为从他所开列的名单看，这些人都是专治《诗》《书》《礼》《易》和《春秋》的人。这从《史记》称"坑儒"为"坑术士"也可窥见一斑。而班固在《董仲舒传》中则称董仲舒为"大儒"，并说"自武帝初立，魏其、武安侯为相而隆儒矣。及仲舒对册，推明孔氏，抑黜百家。"还引证了刘向、刘歆父子对董仲舒的评价，尽管刘歆没有其父对董仲舒的评价高，但仍称其为"群儒首"。其心目中的"儒"已经与"推明孔氏"联系在一起，显然比司马迁要狭隘多了。班固心目中的"儒"，可以说与孔子所代表的"儒家"或"儒学"联系在一起了。

但是，孙先生的大胆推断似也值得商榷：第一，司马迁在《儒林列传》中关于董仲舒“今上即位，为江都相”的记载也存在明显的疏漏：即没有说明董仲舒被任为“江都相”的因由，董仲舒总不至于平白无故地当上“江都相”吧?!这正是值得考证的地方。而班固也正是在这个被司马迁疏忽的地方，用董仲舒应对汉武帝的《天人三策》作了补充，说明了董仲舒当上“江都相”的原因。但是，这种可能性可以说没有，因为据《史记》载：汉武帝即位，赵绾、王臧因“欲立明堂以朝诸侯”，因触怒好黄老之学的窦太后而被迫自杀，所以，在窦太后健在时，汉武帝怎么可能举贤良以对策呢?！而这样的漏洞却未见孙先生提及(也许是愚没见到孙先生相关的文稿)；第二，说“汉武帝采纳董仲舒‘罢黜百家，独尊儒术’”之说的始作俑者是班固，其根据是班固伪造了《三策》。我以为，仅凭《史记》等书没有相关《三策》的记载而《汉书·董仲舒传》独载，就断言班固是“伪造”，未免唐突，因为不同史书对某人、某事记载不同(有无、详略、抵牾等)的情况，并不鲜见，而《史记》并非没有疏漏和错误，况且《三策》中并没有“罢黜百家，独尊儒术”之说，因此，即便《三策》就算是班固“伪造”，也证明不了班固是“汉武帝采纳董仲舒‘罢黜百家，独尊儒术’”之说的始作俑者；第三，说“司马光则是汉武帝采纳董仲舒的建议‘罢黜百家，独尊儒术’说的正式炮制者”云云，更理由欠足。孙先生征引了《资治通鉴卷十七》即《汉纪九》中的大量证言，但并不能说明其断言就准确。《资治通鉴》在《汉纪九》中确实几乎全文引用了《三策》的内容，但在文字及其排列顺序上，与《汉书·董仲舒传》是有出入的，并且在引用后的《考异》中，又坦然指出了像孙先生所说的，班固《汉书》关于相关记载的抵牾之处。请看，《考异》云：

“《汉书武纪》：‘元光元年五月，诏举贤良，董仲舒、公孙弘出焉。’《仲舒传》曰：‘仲舒对册，推明孔氏，抑黜百家。立学校之官，州县举茂才、孝廉，皆自仲舒发之。’今举孝廉在元光元年十一月，若对策在下五月，则不得云自仲舒发之，盖《武纪》误也。然仲舒对策，不知果在何时；元光元年以前，唯今年举贤良见于《纪》。三年，闽越、东瓯相攻，庄助已为中大夫，故皆著之于此。《仲舒传》又云：‘辽东高庙、长陵高园灾。仲舒推说其意；主父偃窃其书奏之，仲舒由是得罪。’按二灾在建元六年，《主父偃传》，上书召见在元光元年。盖仲舒追述二灾而作书，或作书不上，而偃后来方见其草藁也。”

从《考异》可以看出，《资治通鉴卷十七》即《汉纪九》对于班固《汉书》关于董仲舒《对策》内容和年代上的抵牾之处，不仅没有掩饰，而且专门作了说明。

因此，《汉纪九》关于《对策》年代上的调整，以及在董仲舒与汉武帝对策内容上，对班固《董仲舒传》中相关文字上的修改，显然是出于力图解决《董仲舒传》中存在的矛盾，而决非怀有像孙先生说的那样的目的，况且在这样做的同时，依然申明“然仲舒对策，不知果在何时?”说明尽管作了修改，但仍存有疑问。字里行间，昭示了司马光等《资治通鉴》的编撰者们，治史之严谨态度。

严谨治史，乃史学家最基本的品格。从《资治通鉴》、《汉书》的总体看，司马光及其一班编撰者们也好，班固也好，都是具备并恪守这样品格的史学家。至于其著述中所存在的一些问题（疏漏、抵牾、失实等等），则有多种原因导致，而且其他史书也都程度不同地存在，我认为不宜轻易地作出“伪造”、“炮制”之类的推断。因为这牵涉到对史学家来说最为重要的文品和人品问题。假如司马光和班固真像孙先生所断言的那样，随心所欲地“伪造”和“炮制”史料的话，那他们作为史学家的人品和文品就大有问题了！他们所编撰的《汉书》和《资治通鉴》，还值得一看吗?!

但最为重要的还是，孙先生所引征的班固和司马光的相关文字，都没有“汉武帝采纳董仲舒‘罢黜百家，独尊儒术’”之说。

班固在《武帝纪赞》说的是“孝武初立，卓然罢黜百家，表章《六经》。”而在《董仲舒传》说的则是“自武帝初立，魏其、武安侯为相而隆儒矣。及仲舒对策，推明孔氏，抑黜百家。”

其中虽有“罢黜百家”、“抑黜百家”之说，但并没有“独尊儒术”之词；把“表章《六经》”、“隆儒”和“推明孔氏”推断或概括为“独尊儒术”，是很不妥、甚至可以说是荒唐的！因为即便把“孔氏”视为“儒”的代名词，但“隆”和“推明”与“独尊”之意也相差甚远！至于“表章《六经》”，则与“独尊儒术”就更相距十万八千里了！

至于司马光，在《资治通鉴卷十七》即《汉纪九》或其他卷，根本就没有“汉武帝采纳董仲舒的建议‘罢黜百家，独尊儒术’”一说，虽然孙先生引证了其“吾爱董仲舒，穷经守幽独。所居虽有园，三年不游目。邪说远去耳，圣言饱充腹，发策登汉庭，百家始消伏”（见《司马温公文集》第12卷）《独乐园诗》作旁证，其中尽管有“百家始消伏”五字，但终不能证明司马光炮制了“汉武帝采纳董仲舒的建议‘罢黜百家，独尊儒术’说”。

2. 董仲舒有无建议“罢黜百家，独尊儒术”

长期以来几成定论的所谓董仲舒向汉武帝建议“罢黜百家，独尊儒术”，所依据的是《举贤良对策》之第三策中的下一段话：

“《春秋》大一统者，天地之常经，古今之通谊也。今师异道，人异论，百家殊方，指意不同，是以上亡以持一统；法制数变，下不知所守。臣我以为诸不在六艺之科孔子之术者，皆绝其道，勿使并进。邪辟之说灭息，然后统纪可一而法度可明，民知所从矣。”

其中“诸不在六艺之科孔子之术者，皆绝其道，勿使并进”，盖是所谓“董仲舒建议‘罢黜百家，独尊儒术’”一说之由来。若然，这种推断并不不符合这句话的原意。

为了说明问题，让我们干脆把这段话都译成白话看看：

“《春秋》重视一统，这是天地间不变的原则，古今共通的道理。如今老师们所讲的道理彼此不同，人们的议论也彼此不同，百家提供的方案悬殊，目的也不同，所以在上的难于掌握统一的准则；法制数次改变，在下的不知道应当遵从什么好。臣我以为，凡是不属于六艺的科目和孔子的学术的，都一律禁止，不许它们齐头并进。邪僻的学说灭息了，然后统一的准则就可以建立，而法度也就可以彰明，人民就知道所应遵从什么了。”

这段话立论的根据是“如今老师们所讲的道理彼此不同，人们的议论也彼此不同，百家之说提供的方案悬殊，目的也不同，所以在上面的难于掌握统一的标准；法制数次改变，在下的不知道应当遵从什么好。”而立论的目的则是“凡是不属于六艺的科目和孔子的学术的，都一律禁止，不许它们齐头并进。邪僻的学说灭息了，然后统一的标准就可以建立而法度也就可以彰明，人民就知道所应遵从什么了。”

简单地概括起来，这里讲的就是关于“统一言论，统一法度，统一行动”的道理。这道理从维护统一的国家的角度讲，即使现在看来，也是说得通的。

但问题的关键在于如何理解“诸不在六艺之科孔子之术者，皆绝其道，勿使并进”这句话。其中“诸不在六艺之科孔子之术者”，即“凡是不属于六艺的科目和孔子的学术的”这个词组，本来包括两个方面的内容：一是“六艺之科”，一是“孔子之术”。可是人们似乎要么是忽略了前者，要么是把前者归结为“孔子之术”，进而把“孔子之术”又归结为“儒术”！

这是个传承已久的天大的误解！

而所谓“罢黜百家，独尊儒术”之说正与此有关。由于对这个词组的错误认识，才导致了对“诸不在六艺之科孔子之术者，皆绝其道，勿使并进”这句话的整个认识的错误。

我认为，“六艺之科”与“孔子之术”并非一回事。

《六艺》就是班固在《武帝纪赞》中说的《六经》。“六艺之科”即“《六经》所涉及的科目”，其所涵盖的范围广泛。而儒家所谓的《六经》(即《六艺》)，系作为迄今所知中国学术文化之源的典籍，而绝不止是“儒家经典”。把《六经》当成“儒家经典”，不仅有违史实，而且无形之中，把中国学术产生的历史人为地大大往后推了。因为包括儒家在内的诸子百家，产生于战国时期，而中国学术的萌发和成熟，要比这早得多。人们一谈论中国学术，总是从战国时期的“诸子百家”谈起，而忽略“诸子百家”所赖以产生的活水源头。这样，实际上就把诸子百家当成了无源之水、无本之木。

就迄今所见，流传到孔子时代的古典文献，主要就是《六经》。所以，《六经》就是当列为中国学术源头的主要典籍。按照成书的年代先后，其排列顺序应是《易》、《书》、《诗》、《礼》、《乐》和《春秋》。以前按《诗》、《书》、《礼》、《乐》、《易》、《春秋》排列，是儒家把它们当做儒家典籍所为；因为儒家作《十翼》即《易传》而加以揆发、阐释，所以《易》被放在了孔子重点修订的《春秋》之前。

先秦时期的诸子百家，可以说没有一家与《六经》即《六艺》无关。所以，从某种意义上讲，诸子百家都可以归属于“六艺之科”。而《三策》中所说的“百家”，显然主要不是指先秦传习下来的“诸子百家”。至于“孔子之术”，自然可以理解为“儒术”，但严格说来，“孔子之术”与“儒术”，也是不能画等号的，况且，“三策”中并未用“儒术”这样的字眼。所以，《三策》中所说的“百家”，指的主要是那些不属于“六艺之科”和“孔子之术”范围的各种“邪辟之说”。

凡是熟悉古代中国学术文化史的人都知道，因汉初的统治者推崇“黄老之学”，颁布搜集各种藏书和整理民间传说的律令等，使秦代所造成的文化禁锢局面一下解冻，在推动学术文化趋向复兴和繁荣的同时，各种邪辟之说也鱼目混珠地竞相出笼。《三策》中所谓“百家殊方，指意不同”，不过是对包括各种邪辟之说在内的诸多学说的泛称而已。

遗憾的是，《三策》中这段话的原意却长期受到误读、曲解，而被揆度、敷衍和概括成子虚乌有的“汉武帝采纳董仲舒的建议‘罢黜百家，独尊儒术’”一说。

当然，要是把“孔子之术”等同于“儒术”的 话，把这段话揆度成“罢黜百家，首尊儒术”，或“罢黜百家，尊崇儒术”(杨荣国等就持这一观点)，还勉强说得过去，因为“首尊”和“尊崇”与“独尊”具有质的差别，但毕竟又丢掉了原话中的“六艺之科”之所指，终不能算得上严谨。据我所查阅的史料，没有发现董仲舒向汉武帝提出此建议的文字，因而迄今不认为“汉武帝采纳董仲舒的建议‘罢黜百家，独尊儒术’”一说成立。

从迄今所见各种文献看，在汉武帝时代，纵然存在“罢黜百家”之说，但并不存“罢黜百家”之实，至于“独尊儒术”，则既无说也无实。汉武帝用人、施政从不专尊儒学一家。如果说前期是受窦太后的牵制的话，那么在窦太后死后，情况依然仍未只用习儒之人。相反，那些治刑名、黄老等学的人依旧被重用，比如张汤、主父偃和东方朔等。即使对于并不尊儒，甚至颇有讥评者，如“是非颇谬于圣人”的司马谈、司马迁父子，不但不加罪(司马迁后来获罪是由于为投降匈奴的李陵辩护)，还照样重用，使其父子相继为太史令。而董仲舒的始终未被汉武帝重用，则更是顶好的证明。

今天的学者们多都认可这个史实，却还仍然保留和侈谈“汉武帝采纳董仲舒的建议‘罢黜百家，独尊儒术’”一说，实在令人匪夷所思！

至于到底“汉武帝采纳董仲舒的建议‘罢黜百家，独尊儒术’”一说，始自何时、何人？从相关资料上看，多认为发生在汉武帝时代，但从董仲舒《春秋繁露》尚未把《六艺》称为《六经》看，显然有两个问题明摆着：一是董仲舒健在时，有了《六经》或《五经》的说法，但他却不认同、未采纳；一是董仲舒健在时还没有《六经》或《五经》的说法。此两者无论何者属实，都意味着对“汉武帝采纳董仲舒的建议‘罢黜百家，独尊儒术’”一说的否定。

从道理上来推断，“汉武帝采纳董仲舒的建议‘罢黜百家，独尊儒术’”一说肯定与把《六艺》视为“儒家经典”有关；因为把《六艺》视为“儒家经典”，则“六艺之科、孔子之术”便可顺理成章地被归结为“儒术”了，于是也就可以把“诸不在六艺之科、孔子之术者，皆绝其道，勿使并进”敷衍成“罢黜百家，独尊儒术”了。

然而，班固在《汉书》中虽有“罢黜百家”、“抑黜百家”之说，但并没有“独尊儒术”之论；虽有“自武帝立五经博士，开弟子员，设科射策，劝以官禄”(《汉书·儒林传》)和“表章《六经》”、“隆儒”和“推明孔氏”之言，却并无“独尊儒术”之语。所以，从班固那儿，我们也无法找到答案。

所以，愚以为：假若董仲舒的《三策》属实的话，是班固第一个把董仲舒关于“诸不在六艺之科、孔子之术者，皆绝其道，勿使并进”中的“六艺之科、孔子之术”，片面地误解、归结成为“孔子之术”，进而把“诸不在六艺之科、孔子之术者，皆绝其道，勿使并进”，片面地误解、归结成为“罢黜百家”、“推明孔氏”，而后人则根据班固的这个说法，又把它误解、敷衍成为“罢黜百家，独尊儒术”了。

但是，这一说法究竟始自何人、何时呢？

经查阅，清末民初的著名思想家易白沙(1886～1921年)，1916年在《新青年》杂志上发表《孔子平议》，提到：自汉武帝开始，“罢黜百家，独尊儒术，利用孔子为傀儡，垄断天下思想，使其失去自由”。“中国两千年尊孔之大秘密”，就在于历代统治阶级“利用孔子为傀儡，垄断天下之思想，使失其自由。”(马勇，刘贻群：《先秦儒家研究·20世纪中国学术文存》，湖北教育出版社2003年版)。这是我所见到的最早提出“罢黜百家，独尊儒术”的文字。与他同时的梁启超并未使用过这一说法，但是以后，尤其是新中国成立后，这一说法却广泛流行开来。

3. 董学到底属于什么性质

关于“董学”即董仲舒学说的性质，是学界争论已久且迄无定论的问题。鉴于人们对董仲舒的《天人三策》存在争议，今撇开不谈，而专就董仲舒的主要著作《春秋繁露》所体现的“董学”性质加以探究。

鉴于《春秋繁露》的内容已为学界所熟知，故没有必要在此赘述。现仅就“董学”的性质发表一管之见。

我认为，“董学”是为适应汉代一统国家的政治需要，从糅合“六艺之科”和“孔子之术”入手，而精心炮制的一种专门为政治一统作理论解释的学说。

它适应加强一统的中央集权制的需要，编造了“天人感应”的政治理论；适应加强君权的需要，敷衍了“君权神授”的神学目的论；适应维护大一统纲常的需要，将先秦多家(不止儒家)的相关思想改造成以“三纲五常”为基础的“忠孝”理论(人们往往认为“三纲五常”只是对孔孟为代表的“儒家”思想的发挥，欠妥！因为至少“儒家”以外的法家韩非也提倡“忠孝”)；适应维护和延续一统国家的需要，提出抑制土地兼并，主张限田、薄敛、省役主张等等。

总之，“董学”是在对先秦“六艺之科”与“孔子之术”进行糅合，对包括阴阳、五行、儒、道、墨、法、名、杂，乃至术数和方技等家在内的诸家学说，加以杂交、嫁接、揆度、敷衍、改造的基础上，而炮制的一套以“天人感应”、阴阳五行和“三统”(黑统、白统、赤统)循环等学说为其理论基础，以“君权神授”和“三纲五常”为其核心内容的，驳杂而又系统化、理论化的思想体系。

因此，它既非以往之“儒术”，也非以往其他某一学派之“术”。因为从其融合阴阳五行和儒、道、墨、法、名、杂，乃至术数、方技诸家的思想观点来看，它与以孔孟为代表的“儒学”差别实在太大。

以孔孟为代表的“儒学”，是以“仁”即人道主义为其理论基础，以民本主义为其施政纲领的学说，而“董学”则是以神学目的论即神秘主义为其理论基础，以“君本主义”为其施政纲领的学说。“董学”所宣扬和强调的“以人随君，以君随天……屈民而伸君，屈君而伸天”(《春秋繁露·玉杯第二》)，与孟子所主张的“民贵君轻”恰成鲜明的对比。

所以，要是按照习惯硬把“董学”说成是“儒术”的话，那么这种“儒术”也绝非以孔孟为代表的原有“儒学”，而是吸纳了包括阴阳五行、儒、道、墨、法、名、杂，乃至术数和方技等家在内的等家思想在内的宗天神学。

至于人们已经习惯于把它称之为“新儒学”，我以为这是个以讹传讹的历史性误谬。因为在世界观和基本的学术旨意上，都与以孔孟为代表的儒学相距甚远的“新儒学”，也可以随便换成其他什么“新”的其他学说，如“新阴阳学”、“新杂家学”等等。

“董学”所带有的鲜明的神学目的论、循环论和宗教的色彩，无疑播下了谶纬迷信和宗教化的种子，更是以往任何某个单一的学派所没有的。

所以，这个专门为适应大一统国家的政治需要，而综合“六艺之科”和“孔子之术”，再加上个人杜撰和臆造所精心炮制的，带有明显的神学和宗教色彩的庞杂的理论体系，还是称之为“董学”为最妥。

当然，“董学”也可算作是一种“综合创新”，但与以往的学说譬如“荀学”的综合创新所不同的是：就其主观动机而言，它至少不是完全出于探疑求真的目的，而主要是出于为适应一统国家的政治需要所进行的，因而带有很大程度上的杂糅、敷衍、杜撰、臆造的成分。

如果说李斯当年为适应秦始皇一统天下之政治需要，向秦始皇建议实行的文化专制方案，还十分简陋、裸露的话，那么，到董仲舒出于同样的动机所向统治者提供的实行文化专制的方案，则精致、隐秘得多了。

正是在这样的意义上，如果说李斯是“君学”的肇始者，那么，董仲舒则是“君学”的创始人。是董仲舒步李斯之后尘，在作为知识分子统称的“儒”者中，第一个主动帖服在君王统治的御座上，专门为君王统治的维护和延续而吹喇叭、抬轿子，并殚精竭虑地编造相应的理论和学说。

董仲舒是学者中争当统治者的御用文人，使学术屈从于政治，理论屈从于权势，从而进一步强化“官本位”的始作俑者。

所以，清末民初的“国学”家如邓实，把这类学问就其实质而称之为“君学”，是非常确切的。

从“董学”开始，“君学”因为受到历代君王的青睐，所以董仲舒一流的“儒者”不断涌现，队伍越来越壮大，“君学”的内容和形式也相应地不断被“创新”，成为“国学”发展中的主流。

“董学”作为“君学”，自然主要是为了维护和巩固皇权的专制统治服务的，但由于它所包含的灾异祥瑞之类的预警内容，而董仲舒又偏偏笃信躬行，那么，当灾异等不祥的预警出现时，自然就会遭受迷恋权势的统治者的疑忌。

所以，这种学说本身所隐含的某种程度上的“双刃”性质，就迫使它的创立者自己也处于诚惶诚恐的吉凶难卜之中。主父偃窃其书稿的一次告发，就使董仲舒遭遇牢狱之灾险些丢掉脑袋，使其体验到了其中的利害而从此惊魂不定。这大概是董仲舒虽为其君王编造了最有利于维护和延续一统天下的“君学”，却终不得重用，而主动退居故里专门著述的一个重要缘由吧！

从其退居而专门著述《春秋繁露》来看，董仲舒除了动机上的根由之外，确实还有认识上的原因，这从他笃信灾异祥瑞之说也可以看得出。不然就无法解释一个已经在仕途上钻营无望的人，为什么还那么专诚地坚持和著述他的学说。但是，也不能排除他可能存在的良苦用心：因为据《汉书·董仲舒传》载，董仲舒“年老，以寿终于家，家徙茂陵，子及孙皆以学至大官。”茂陵乃汉武帝之陵寝所在地，其死后举家迁徙茂陵，足见其一家对皇帝的至诚至忠；而其“子及孙皆以学至大官”，又足见“董学”对其子孙之福荫了。

哼哼，这其中的缘由，很值得品味呢！

从另一方面说，董仲舒似乎不知道任何专权的统治者，不管他们如何信誓旦旦地发誓遵循什么学说、理论，而在实际行动上是绝对不可能始终如一地恪守的。因为一切握有实权、大权独揽的统治者，都是百分之百的实用主义者。他们所念念不忘、处心积虑地要维护的，只是他们手中的权力，怎么可能受某一学说、理论的约束呢！？这也许是作为“君学”的“董学”，即使表面上为汉武帝所采用，终究不可能为汉武帝这个专权自用、好大喜功、征伐不断、劳民伤财，而又酷好“封禅”、“祀神求仙”的君王所真正奉行，而它的炮制者董仲舒也始终未被重用，反而几乎招致杀身之祸的根本缘由吧！

4.“新儒学”并非原始儒学

人们将“董学”称为“新儒学”，盖与班固所言董仲舒“推明孔氏”有关，但是，当某种学说一旦被冠之于“新”的桂冠时，那只能意味着这种学说，已经不便归属于原有的相关学说了。

只要回看一番中外古今的学术文化史，就不难看清楚这一点。

且不说其他，即以当今世界标榜“新马克思主义”的各种学说而言，就很难从中找到一种真正的马克思主义，有的实不过为列宁所说的“被逼得装扮成马克思主义者”的，“马克思主义的敌人”而已。

董仲舒所精心炮制的一套以“天人感应”、阴阳五行和“三统”(黑统、白统、赤统)循环等学说为其理论基础，以“君权神授”和“三纲五常”为核心的，驳杂而又系统化、理论化的“君学”体系，由于毕竟迎合了统治者维护和加强君王专制的需要，所以，尽管两千多年时有沉浮，但总起来说成为维护和加强君王家天下专制统治的重要的理论基础。

尽管“新儒学”的称谓对“董学”并不确切，已非原始的儒学，但既然已经成为史实，矫正也难，所以我认为没有必要再在这方面作文章，而关键的倒是弄清它的本质：

“新儒学”“新”就新在：它不仅与以孔孟为代表的儒学根本不同，而且与以荀子等为代表的儒学也大相径庭；它“新”就新在完全失去了先秦儒学先立论，然后游说统治者实行的探疑求真的学术指向，而蜕变成为了迎合统治者的政治需要，绞尽脑汁地编造理论。

董仲舒不愧为“杰出的理论家”，只是他的理论只为专制君王服务而已。而中国的专制统治之所以得以延续两千多年，正是得益于董仲舒这样的“杰出的理论家”地不断涌现。

5. 汉代不存在“罢黜百家，独尊儒术”之史实

文化专制不同于政治专制。因为政治专制可以禁锢、扼杀人们的手脚和整个肉体，但文化专制却顶多只能禁锢人们的口和笔，却永远禁锢不了人们的思考、思想。所以文化专制从一开始就行不通。

汉武帝时代学术文化发展的史实，就是证明。

与董仲舒同时的刘安(公元前 179 ~ 前 122 年)，就公然驳斥“儒术”而崇尚道术；就连汉武帝本人对“儒术”也并不那么热衷，而是几乎一生都迷信神仙方术。当在朝的文化人为了维护中央集权制度，而精心编造某种学说而大造舆论时，而在野的民间学术文化，却按照自己固有的规律和方向潜流、涌动着，并随着时局的动荡及其所造成的空隙，忽高忽低、波浪式地冲击着所谓主流文化。

诸多学术文化发展的史实，说明汉代根本就不存在“罢黜百家，独尊儒术”之史实。

因为即使在汉武帝在位(公元前 140 ~ 前 87 年)期间，“儒术”以外的其他学术比如神仙方术，术数等等，不仅照旧存在和发展着，而且比先秦发展得还快。另外，直到汉末，天文、地理、水利、数学、农学、医学、纺织、建筑、冶炼、酿造、交通等等，也都获得前所未有的发展，涌现了许多建树卓

越的专家、学者。

如在天文学方面，有洛下闳（约与司马迁同时），众所周知的贾逵（30～101年）、张衡（78～139年）外、刘洪（约129～210年）。洛下闳改创赤道式仪器，定下了赤道式浑天仪的基本结构，“转浑天于地中”，阐明“浑天说”，将“四分法”的《颛顼历》改造为《太初历》的“八十一分法”，与唐都、司马迁、鲜于妄等人共订《太初历》，将一年分四季，二十四节气，正月初一为始，腊月三十为终，从此使国人得享“只看日历不看天”、不误农时五谷丰登的便宜；刘洪则第一次从各方面提出精确的月球运动理论，解决了大量关于月球运动的难题，奠定了中国“月球运动”学说的基础，使历法进一步走向精密，被誉为“当世无偶”的天文学家和历算家。

在农学方面，有对耕作技术和农业管理作出贡献的农学家赵过（汉武帝时期，具体生卒年待考）和氾胜之（约晚于赵过60年，具体生卒年待考）。尤其是氾胜之（约生活在公元前一世纪）所著《氾胜之书》十八篇，是现存最早的一部农书。它不仅提出了耕作的总原理和具体的耕作技术，还列举了十几种农作物的具体栽培方法，奠定了中国传统农学作物栽培总论和各论的基础，而且其写作体例也成了中国传统综合性农书的重要范本。以后从《齐民要术》到《农桑辑要》、《王祯农书》，再到《农政全书》、《授时通考》均以此为范本。

在医学方面，有熔理、法、方、药于一炉，著有《伤寒杂病论》、《金匮要略》等书，被誉为“医圣”的张仲景（150～219年）。《伤寒杂病论》集先秦以来医药理论和临床医术之大成，并广泛应用于医疗实践，是我国医学史上影响最大的古典医著之一，也是我国第一部临床治疗学方面的巨著。《伤寒杂病论》在继承、发展并确立了中医辨证论治的基本法则和体系，对十治则和方药的统筹，对针刺、灸烙、温熨、药摩、吹耳等治疗方法上，均贡献突出。同时还收集了许多如对自缢、食物中毒等的救治急救方法，从而奠定了张仲景在中医史上的重要地位。

在算学方面，产生了《周髀算经》《九章算术》等。

在地理、水利、纺织、建筑、冶炼、酿造和交通学等等实学方面，也都获得前所未有的发展。

至于术数之类的学术文化，在天人感应和谶纬迷信的影响下，则获得了更大的发展。据《史记·日者列传》，当时的术数学界有五行家、堪舆家、建筑家、丛辰家、历家、天人家、太乙家和形法家（看相术士）等。足见汉代术数学范围较大。

总之，在汉武帝及其以后的汉代三百多年间，无论是包括神仙方术在内的异端邪说，还是重在实用的各种学术，都获得了巨大的发展，在很多领域，成就都领先于当时的世界。这一史实表明，所谓“罢黜百家，独尊儒术”，在整个汉代根本就不存在。从学术文化的发展形势看，汉代相对比较宽松，既没有秦始皇的“焚书坑儒”，也没有后代连绵不断充满血腥的“文字狱”。

6.“以其昏昏”能“使人昭昭”吗

时至今日，以“汉武帝采纳董仲舒建议‘罢黜百家，独尊儒术’”为题的讲座，几乎充斥于各种“国学”讲坛。我不知道授课的“‘国学’大师”们，是否考辨过其真伪？而不断冠之于“新”的“儒学”，则更是被好多人津津乐道。每每看到这种情况，我就禁不住反思再三，感慨万千。

上面所提及的关于董仲舒向汉武帝“罢黜百家，独尊儒术”的建议，既然查无史实，为什么还要讲？董仲舒的学说是否属于“儒术”？董仲舒的“儒术”与“儒学”是否可以等量齐观？董仲舒到底属于何“家”？长期以来把董仲舒称为“新儒家”、把“董学”称为“新儒学”是否妥当？等等问题，也都是讲授者应该认真思考、辨明的。

鉴于董仲舒的主要著作《春秋繁露》，被学界公认为后人敷衍修改过，而对《汉书·董仲舒传》又存在争议。因此，在相关的史料和文献尚未完全发现、厘定前，要弄清与之相关的所有问题，是不可能的，因而没有必要再在这方面徒费心力。但是，依据现有的可靠史料和文献，通过讨论，对于可能弄清的问题加以弄清，取得一致认识，则是必要的，应该做的。这是我们教育者的责任。

至于其他问题，诸如把用以诠释《五经》的今、古文经学，统统纳入“新儒学”之列，譬如《史记》、《汉书》和《后汉书》的《儒林传》，就都是这样的。我认为这样做，有失严谨，不可取。

在我看来，从董仲舒肇始的所谓“新儒学”，实际上不过是囊括所有中国学术的代名词而已。也许正因为如此，所以，我们翻阅此后的中国学术文化史时，“新”字渐渐被取消，剩下的“儒学”二字，可以说囊括百家之学，简直像个盛杂物的筐子一样，任凭人们随便地装入和称呼了。

“师者，传道授业解惑者也。”

在真伪不辨，是非不明的情况下，教师所传的是什么“道”呢？所授的什么“业”呢？

“以其昏昏”能“使人昭昭”吗？

十三 “三玄”背后有玄机

1.“三玄”趋热非偶然

进入20世纪八九十年代以来，我国社会逐步泛起时高时低的“易学热”、“气功热”和“宗教热”，因为人们的素质、阅历和看问题的角度等的不同，所以对于同一事物的认识、看法自然也就不尽相同。对于这“三热”认识、看法之所以众说纷纭，道理就在这里。

但是，在我看来，这“三热”所涉及的问题，都带有“玄味”，因而我们不妨称之为“三玄”。

所谓“玄味”，就是指带有“玄学”、“玄谈”的味道。

“玄学”本是指魏晋时期的一种哲学思潮，其主旨是用老庄和《周易》思想糅合儒家经义，以代替时已衰微的两汉经学；“玄谈”也本是指以老庄学说和《周易》为依据，而辨析名理的谈论，但到后来，把一切不接触实际、玄妙而难理解的言谈，都称之为“玄谈”。

在上述“三热”当中，易学本来就在玄学、玄谈之列；而宗教所宣扬的东西，也都是玄之又玄的；至于气功，本来有着实际内容，但在许多方面却被气功“大师”们搞得玄妙不可思议了。

正是在这个意义上，我们把“三热”统称为“三玄”。

那么，“三玄”为什么会在我国热了起来呢？

这是个很值得探究的问题。

依我看，这其中既有深刻的思想认识根源，又有深刻的社会历史根源。

从思想认识根源上看，“三玄”热的出现，乃是人们思想认识上原有的理想、信仰，发生危机和失落的产物。当人们在思想认识上发生危机和失落之时，特别是当原有的理想、信仰动摇乃至破灭之后，便很容易到“三玄”中寻求解脱或寄托。

从历史上看也是这样的。

“玄学”、“玄谈”就是兴起于儒家正统学说在人们心目中发生危机、失落的魏晋南北朝时期。以后，凡是当人们的思想认识陷入迷茫、混乱之时，玄学、玄谈便乘虚而入。

从社会历史根源上来看，“三玄”热的出现，乃是对社会不公的一种折射。当人们面对各种不公平现象通过正常渠道、方式无法诉求、解决时，便很容易钻到“三玄”中寻求解脱或寄托。

从我国历史上看也是如此。“玄学”、“玄谈”的盛行，正是门阀统治加剧，“上品无寒门，下品无士族”、各种不公加剧的时代。

所以，在“三玄”热的背后，大有文章。

一言以蔽之：“玄学”不玄。

凡是“玄学”、“玄谈”盛行之时，肯定有着深刻的思想认识和社会历史根源。

拿目前来说，如果我们按照这个思路探察、找出潜存于“三玄”热背后的根源，并着力“对症下药”的话，那肯定对深化改革，促进精神文明建设大有裨益。

社会上之所以涌现“三玄”热，其根源并不在老百姓身上，而在我们的社会政治经济和文化思想之中。

人们（不仅年轻人，而且包括许多中老年人）为什么会普遍地产生信仰和信任危机？为什么对政治报告、理论学习不感兴趣，而听“气功师”的“带功报告”却上瘾？为什么街头巷尾看相算命的屡禁不止？为什么涌入教堂做礼拜和以种种形式皈依空门的人有增无减？

光责怪群众“落后”，单在报刊上进行批评是无济于事的。重要的、关键的是找出其由以产生的社会历史和思想认识根源，并采取行之有效的改革和治理办法。

我认为，如不从根本上惩治带有全社会性的腐败现象，不根治和纠正各种不公，无论怎么说教批评，也是难以奏效的。

所以，就作为一种社会现象来说，“三玄热”的出现，并非偶然，而是有着深刻的社会历史和思想认识根源的。

所以说“玄学不玄”。

当然，这只是问题的一个方面，而从问题的另一个方面，即从“三玄”本身的内涵来看，也都蕴涵一定的合理因素即“不玄”之处。

2. 八卦预测中的“不玄”之处

关于“易学”的合理之处，我已经在《周易与人生》和《周易与养生》（东方出版社 2008 年版）等论著中，专门做了探讨和论述，就不再在此讨论了。现仅就八卦预测中的合理因素即“不玄”之处做一简要的说明。

鉴于八卦预测有许多种，其中既有源，又有流，因而必须先分清源和流，才便于分析、说明。

所谓八卦预测的源，一般指文王八卦，即后天八卦或《周易》八卦。

当然在文王八卦之前还有伏羲八卦，即先天八卦。后天八卦与先天八卦的区别主要是八卦方位的不同。如后天八卦是离坎定南北，震兑定东西；而先天八卦则是乾坤定南北，离坎定东西。后天八卦的方位与自然方位更相符些，因而便于应用。另外，后天八卦比先天八卦还多了64卦和384爻。

从源上讲，后天八卦当中的合理因素即“不玄”之处，是显而易见的。至少有以下几点：

第一，周文王作为商纣王的一个臣子，胸怀报国之志却被昏君关进牢房达7年之久。一个80多岁的老人身陷囹圄，在肉体和精神备受折磨的困境中仍不颓丧，时刻想着伐纣的义举，这种百折不挠，一息尚存就奋斗不止的精神，难道不值得后人学习吗！

第二，在当时科学技术极不发达的条件下，周文王将伏羲八卦改造并推演成64卦，这种尊古而不泥古的创新精神，难道不值得学习吗！

第三，周文王在推演八卦和用之进行预测的过程中，考察了天、地、人之间及社会关系中各种复杂情况之间的区别、联系和变化，既体现出了朴素物本论和辩证法，又体现出了朴素的系统论、全息论和可知论，这对以后中国哲学乃至整个文化思想的发展，都产生了深远的影响。

第四，八卦及64卦的推演过程及其所表征的人世间的吉凶祸福等等，虽带有牵强和迷信的色彩，但也体现了周文王所代表的一代人杰的聪明才智。通过《周易》八卦预测，可以窥知当时的认识水平和科学文化达到的高度。

有人说周文王父子是靠八卦预测打败商纣王的，这是一种毫无史料依据的谬传。

周文王和周武王在当时都是了不起的政治家、思想家和军事家，又有大谋略家姜子牙(吕望)辅佐。周文王父子之所以能灭商兴周，依靠的主要是对当时政治、经济、军事等形势的客观分析，在各方面的实力和优势以及合乎实际的决策、策略等等。在这当中，八卦预测可能起了一定的作用，但到底起了多大作用？怎样起作用？史料上并无记载；演义小说上的夸张之论不足为据。

这里有一点还必须指出，由于当时的科学技术和文化水平很低，而人的感知能力却比较发达(这两者因用进废退的规律起作用而成反比关系)，即当时人们能通过感官感知到今人所感知不到或感知不深的事物。这是八卦预测在当时可能起作用的一个重要条件，就是说，周文王等是凭借当时可能优于今人的感知能力运用八卦进行预测的，因而所产生的效果是今人所无法比拟和想象的。但又不能把这无限夸大，把那时的预测看得比今人运用先进的理论和科技手段所进行的预测还高明、灵验。这是不符合人类社会发展和进步的史实的，毋宁说是拿古人的无奈和痛苦开玩笑。

为什么这样说呢？

道理很明显！想想看，在文字都很不发达的条件下，周文王不过借助一些符号和蓍草进行推演和预测，虽比以前用龟甲预测有了巨大进步，但仍是很笨拙、很吃力的。即使他再聪明，也只能如此。这是社会历史条件所决定的。聪明的周文王难道不想运用更先进的方法吗？但他无法超越当时社会条件下人们所能达到的认识和科技水平的局限。这无疑是一种无可奈何的痛苦和悲哀。可是后人有的却不顾这一事实，竟把八卦预测吹得神乎其神，吹得比现在运用科学理论和技术手段所进行的预测还高明、准确！这难道不是拿古人的无奈和痛苦开玩笑吗？周文王要是地下有知，也许认为是对他的讽刺而无法忍受呢！

那么，八卦预测的流中是否有合理因素即"不玄"之处呢？

说到八卦预测的"流"，就多了。如果把文王八卦预测看做"源"的话，那么，在文王之后凡是在其基础上发展起来的，或借题发挥而成的预测学说、方法等，都是流。可以说，从周朝后期的春秋战国时期至今，一直存在这种流；流中又有分流，互相渗透、交织，形成了庞杂的易学、八卦预测学派。

譬如，在《左传》、《国语》、《史记》等典籍中，都载有八卦预测的一些事例和方法，但比较零散。五花八门的八卦预测方法则产生在汉代及其以后。如由西汉京房氏所创造的"六爻卦法"（即"文王课"）；由唐代李虚中所创立，而由五代徐子平所发展了的"四柱推命术"，即通过生辰八字进行预测的方法；由唐末麻衣道人所创，而由宋代陈抟所发展和完成了的"麻衣相法"；由南宋邵康节创造的"梅花易数"等等。

这些流派可以说各有特点，又有共同点。其突出的共同点就是借助文王八卦预测的名号来发展，至今各种卦摊无一不标着文王八卦图；再一共同点是方法趋向简化，如由用蓍草改用掷币（即以钱代蓍），再到用简单的字的笔画起卦；另一共同点就是越演越玄，使人难以琢磨。

这些流派中的合理因素即"不玄"这一点可以肯定。比如"四柱推命法"，看到了人们由于出生的年、月、日、时的不同而具有的差别，就有一定的道理。因为人们的体态、相貌、性格、气质等等，的确与这些差别有关。但“四柱推命法”将这种差别固定化并加以无限夸大，把它与人的吉凶祸福形而上学地联系在一起，就没有道理了。再拿“麻衣相法”来说，它关于人的面相、手相和疾病等的关系的说明，不是毫无根据的，其中有许多是参考了《黄帝内经》，有些是以调查统计概率为依据的。据20世纪80年代相关媒体报道，哈尔滨一女售货员(全国劳动模范)经过调查统计，发现了手掌大小与鞋号之间的比例关系，因而在卖鞋时“一拿就准”。有的“相法”书籍中所载的男子面相与其子女状况之间关系的说明，经过我多次验证，准确率也较高，估计该“相法”书籍的发明者，有调查统计概率上的依据。当然，该“相法”中的糟粕、迷信也挺多。这也不难理解，这正是历史的局限性所使然。

综上所述，对于八卦预测，可以这样概括一下：同任何人类思想文化成果一样，八卦预测无论从其源或从其流来说，都是历史的产物，故不可避免地带有时代的烙印：既反映一定时代思想文化之精华，又反映一定时代思想文化之糟粕。因此，无论夸大哪一方面都失之于客观、全面。

在八卦预测中，既有精华、科学的因素，但不全是；又有糟粕、迷信的成分，但也不全是。这两个方面同时并存，相互制约，并呈现出错综复杂的情形。

那么，八卦预测所蕴涵的一定的科学性，有无理论上的根据？

前面已经提到，它蕴涵着朴素的物本论和辩证法，朴素的系统论、全息论和可知论。除此之外，从哲学方法论上讲，它符合从具体(个别)到抽象(一般)，再从抽象(一般)到具体(个别)的认识规律。

《系辞上传》上说：“易与天地准，故能弥纶天地之道”。

这“弥纶”二字比较准确地概括了制卦成易和用易占卦这两个方向相逆的过程。制卦成易是前人观察、认识天地万物，对其进行归纳、概括、抽象、简化而“合万为一”的“弥”的过程；而用易占卦则是后人在易的宇宙图式上，对具体事物进行分析、演绎而“由万知一”的“纶”的过程。显而易见，制卦成易反映了人的认识从具体(个别)到抽象(一般)的归纳过程，而用易占卦则体现了人的认识从抽象(一般)到具体(个别)的演绎过程。

比如，从一次次个别天象变化中概括出一般规律对天气进行预测；从一代代个别朝代的兴亡中总结出一般规律对社会前景进行预测等等。

我们必须强调的是：八卦预测中有无合理因素是一回事，而人们能否正确认识和运用这些因素则另是一回事。

说到街头看相算命的，他们中的多数人连个正当职业都没有。他们给别人算命，其实自己的“命”就很差，很可怜，不过是为了混口饭吃而已。他们中虽有个别人懂得点八卦预测的道理，但也是一知半解。不故弄玄虚，怎么诱人上钩？但是，“太公钓鱼，愿者上钩”。这种社会现象的存在自有其土壤、气候和条件，人为地取缔，难于奏效。关键在于疏导。退一步说，作为一种娱乐或游戏，也未尝不可。总比黑（社会）、白（吸毒）、黄（卖淫嫖娼）要好点，比以权谋私和偷盗抢劫也强，就是比那些宣扬鬼怪迷信的游乐活动也不见得坏。当然我并不提倡这个。

同时，历来的易学大家都认为，正大光明的事，无需占卜预测。比如见义勇为、救死扶伤，肯定是好事，但必然有风险，难道因为有风险就不做吗！所以，见义勇为的事，是用不着预测的！

历史与现实一再表明，成功者靠的是自己的聪明才智、远见卓识、丰富的阅历和经验等，而不是占卜、预测。就是预测的话，也是在掌握准确而充分的信息的基础上，运用科学的理论和思维进行。八卦预测或占卜，顶多起一种提醒、告诫、参考的作用。

命运是有的，但不是先天注定的，而是后天各种条件、机遇促成的。“命运只是光顾有准备的头脑”。有头脑、有作为的人不会听任命运的摆布，而总是与厄运抗争 。“扼住命运的咽喉”，可以说是成功者的诀窍。

3.“气功热”中的“不玄”之处

我国的“气功热”是伴随“养生热”的兴起而兴起的。养生学在中国本来源远流长，绵延不绝，但在历代很少形成全国性的热潮。为什么到 20 世纪 80 年代，却渐渐时兴，并逐渐“热”了起来呢？

这是与我们国家经济持续、稳定、快速地发展，所促成的人民大众物质生活的改善和提高分不开的。

不管是谁，在连生存问题都未能解决的处境下，是不可能想到养生问题的。这是个最简单不过的道理。古代的养生术为什么总是围绕帝王等少数人进行？因为只有他们不存在生存问题。即使帝王，当连生存都成问题时，也是绝对没有心思去想什么养生的。有些帝王之所以在农民起义大军的威逼下自杀，就是最为明显的例证。

所以，不管是谁，只有当生存即温饱问题解决之后，才有可能追求健康长寿，讲究养生。到 20 世纪 80 年代，我国有越来越多的民众，在物质生活方面得到基本的满足即温饱问题解决之后，追求健康长寿，讲究养生，就很自然地就提上议程，渐渐成为社会的热门话题了。

拙作《周易与养生》(首都师范大学出版社 1994 年版)，就是在这样氛围中撰写、问世的。

我一个搞哲学的人，之所以对养生学发生兴趣，是内外因素所共同促成的。

家父是家乡河北省安国县一带一位有名的“大脉先生”，从我开始记事的时候起，就教我背诵诊断、汤头歌诀，至今还记得不少。很清楚，当时家父是有让我接班从医之初衷的。后来由于家父那一代老中医，在新中国成立后大都遭遇坎坷，结局悲惨，所以，在 1962 年高考时，本来在高中没有分科、各科成绩都名列前茅的我，却未能按照儿时家父的初衷报考医科类院校，而是“听党的话”报考了北京大学哲学系。半个多世纪的人生经历告诉我：人生的道路并非完全由个人抉择得了。历经“文革”劫难，人世沉浮，蹊跷的是，偏偏让我这个在专长上已经离开医学老远的人，又往家父毕生所钟爱的医学行业靠拢了！

我在研究中国传统文化的辩证思维时，一发现易学与中医学的关系充满辩证哲理，就着了迷，觉得研究易学与医学、养生学中的哲理，比研究“纯哲学”更有意义，加上哲学的敏感让我看到社会大众的需要，洞察到不久将会出现“养生热”，于是就开始从中医学与《周易》之间的关系入手，研究起养生学了，并花费数年工夫，写成《周易与养生》这部在“养生热”刚刚兴起之时，就第一个将《周易》与中医学联系起来讲养生的著作。

在我们这个国度里，不管什么东西，只要一“热”起来，就肯定有人处心积虑地钻空子，利用它来招摇撞骗，以达到骗钱的目的。在“养生热”中，可以说这类情况不断涌现，屡见不鲜。而“气功热”，可以说是在“养生热”中，算是“热”得较早、较快的。

在“气功热”中，某些唯利是图、有一定文化修养而且脑子却特别灵的人，利用大众对于“气功”的无知、少知，故意编造“玄虚”的歪理，借以达到鱼目混珠、以假乱真、浑水摸鱼、招摇撞骗，大肆敛财之目的，从 20 世纪 80 年代末到 90 年代末，形成一股甚嚣尘上的歪风邪气！

“气功”本来是中医学和养生学的组成部分，有着悠久的历史，古代多称之为“导引”、“吐纳”、“行气”、“按跷”等。气功同《周易》也有着理论上的渊源关系。气功对于养生保健、防病治病的作用，早已为几千年的实践所证实。

“气功”在其发展途中，门派虽多，但其基本的要领是以阴阳、五行、脏腑、经络、气血学说为基础，以“气”为动力，在入静和放松状态下，通过“三调”(调身、调息、调神)进行自我控制、自我调整、自我修复和自我建设，达到防病治病、养生保健的目的。

据世界卫生组织调查，当今世界，由心理、精神、社会诸因素所引发的疾病占总发病率的50% ~60%。而实验证明：气功可直接对高级神经中枢产生良好的调摄作用，使其更好地统领全身各系统。气功锻炼可以起到平衡阴阳、协调脏腑、疏通经络、调和气血的作用，从而使身心机能达到最佳状态。

“气功”的养生保健作用是毋庸置疑的，但世上没有包医百病的良方，即使同一种功法对于不同的人来说效果也不可能一样。因为每个人的体质、生理、病理和心理等等，都是不尽相同、甚至差别很大的。因此，把某种功法说得神乎其神、包医百病，适用于任何人，是不切实际的，违背科学常识的。

所以，对“气功”一定要有个科学的态度。要明确地认识到：气功对一些疾病，尤其是一些慢性病，的确有一定的疗效，但气功不是万能的，对有些病症是无能为力的；气功也代替不了医疗，该去医院看病时，切不可因痴迷气功而耽误了！

“誉也媒体，毁也媒体。”当年把“气功”吹到九天之上的是媒体，后来，伴随那些借“气功”招摇撞骗的“伪气功大师”的一个个被揭露，转而把“气功”贬到九地之下的也是媒体。

实事求是地讲，气功既不像开头吹得那样神乎其神，也不像后来贬得这样一无是处。

这里有两个问题须先弄明白：一是气功本身是否科学；二是某些“气功师”的“功法”是否科学。

就是说，要把气功科学和“气功师”的具体“功法”分开，正如要把能治病的中草药与市场上卖的中草药区分开一样。因为市场上卖的中草药，有真假和质量问题呀！尤其是在当今假冒伪劣的药品充斥于市的今天，就更要警惕地区分。

不能因为某味中草药能治病，一看到标有其名的中草药，就不分真假伪劣地信以为真呀！

同样道理，气功本身是一种科学的养生方法，但是，不能因此就认为所有“气功师”的“功法”就一定科学。

一系列的事实表明：本来对于“气功”一窍不通，或者仅仅一知半解，甚至仅仅了解一些皮毛，便凭借其聪明的脑袋瓜，仿照、拼凑、编造一套“功法”，借助某种关系，尤其是媒体大肆吹嘘、炒作，为了敛财而招摇撞骗的“气功师”，实在太多了！

千万要认识到，气功不是魔术，更不是装神弄鬼的巫术。因此，对于那些故弄玄虚，处心积虑地设置各种“玄机”地“表演”，乃至把“气功”的作用无限夸大、绝对化为无所不能的“神功”，把自己吹嘘成“超人”的“大气功师”，更要万分警惕，切莫上当！

至于有的“气功师”借“传授功法”之名而堂而皇之地招摇撞骗，口口声声地唱着“功德第一”的高调，而暗里却干着伤天害理、巧取豪夺的勾当，则更要警惕受骗！

值得一提的是，某些“气功师”，总是打着其具有某种“特异功能”的旗号来招摇撞骗，颇具迷惑性，因而就更需要冷静而审慎地看待。

从物质世界的多样性和特殊性而言，对于“特异功能”应该承认，而不该不加分析地一概否定。

从广义上说，“特异功能”就是指同样的事物，在功能上所具有的某一或某些方面特殊性。拿人脑与动物的脑相比，同样是脑，但人脑能进行创造性地思维等等，这就是“特异功能”。其实，就我们每个人的功能而言，在某一点或某几点上一般都有异于他人之处。比如有的人特能喝酒，有的人特能吃常人不能吃的东西，还有的人脑瓜和行动特别灵等等。可以这样说，凡是上了《吉尼斯大全》的人体功能，都可以说是“特异功能”。

当然，人们通常所说的“特异功能”是从狭义上说的，像耳朵认字、内透等等。这些，从物质世界的多样性和特殊性的角度上来看，也应该予以承认。

但是，不能否认，确实有很多的人利用“特异功能”招摇撞骗。比如，有经验的医生，或某些虽不是医生却有这方面经验积累的人，包括某些“气功师”在内，通过望诊，可以窥知脏腑的病变，而有的“气功师”则正是故意把这说成他具有“内透”的“特异功能”，显然就是故意蒙人，自欺欺人了。

对于科学的真伪，自然不能相混；但问题是当人们对于某一事物的本质和规律还不认识的时候，往往把反映该事物的本质和规律的学说误认为是“伪科学”、“迷信”。一部人类科学史向我们昭示了这一点。

试想：假如黑旋风李逵看见电灯、汽车之类的东西，要是没人对他进行科学启蒙开导的话，那他肯定会把电灯、汽车之类的东西当成“妖邪”而挥动板斧的。

我这样说，并不是否认有“伪科学”存在。假冒伪劣的物质产品如此多，假冒伪劣的精神产品能少吗?!

有的“气功师”说他有呼风唤雨的“特异功能”，就纯粹是胡扯！果真如此，请他抗旱去好了，何必动用那么多人力、物力和财力去抗旱呢?！还有的

“气功师”说他刀枪不入，那就请他上前线冲锋陷阵去好了，何必耗费国力养很多军队呢?!

所以，胡扯六拉地散布“伪科学”的人确实有，在当今的“气功师”那里，就更多了!

写到这儿，我倒想起在20世纪80年代，亲自跟刚出山不久的“气功师”张宏堡，“斗智”的一件事。

那是1987年8月的某天早上，我到北京科技大学张宏堡家的临时住处找他。

当时，关于“气功”的宣传开始趋“热”。早在读研究生(1979～1982年)时，我就对越来越广泛流传的“特异功能”发生兴趣。因为我在北大的几位德高望重的师长，都跟我讲过他们亲眼所见的神乎其神的“特异功能”演示，而我却没有机会见识，所以既想见识，更想破解其中的奥秘。到这年8月，一听说有人在附近的中国农业科学院礼堂要作“带功报告”，我就发生兴趣。当时，对于张宏堡这个名字我还很陌生，在报名处我通过他身边的有关人员(北京科技大学某位校领导的夫人)，得知了张宏堡家的住址，想先试探一下其人的底细。

我骑自行车从位于学院路的北京科技大学西门进去后，往东走到一个路口往南拐，再往西拐，在一个比较旧的、南北向的筒子楼一层的深处，找到他家。听见我喊他，他从东侧的一个房间出来。个子中等，不胖不瘦，头发挺黑，眼睛挺活，30多岁的样子，显得很精神。

“你是谁? 怎么知道我住这儿?”

我简单地作了自我介绍(只说是一位大学老师，对气功和特异功能感兴趣)，并说是通过某某某(科技大学某主要领导的夫人)介绍，才知道你住这儿的，“特地来拜访的!”

就在楼道里，我们攀谈起来。

“你学过哲学吗?”

“学过一点儿。”

“你懂得什么叫物质什么叫意识吗?”

“上哲学课时学过。”

“嗯，哲学课讲的那些东西嘛，肤浅不说，而且荒唐! 我跟你讲：物质就是意识，意识就是物质!”

我一愣，他似乎不在意，继续侃侃而谈：“为什么说意识就是物质呢? 因为意识可以变成力，叫做意念力! 它可以把刀子弄弯，可以‘隔山打牛’! 人饿了，想好吃的东西，就可以让饿瘪的肚子填饱，所以，意识就是物质！”

我故意问：“你说的是‘望梅止渴’吧?！那不是条件反射……”

他打断我：“哎哎！什么‘条件反射’?！一听你就不懂！人在饿了的时候，静下来，想最好吃的食物，想啊想，慢慢地就会不饿了！这就是意念力！”

“噢，意念力！不是每个人都可以这样做吧?”

“当然是人人可以做到的了！”

这时，听到小孩子的哭声，不久就见一个两三岁左右的男孩儿，端着个小铁碗哭得鼻涕喊醒地从房间里出来，“爸，我饿！”

我上前把铁碗从孩子手里拿下，弯腰对他说：“小朋友！你别哭！你爸说了，一想你最爱吃的东西，就不饿了！你最想吃什么呀?”

“饺子！”孩子带着哭腔说。

“好孩子！听你爸的，快想你最爱吃的饺子！”

孩子直愣愣地看看我，又看看张宏堡。

“想好吃的饺子呀！来，跟我一起念叨：饺子，饺子，香喷喷的饺子……”

孩子跟着我念了一阵子，就又哭了：“我饿！爸，我要吃饺子！”

此时的张宏堡用手挠着自己的头皮，显得很尴尬。

一个个子看来比张宏堡要高点儿的30多岁的女子过来，冲我苦笑一下，就把孩子拉进屋，关上了门。

张宏堡此时盯着我，眼神滴溜溜地转。

我直言不讳地说：“‘望梅止渴’的事是有的，可那是‘条件反射’，不是什么‘意念力’！但是，‘望梅’顶多可以暂时、偶尔‘止渴’，要真正‘止渴’，单靠‘望梅’是不行的！你既然相信‘意念力’，那就请你几天不吃不喝试试怎么样?”

张宏堡嘴唇翻动了几下，一时语塞。

“真要是像你说的‘意念力’可以让把意念变成物质，让人解决饥饿的话，那我们就不用吃喝了！也就用不着费劲白活地生产粮食了！”

“你到底是教什么的?”

“哲学！”

“我说呢?!”他停了一下，“你真的想听我的带功报告吗?”

“是啊！不过，你这‘意念力’……”

“哦，我是说在特异功能状态下，才有意念力！不是每个人随时随地都能有的，尤其是小孩子！”

我明白他在为自己解围，便又问：“通过练功能具有‘意念力’吗？”

“这要看你的练功的诚意和用功的程度了！”

我明白他这话的“玄机”：练了半天功没有“特异功能”，就只能用“诚意”或“用功”不足来解释。这是一种永远无法证明、永远无法反驳的狡诈搪塞之辞！因而成为“气功大师”们忽悠大众的惯用招数。

为了满足自己的好奇心，也为了探探这位“气功师”的功底，次日晚上，我去听他的带功报告，先去报名处按照规定交了18元的听课费。张宏堡特意走过来说：“作为朋友，我不该收你的钱，但是你想必有体验：交钱与不交钱听课学习的心劲是大不一样的！”

一连一周，我每晚都去听他的“带功报告”。从第一晚上起他就说他要表演在火柴盒上站立的轻功，但直到结束，也没有表演。当时，他教的是“中华养生益智功”。单从这个名字，就足见其聪明过人：张宏堡起家首先瞄准的对象是知识分子，这“益智”二字所瞄准的恰恰正是这样的对象啊！他的报告，确实表明他懂得的知识不少，包括哲学、心理学、医学，尤其是“气功”方面的知识和术语等等。他带领大家通“小周天”所提到的9个穴位，以及旨在打通任督二脉的说法，都是有所依据的。说明他是花了工夫准备的。但是，他时不时地卖关子，除了屡屡说他“待会儿表演轻功”之外，还说一边做“带功报告”一边在给在场的某某“发功治病”，在帮某某“打通小周天”等等。在利用一些科学术语和知识做报告时，加上许多似是而非的东西来忽悠大家，因而能赢得多数对于气功不甚了解、又缺乏医疗保健知识的听众的信任。期间，他曾经宣布过一个邀请合作的人员名单，其中就有我，大概看到了我的某些利用价值。我当然没有理会。

这是我跟张宏堡接触的一段经历。他的“带功报告”，是我迄今所听的唯一一场。从那以后，没有再见过他。1993年10月我到长沙参加全国领导科学研讨会后，随朋友到宜昌，在聚餐时，当一位司机眉飞色舞地提及“张大师”如何如何“神”时，我问了一句：“你说的张大师是不是张宏堡啊？”想不到他居然大惊失色，一下站起来，惊慌失措地说：“哎呀！宋教授，你可不能提大师的名字呀！会遭报应的！”我哈哈一笑：“有这么严重！我骂他一句混蛋看他能奈我何？”司机吓得赶紧溜走了，别人则哄堂大笑！从1987年8月出山，到1993年5月的短短6年间，张宏堡就居然被神化成了一位不敢直呼其姓名的“气功大师！”迷信的力量真是太大了啊！

听不少人评价说，张宏堡善于把他所拥有的各种社会政治资源，转化为经济资源。这可能正是他聪明过人，很快发迹的原因吧！当写这些文字时，从网上得知张宏堡2006年7月在美国遭车祸身亡。这种结局本来是对他“气功大师”骗术的铁证！可是偏偏还有人吹捧他：居然说他知道自己的命数，故意不回避车祸而亡的！

由此联想到那些迷信某某“气功大师”的信徒，为了“练功”，慷慨解囊姑且不说，甚至痴迷到连身家性命都不顾。“玄虚”所制造的迷信害人之甚，足见一斑了！

由于自己研究“周易”，研究养生学，在外出参加相关的研讨会或讲学时，有时遇到一些“气功师”。曾经有两位“气功师”让我看了他们做功时拍的带有光环的照片，说那是他们发功时所显示的外气功力照片。因为在承德棒槌山下，我亲眼见过一位摄影师给人拍摄带光环的照片，因而心里有数。所以当他们说发功“能置人于死地”时，我当即让他做试验：且不说他们连蹦跳的鱼都不能“置于死地”，就连放在桌子上的皮球也不能使之破裂。

“物质力量只能用物质力量来摧毁！”（马克思：《〈黑格尔法哲学批判〉导言》）他们的谎言和谬误，就在于不懂得马克思所揭示的这个真理。当然，马克思也说过：“但是理论一经掌握群众，也会变成物质力量。”（同上）那是指当群众掌握了理论即被理论武装起来的条件下，跟“气功师”所吹嘘的“意念力”根本不是一回事！

在我们这样的国度里，迷信是很容易泛滥成灾的。想想在十年浩劫中个人迷信所导致的危害之惨痛，就不难理解一个时期以来，围绕“气功热”所涌现的迷信，何以泛滥成灾了！

迷信的内容和形式五花八门，但其实质则是一样的：都是利用大众的无知、愚昧、幼稚、天真等等，而卖弄玄机，编造神话，制造偶像，让人们盲目地顶礼膜拜！

由于长期的历史的原因，中国存在着比较厚实的迷信土壤，一遇到适宜的气候等条件，就会滋生，蔓延，以至泛滥成灾！

4. 宗教热中的“不玄”之处

现在烧香拜佛、信教的人多起来了，对于其中的“玄机”，好多人不明白，其实，一点就破的。

前面已谈到，这是社会不公，社会心理失衡，人们原有的理想、信仰发生危机、失落的产物。

人与动物不同，有头脑、有意识，有精神生活。人不可能没有理想、信仰。人的理想、信仰的飞鸟不能老飞来飞去，总要有个落脚点；在旧的落脚点失落之后，必然寻求新的落脚点。由于宗教的特殊性适合了这一需要，于是信教的人多起来了。

那么，宗教为什么会有这么大的吸引力呢？

改革、开放所促成的社会转型及巨大变化，在不同阶层、群体、个人当中所造成的物质和精神上的变化和差距，是不平衡的。尤其是种种腐败所导致的不公，使人们在收入、待遇等方面的差距拉大，在部分人之间相差悬殊，两极分化加剧；社会矛盾在有的地区也在加深，使许多人心理压力很大，失落感加重；黑（黑社会）、白（吸白面）、黄（卖淫嫖娼）等社会毒瘤的死灰复燃和蔓延，加重了人们的困惑和不安全感……于是人们便寻求解脱、寄托。而各种宗教所描绘的天国的福音、生死轮回和因果报应等等，在一定程度上满足了人们寻求解脱、寄托的愿望，使人们得到精神上的慰藉和心理上的平衡。宗教是一种麻醉剂，但人们为了解脱却宁愿接受这种麻醉剂，就像人在病魔的折磨下疼痛难忍时，需要用麻醉剂来缓解痛苦一样，譬如吸毒。

当然，吸毒的人有不同的原因和类型。其中有的人也是为了寻求解脱，从这点上来说，两者有些类似。但信教的后果一般没有吸毒那么严重。精神毒品和物质毒品的毒性不同。而且，虔诚的教徒多是心地善良的人，而吸毒者则不尽然。信教需要一定的文化教养和道德修养；为非作歹的害群之马是不会虔诚地信教和烧香拜佛的，顶多是做做样子罢了。

所以，在某种意义上讲，信教是有一定的进步作用的。

在历史上，宗教曾多次被用作进行革命宣传和召唤的旗帜。今天，宗教在平衡社会心理，调控社会心态，缓解社会矛盾和稳定人们的情绪等方面，仍有一定的进步作用。想想看，假如禁止信教，禁止烧香拜佛，那人们失落、失控的心态、情绪就会通过其他方式来发泄，不知会出多少乱子呢！

当然，靠宗教和迷信来调控社会心态，毕竟是一种无可奈何的“进步”，毋宁说是一种悲哀。

综上所述，“三玄”热中潜藏着人们祈求精神慰藉以图安居乐业的心态。“三玄”热本身具有正负两方面的作用；自觉或不自觉地卷进其中的人们也同样有正负两方面的心态。这些，都能在社会政治经济和文化思想中找到根源。要解决这些问题，消除其负面的影响而发挥其正面的作用，也只有通过深化改革，惩治腐败，铲除种种不公来实现。这个任务很艰巨。

“玄学”不玄！如果我们在这方面取得共识，并探寻切实可行的释疑解惑的途径 、方法，我看要比不着边际的说教和强令禁止有效得多。

十四 中医药学术被疏漏

翻阅涉及“国学”即中国学术文化史方面的著作，譬如《中国思想史》、《中国文化史》等等，总会看到贯穿其中的一条从先秦诸子到汉代经学、魏晋玄学、隋唐佛学、宋明理学至清代朴学的所谓“主线”，而有许多重要的学术内容及其主要代表人物却被疏漏了，其中尤以像天文、历算、医学、养生学、农学、地学、水学、纺织、陶瓷、冶炼、建筑和交通等等实学居多。何以造成这样的情况？盖与中国学人长期以来重虚轻实，长于清谈有关。

所幸的是，近些年来相关学科的研究成果陆续问世，如各类相关的史类书籍的出版或教材的编写，特别是含通史类(5 卷)、分科专史类(19 卷)、工具书类(6 卷)；在分科专史类包括《数学卷》、《物理学卷》、《化学卷》、《天文学卷》、《地学卷》、《生物学卷》、《农学卷》、《医学卷》、《水利卷》、《机械卷》、《建筑卷》、《桥梁卷》、《矿冶卷》、《纺织卷》、《陶瓷卷》、《造纸与印刷卷》、《交通卷》、《军事技术卷》、《度量衡卷》的，计分 30 卷的《中国科学技术史》的出版，基本上弥补了相关的疏漏。

然而，遗憾的是，这些却没有引起专门研究中国学术文化的专家们的足够重视，以致使许多本来堪称“国学”当中某个重要领域或门类的学术文化，未能进入他们的视野，以至出现这样严重失实的情况：在他们看来近乎毫无建树的荒芜、空白的时空内，恰恰本来存在、充盈着学术文化的丰硕果实。只要对照涉及上面提及的各个领域、学科的相关论著，浏览一下相关的思想史、文化史等著作，就可一目了然。

在此，我仅就为学界所长期、严重疏漏的中医药学术，加以说明。

1. 中医药学之哲学建树

人类社会上的一切文明都是由人类所创造的。人类要创造文明，首先得保障自身的生存、健康和繁衍，而疾病则是威胁人类正常生存、健康和繁衍的最主要、最经常性的危害，所以诊治和医疗各种疾病的医学，当是人类社会产生最早，也是最重要的科学。

中医药学伴随中国古老的社会文明的产生、发展而产生、发展。从自然环境中采集药物，运用从生活、生产实践尤其是同疾病作斗争的经验，而探索、总结和积累医疗技艺和方法，是中医药学的总体特点。鉴于医疗手段和药物都直接通过病人来验证其疗效，因而医药学是最重实际效果、最容不得虚假和迷信的科学。尽管由于受人类自身认识能力和发展水平的局限，它同样是从充满迷信的巫术中一路走出。

同汉字因保留了原始的象形文字的特征，因而与世界各国文字相比独具特色一样，中医药学也因为直接从生活、生产实践中来，而同样独具特色。其突出表现在认识论上的天人一体观和整体恒动观，理论上的容医理、哲理和伦理为一体的特征，诊治上的辨证论治原则，临床上的集医疗、护理、预防和养生为一体的特点。

最能体现其哲学建树的是其整体恒动观念和辨证论治原则。

天人一体观是中国自古就有的“天人相应”论，在中医学上的运用和反映，包括两个方面：一是认为自然界是个整体，而人则是自然界中的一分子；二是认为人自身也是个有机整体。

整体恒动观是指在认为人是个有机整体的前提下，人体的脏腑器官、气血津液，通过经络系统有机地联系起来，在正常的生理活动中相互依存、相互制约，而在患病过程中则又互为因果、相互制约。而这一切，又都是建立在充满朴素物本主义(唯物主义)和辩证法的阴阳五行学说的基础之上的。

理论上融医理、哲理和伦理为一体的特征，乃中医药学的一大特色。所谓“悬壶济世，治病救人”就集中体现了这个特点。“凡大医治病，必当安神定志，无欲无求，先发大慈恻隐之心，誓愿普救含灵之苦，若有疾厄来求救者，不得问其贵贱贫富，长幼研蚩，怨亲善友，华夷愚智，普同一等，皆如至亲之想。亦不得瞻前顾后，自虑吉凶，护惜身命。见彼苦恼，若已有之，深心凄怆，勿避险恶，昼夜寒暑，饥渴疲劳，一心赴救，无作功夫形迹之心。如此可为苍生大医，反此则是含灵巨贼。夫大医之体……到病家，纵绮罗满目，勿左右顾眄；丝竹凑耳，无得似有所娱；珍馐迭荐，食如无味；醽禄兼陈，看有若无。夫为医之法 ，不得多语调笑，谈谑喧哗，道说是非，议论人物，炫耀声名，訾毁诸医，自矜己德，偶然治瘥一病，则昂头戴面，而有自许之貌，谓天下无双，此医人之膏肓也。”孙思邈在《大医精诚》中所说的这段话，把中医药学容医理、哲理和伦理为一体的理论特征，表述得淋漓尽致。

诊治上的辨证论治原则，是对相应时代所不断发展着的物本主义和辩证法，在医疗实践上的运用。“辨证”就是在“四诊”即望神观形、听声嗅味、察言问病和按诊切脉的基础上，在整体观念、四诊和参等理论指导下，将四诊所得的资料和信息，进行综合分析，从内外征兆方面入手，了解病变的部位、原因和性质，探明并抓住病根，然后审因论治。

辨证论治的具体方法包括“八纲辨证”（表里辨证、寒热辨证、虚实辨证、阴阳辨证）、“脏腑辨证”（心病辨证、肺病辨证、脾病辨证、肝病辨证、肾病辨证、脏腑兼病辨证）和“热病辨证”（六经辨证、温热病卫气营血辨证、三焦辨证）。

临床上集医疗、护理、预防和养生为一体的特点，也充满深刻的哲理。诸如未病先防、既病防变，治病求本，急则治标、缓则治本，三因制宜和布阵用药中的“八略”立法、“八阵”制方等等，无一不渗透着辩证法。而在具体选药配方中的辨析药性、熟知药味、明晓归经、炮制适度、配伍确当、药量相宜、煎煮得法等等，也都无一不是对辩证法等哲理的灵活运用。

中医药学所蕴含的哲理远不止这些，诸如自然观、物质观、运动观、整体观、联系观、时空观、矛盾观、系统观、调控观、生命观、疾病观、治疗观、认知观等众多方面，无一不在。

总之，中医药学是最能体现中国哲学建树的主要学科。因此，在中国讲哲学，或讲中国哲学尤其是中国哲学史，要是不讲中医药学中的哲学建树，那无疑是最大的缺陷和疏漏。可是，迄今我们所看到的《中国哲学》、《中国哲学史》教材和著作，却恰恰普遍存在这样的缺陷和疏漏。在专门研究中医药学哲理和相应的著作如《中医哲学》、《中医辩证法概论》等相关著作已经陆续问世的今天，让中医药学中的哲理走进大学的哲学课堂和《中国哲学》、《中国哲学史》等著作中，并非一件难事，就看我们的哲学家们肯不肯作为了。

2. 源远流长且硕果累累的养生学

养生，自古以来就受到人们的重视。中国古代对于这个问题尤其注重，形成了博大精深的思想体系。

人猿相揖别，开创了由人主宰的世界。但人类伊始，要主宰世界十分不易。首先要解决的便是自身的生存问题。为了生存，人类就必须谋取满足最基本需要的物质生活资料，于是就必须从事生产劳动，同时，还必须同危害自身安全的洪水猛兽和疾病等进行斗争。在与自然、虫兽、疾病作斗争的过程中，人类逐渐产生了医疗活动和预防保护的某些方法，例如利用砭石来解除痛楚等。以后发明了火，不仅可以用来取暖，阻挡虫兽的侵袭，而且更为重要的是有着“炮生而熟，令人无腹疾”的卫生保健意义。许多考古发现表明，有了人类，就有了医疗、预防、保健活动；即使在不知用火的时期，也存在着避害趋利的自发活动。正如《内经·素问·移精变气论》所指出的："往古之人……动作以避寒，阴居以避暑。"人们在捕获猎物之余，披上兽皮，插上羽毛，模仿一些动物跳跃飞翔的动作欢舞，以示庆贺。久而久之，发现这样活动不仅得到了休息和娱乐，而且有舒壮筋骨、强身健体的作用，从而将其作为一种健身的方法。《吕氏春秋·适音》说："筋骨瑟缩不达，故作舞以宣导之。"这里所说的"舞"，就是一种原始的导引术。

斗转星移，时光流逝。生命种族在不断生息繁衍和疗疾健身的实践中，不断地探索、尝试、积累、总结，培植着治病疗疾的医学和以防病为主的养生学这一对并蒂莲，使之开花、结果，为人类疗疾祛病、延年益寿提供指南和借鉴。

在出土的殷商时代的甲骨文中有形似洗澡的"浴"字，状如洗脸的"沬"字，昭示了当时人们注意个人卫生的状况，同时还有了"来丁亥寇帚宀"的记载。"寇帚宀"是今天说的大扫除之意。丁亥日的清扫活动，反映了当时人们对环境卫生的重视。到周代官职中，专门设有食医（类似今天的营养师）一职，对四季饮食五味的要求，食物食用的温度（温、热、凉、寒）等均有所规定。这对于保障健康、减少疾病都有重要意义。此外，对时疫流行也提出了侧重于预防的主张和措施，例如所谓"变火"就是试图通过四季燃烧不同的柴火以驱疫，体现了预防时疫的保健思想；而"易水"即改善水质则是比"变火"更有意义的防疫措施。正如《管子·禁藏》篇所云："杼井易水，所以去兹毒也。"同时，人们也逐渐认识到性生活与健康的关系。《左传》所载名医医和在为晋侯治病时，认为晋侯之病由"近女室"（房室不节）所致，就是典型的例证。

在春秋战国时期"百家争鸣"的氛围中，《易》及阴阳五行、道、儒及杂家等学派，对养生学的发展影响巨大。《易》和阴阳五行学说，是医学和养生学赖以建立的主要理论基础。现存最早的中医学典籍《黄帝内经》，就是以《易》和阴阳五行学说为其理论基础的。老庄道家一派，由于以"深根固柢，长生久视"为目的，对养生影响更为直接。他们崇尚自然，要求返璞归真，清静内守；"视素保朴，少私寡欲；""知和曰明，益生曰祥。"（郭店楚简《老子甲》）《庄子·刻意》叙述了"吹口句呼吸，吐故纳新，熊经鸟申，为寿而已矣"的呼吸导引法。儒家除了在礼节制度、饮食起居方面给养生以影响外，其所提倡的"仁"、"中庸"以及修身养性等，也深刻地影响着后世的养生理论。《黄帝内经》在论述医学的同时，用素朴的物本主义和辩证法相结合的观点，较为全面地总结了先秦诸家的养生理论，提出养生的原则和方法："法于阴阳，和于术数，食饮有节，起居有常，不妄作劳"（《内经·素问·上古天真论》），及导引按跷等，通过对内的自我调摄，对外的顺应自然，适应四季气候环境的变化，免遭病害，从而“形与神俱，而尽终其天年”。这些论述为中医学及养生理论的发展奠定了基础。在这一时期，由于统治阶层在骄奢淫逸之余，更企求长生不死，于是使得神仙辟谷、男女合气、服食药饵，吐纳导引等多种养生方法得到发展。当然，由于历史和认识水平的局限，良莠不齐。这从秦始皇迷信方术，一再临海求仙的记载中可以窥见一斑。

西汉初，“黄老之学”盛行，糅合阴阳、神仙方士之术，虽充满迷信色彩，但也含有养生学的成分。这从汉武帝迷信方士到最后醒悟而发的感慨中可以窥知一斑：“向时愚惑。天下岂有仙人，尽妖妄耳！节食服药，差可少病而已。”(《资治通鉴》卷廿二《汉纪十四》)养生学也同其他科学一样，是从充满迷信、愚钝甚至荒谬的母体中脱胎出来的。西汉末至东汉初，佛教东渐，皈依者日众，在佛教的刺激下，土生土长的道教也在东汉初形成，于是促成了儒、玄、释、道称作两学两教四种学术文化体系在神州竞存的局面。使传统的学术文化和科学技术，皆深受其影响。儒、玄、释、道围绕形、神、生命、道德诸般问题进行探求、争辩，虽说法殊异，有的笼罩浓厚的神秘乃至迷信色彩，但在客观上都为养生学积累了经验和知识。

如以孔孟之道为基础发展起来的，以“仁爱”为核心、以中庸为准则、以“格物、致知、诚意、正心、修身、齐家、治国、平天下”为己任的儒家，其仁爱思想也包括了孝悌、宽、信、敏、惠、俭、恭、谦、温、刚、毅、勇等道德行为规范，从而将追求至善至美的道德作为自己的最高目标，把人的自我完善放到最重要的位置。《论语》所谓“仁爱”，要求做到“忠恕”，待人以宽，赐人以惠；对己则应“罕言利”，节俭而谦恭有礼。孔子不仅对“一箪食，一瓢饮，在陋巷，人不堪其忧，回亦不改其乐”的弟子颜回大加褒扬，自己也是“饭疏食饮水，曲肱而枕之，乐亦在其中也。不义而富且贵，于我如浮云。”这种思想品行的修养，从养生学的角度看，也属致寿之道。所谓“仁者不忧”、“君子坦荡荡”以及“仁者寿”等等，反映了“修身”与“长寿”之间的内在联系。诚如董仲舒所云：“故仁人之所以多寿者，外无贪而内清净，心和平而不失中正，取天地之美以养其身，是且多且治。”(《春秋繁露》)

儒家十分重视礼仪，其中涉及日常生活起居、婚丧嫁娶的一些制度，同养生有较直接的关系。如在生活起居，尤其是饮食卫生方面，《论语·乡党》谈到了“鱼馁而肉败不食，色恶不食，臭恶不食，失饪不食，不时不食，割不正不食，不得其酱不食。肉虽多，不使胜食气。唯酒无量，不及乱。沽酒市脯不食”，及“食不语”等等；在睡眠方面，主张“寝不言”，以及“寝不尸，居不客”等等。这些认识均符合养生防病的卫生要求。还说：“食不厌精，脍不厌细，食饐而餲。鱼馁而肉败，不食。臭恶，不食。不时，不食。”是说饮食佳肴的做工要讲究精细。要是饮食馊臭，鱼肉腐败，色不新鲜，气味发臭难闻，烹调不适当，季节时候不合，都不宜食用。孔子提出这些饮食卫生和宜忌要求，无疑是以减少疾病，增进健康而达到延年益寿的目的。《论语·季氏》说：“君子有三戒：少之时，气血未定，戒之在色；及其壮也，气血方刚，戒之在斗；及至老也，戒之在得。”一个有道德修养和善于养生的人，在不同年龄段，就应注意不同的养生方法。年少之时，身心正在成长，要力戒贪情好色；到壮年时，精力旺盛，性情刚烈，要力戒好胜喜斗；而到老年，体质渐衰，则要力戒名利之得，以保障健康为首务了！这“三戒”，是孔子一生养生经验的总结，颇符合于养生学思想。此外，《论语》还记载了孔子对药性不明的药物不轻易用，足见其对养生的审慎态度。孔子主张“娶妻避其同姓”(《国语·晋语四》)，又具有优生学的意义。至于“劳逸过度者，疾共杀之”(《孔子家语》)等等，更是其“中庸”观念在养生方面的体现。

道家、道教主张“清净内守”，专事神仙修炼之法，其宗旨显然与儒家具有明显的差异。道教所追求的不仅是长寿不死，而且是白日飞升，羽化成仙。在执迷的追求下，道教推出了众多的修炼方法和思想行为准则。用于不死，固然徒劳；借以养生，则颇多裨益。事实上道家、道教的不少修炼方法，对养生学影响深远，一直起着延年益寿的作用。如所谓“道法自然”，就是追求身心内外的和谐统一，因此只有取法自然，返璞归真，如同出世不久的婴儿一样，才能根底坚固而得道。所谓“德者，道之舍”，就是根据道的规范以塑造理想人格的修行，因而有道必有德，也就是所谓“乐人之吉，愍人之苦，周人之急，救人之穷”(《抱朴子·内篇》)，不伤生，不自贵，不佞谄，不嫉妒，也即通常所说的好善积德。从道德出发进行修炼，必然要求：清净、少私欲、毋妄为。《太平经》有云：“吾有三宝：一慈、二俭、三不敢为天下先。”《老君清净心经》更称：“心既自净，神即无扰；神既无扰常清静矣……名为得道”。为达清净之境，要运用静坐法以求神气混然如一，即“内守一气以养精神”的“守一”法，成为道家气功的一项基本功法。道家修炼，以精、气、神为核心，在丹经中称为“三宝”。内丹家更将此作为“内丹”修炼的核心。道家丹术，内容极丰，方法繁多，如服食药饵、吐纳导引、房中补益、炼丹修仙等等，对中国养生学的丰富和发展，贡献广大，影响深远。

释即佛家主张“无生”，以有生为空幻，认为纵使延年益寿，终难免一死，形体总要坏的，因此它注重精神的超脱，而不在乎形体的存无；认为灵魂可轮回再生，所求唯涅槃寂静。佛家在日常生活上讲究节制，规定戒律，比如“五戒”（不杀生、不偷盗、不邪淫、不妄语、不饮酒食肉）、“十戒”（不杀生、不偷盗、不邪淫、不妄语、不饮酒、不涂饰香、不歌舞观听、不眠坐高广严丽床坐、不食非时食、不蓄金银宝）等；在政治上也同道家、道教一样，都主张无欲无求。不管其目的如何，从养生学的角度讲，其中许多要求和做法，显然都有益于保健。天台宗的“止观法”（“止”即心静，排除杂念；“观”，即闭目反观自心），禅宗的“五缘”（持戒清净、衣食具足、闲居静处、息诸缘务，得善知识），“呵五欲”（色、声、香、味、触），“弃五盖”（贪欲、恚、睡眠、掉悔、疑），调五事（调食、调眠、调身、调息、调心），“行五法”（欲、精进、念、巧慧、一心）以及密宗以口诀、姿势、禅观三者相结合的修炼方式等，多是有益于心身的修养和养生的。

尽管两学两教各立门户，常相互敌贬，但事实上不单道教与道家难解难分，就是其他学、教之间，也是相互渗透、相互汲取的。这在养生学中表现得尤为明显。

如晋代著名道家、道教徒兼医家葛洪（283～363 年）提出：“善养生者，先除六害，然后可以延驻于百年。”“六害者，一名利，二声色，三货财，四滋味，五佞妄，六沮嫉”（《抱朴子·养生论》），是儒、道（道家与道教）合一思想的体现。佛与道（道家、道教）的契合处就更多。如虚静吐纳禅修，佛、道的戒律等。南朝著名道家、道教徒，兼医家、养生家陶弘景（456～536 年）就曾收有多名佛门弟子。其弟子之一的北魏僧人昙鸾（476～542 或 554 年），著有《服气要诀》、《调气方》等显然与道家、道教有关的养生书籍，表现了佛、道的融合。唐代著名医家、养生家兼道家孙思邈（581～682 年）的养生理论，更是将两学两教四种学术文化体系，融会贯通于一体，全面发展。其所谓“君父有疾，期先命食以疗之，食疗不愈然后命药”（《千金翼方》卷十二），明显地反映了儒家的忠恕思想；而“于名于利，若存若亡；于非名非利，亦若存若亡”（《千金要方》卷二十七），则是道家思想的反映；至于“先发大慈恻隐之心，誓愿普救含灵之苦”（《千金要方》卷一）则又是一副菩萨心肠了。对于自秦代兴起的食丹服石术的蔓延及其所造成的危害（唐朝的几个皇帝和大臣都因服丹药而丧命），孙思邈予以抵制并大声疾呼：“宁食野葛，不食五石！”孙思邈可以说是我国古代养生学说的集大成者。其留下的大量论著中所阐述的节养术、服饵术、养老术等等，对后世养生学的发展产生了极其深远的影响。

另外，隋唐时期道家的服气吐纳，佛家之坐禅等也大大促进了气功养生学的发展；孟诜（621～713 年）的《食疗本草》则为食疗药膳的发展打下了基础。

宋初华山道士陈抟（？～989年）著《无极图》，合儒、佛、道两学两教于《易》学之中。后周敦颐（1017～1073年）将此变为论述世界本体及其形成发展的《太极图说》，探讨太极、理、气、性、命等哲学命题，成为宋明理学之发端。《太极图说》文字简略，语意含混，后世学者多按己意作出心本或物本的解释。而医家们则多从物本角度加以诠释，并引入医学，对水火阴阳、命门相火等问题加以发挥，对医学和养生学贡献颇大。

宋金元时期医学和养生学得到进一步的发展，产生了以刘完素（1110～1200年）、张从正（1156～1228年）、朱丹溪（1281～1358年）和李杲即李东垣（1180～1251年）为代表的“金元四大家”。并出现了陈直（宋代，生卒年未详）、邹铉（元代，生卒年未详）、邱处机（1148～1227年）、朱震亨（1281～1358年）等著名养生家，有《养老奉亲书》、《摄生消息论》、《保生要录》和《泰定养生主论》等养生专著问世，有力地继承和发展了以往的医疗养生学说。

以陈直的《养老奉亲书》来说，系统总结了唐宋以来饮食养生的成就，阐述了饮食调养的作用和具体方法。例如，他继承孙思邈节制饮食的学说，强调少食多餐；食物宜温热熟软；主张喝牛乳，认为牛乳性味平和，能补血脉、益心气、长肌肉，抗老防衰，并对其食用范围和方法做了探讨和说明。

朱震亨提出的“倒仓术”，旨在及时倒去肠胃中的糟粕，使大便通畅，以利于推陈出新、扶虚补损。他认为人到中年以后用此术一两次，对祛病延寿大有帮助。（《格致余论》）

金元四大家之一的刘完素在养生方面更强调“神”与“气”的重要性，指出：“形者生之舍也，气者生之元也，神者生之制也。形以气充，气耗形病，神依气位，气纳神存。修真之士，法于阴阳，和于术数，持满御神，专气抱一，以神为车，以气为马，神气相合，可以长生。”（《素问·病机气宜保命集·原道》）然而刘氏也并不忽视“形”、“精”的保养和修炼，认为“体者，精之充也……补泻六腑，淘炼五精，可以固形，可以全生”（同上）。因此认为全生之术，主要在于安形气、保精神；强调心之神明和肾之藏精在养生中的重要意义，率先提出肾、命门、相火理论，为养生理论另辟蹊径。李东垣则以“气”为首务，指出“气乃神之祖，精乃气之子，气者精神之根蒂也。”（《脾胃论》）朱震亨之论养生，重在阴精，认为人体中唯阴精易亏难成，最是要紧，提倡慎“色欲”及“茹淡”。（《格致余论》）此外，如元代忽思慧的《饮膳正要》是营养食疗专著，王中阳的《泰定养生论》强调养生须自幼年始，自幼及老，皆须调摄不辍。

宋代道家着重于炼内丹，强调精、气、神的修炼；医家则更重视从医学理论上加以阐发，从而迎来了明代养生理论的进一步发展。

明代医家普遍重视养生，并使养生理论更切合实际应用。由于水火阴阳，命门相火理论趋于成熟，不仅有效地指导临床治疗，而且为养生延年重视肾与命门的养护，提供了理论依据。正如赵献可（生卒年未详）所谆谆告诫的："欲世之养生者、治病者，均以命门为君主，而加意于火之一字。"（《医贯》）著名医家、养生家张景岳（1563～1640年）更指出养形的重要："善养身者，可不先养此形以为神明之宅？"其所谓形者，即精血。"诸凡祛外邪，固中气，水、火、气、液之升降，脾、肾之化源。皆有赖于精血"（《景岳全书·传忠录》），纠正了以往养生侧重于心、神之偏。此时的医家论养生，比较精当而不神秘，注重实际运用。在气功养生保健方面，明清都比较重视。清代的养生家在食疗、药膳方面颇有建树。

由此可见，养生学在中国源远流长。可以说，在中国历史上，不仅历代都有许许多多专门从事养生学研究和实践的学者，而且几乎所有的思想家也都为丰富、发展养生学而作出了贡献。中国古代宗教，其本质内容就在于养生，其社会贡献也在于养生。道教一部5485卷的《道藏》，和佛教历代高僧的经论，其中大量是关于养生的论述。道教的最高目标即修炼成仙，实际上则是追求益寿延年、长生不老。而佛家的灵魂不死，生死轮回，则是变相的永恒养生说。中国古代医学，从其最高经典《黄帝内经》开始，直到清代，几乎没有一人一书离开摄养而谈治疗。中医学关于养生方面的著作、论述，是极其丰富多彩的，在历代医士中，涌现出了许许多多的养生专家。当然，这样的养生专家，不仅存在于历代医士中，也存在于历代的其他学者和民众之中。

总之，养生学是中国学术文化之林中一株参天大树。除了历代保留下来的大量有关养生方面的专著外，像对中国文化发展产生深远影响的《老子》、《庄子》、《列子》、《文子》、《论语》、《孟子》、《吕氏春秋》，以及宋明时代的理学和心学等等，无一不是从自我身心修养立论的。养生学不仅在中国源远流长，而且形成了博大精深的学术思想体系。

因此，学习和研究中国学术文化即"国学"，是不能疏漏养生学的。而长期以来，学界却恰恰对此疏漏了。

3. 隋唐学术大家孙思邈

孙思邈（541或581～682），京兆华原（今陕西耀县孙家原）人。《旧唐书》载其自幼聪颖，"七岁就学，日诵千余言。"有"圣童"之称。自谓"幼遭风冷，屡造医门，汤药之资，罄尽家产”。遂萌习医之念。“弱冠善谈《老》、《庄》及百家说，兼好释典”，并通《易》和道教典籍。年 18 立志学医，“颇觉有悟，是以亲邻中外有疾厄者，多所济益”。北周大成元年(579 年)，以王室多变故，乃隐居太白山(今陕西郿县境)学道，炼气、养形，究养生长寿之术。及周静帝即位，杨坚辅政时，被征为国子博士，但称疾不就。隋大业(605 ~ 618 年)中，游蜀中峨眉。隋亡，隐于终南山，与高僧道宣相友善。唐太宗即位后被召至京师，以其“有道”授予爵位，固辞不受，再入峨眉炼“太一神精丹”。显庆三年(658 年)，唐高宗又征召其至京，居于鄱阳公主废府。翌年，高宗召见，拜谏议大夫，仍固辞不受。咸亨四年(673 年)，高宗患疾，令其随御。上元元年(674 年)，辞疾还山，高宗赐良马，假鄱阳公主邑司以属之。永淳元年卒，遗嘱薄葬，不藏冥器，祭去牲牢。宋徽宗崇宁二年(1103 年)，追封其为妙应真人。

关于孙思邈生年，史载有异：一说生于 540 年或 541 年，一说生于 581 年，因而关于其寿龄一说 102 岁，一说 140 多岁。不管哪一说，都属于高寿之人。据《旧唐书 · 孙思邈传》载：“初，魏征等受诏修齐、梁、陈、周、隋五代史，恐有遗漏，屡访之；思邈口以传授，有如目睹……永淳元年卒，遗令薄葬，不藏冥器，祭祀无牲牢。经月余，颜貌不改，举尸就木，犹若空衣，时人异之。”这些文字虽带有神秘色彩，但也昭示其养生有道，得享高寿之史实。

孙思邈认为医学系“至精至微之事”，不能以“至粗至浅之思”草率对待，强调学医必须博学多览，除了深钻古代典籍如《内经》、《针经》、《针灸甲乙经》、《明堂注疏》以及张仲景、王叔和(201 ~ 280 年)、阮河南等医家的经方、医籍外，还要妙解《易》及其他经史诸子之说。只有这样，才能于“医道无所滞碍”。以此励志，从而奠定了其深厚的学术文化功底。

孙思邈以其深厚的学术文化功底，致力于中医药学的研究和实践，提出“不知《易》便不足以言太医。”和“医《易》相通，理无二致”之名言，对后世医家影响甚大。明代名医张景岳(1563 ~ 1640 年)就发挥说：“《易》具医之理，医得《易》之用”、“医不可以无《易》，《易》不可以无医。”(张景岳：《医易义》)《易》是中医学的理论渊源，而中医学则是《易》在实际运用中的典范，两者长期在学术思想上互相渗透并相得益彰。如果说《易》是“推天道以明人事”的话，那么中医学则是“推治道以明医道”了。在方法上都是借天例人。孙思邈关于“医易相通”的理论，既是对以往中医学理论与实践的精湛概括，又是对他个人从医指南的归纳。

孙思邈深厚的学术文化功底，还表现在其对老庄及百家之说，以及道、佛典籍的融会贯通和体用上。这集中表现在他将老庄的清静自守和道教的炼气、养形，与儒家的心性修养和佛家的涤虑戒欲，以及百家之说中的各种养生理论，加以融会贯通，不仅用于行医实践、著书立说，而且身体力行。他不仅淡泊功名利禄，谢辞皇命，终身不仕，而且亲自采制药物，为人治病。他既博览、汇总以前文献中的医方，又深入民间，广泛搜集散落的各种验方、秘方，并结合自己的医疗实践，加以综合创新，为中医学和药物学作出了重要贡献。

他汲取《黄帝内经》关于脏腑的学说，第一次完整地提出了以脏腑寒热虚实为中心的杂病分类辨治法；在整理和研究张仲景《伤寒杂病论》的基础上，将伤寒归为十二论，提出伤寒禁忌十五条，从而发展了张仲景的医药学理论，受到后世伤寒医家的推崇。

他搜集并总结了以前许多医论、医方以及用药、针灸等经验，兼及服饵、食疗、导引、按摩等养生方法，著《千金要方》三十卷，分二百三十二门，已接近现代临床医学的分类方法。全书合方、论五千三百首，集方广泛，内容丰富，是我国唐代医学发展中具有代表性的巨著，是我国最早的医学百科全书，从基础理论到临床各科，理、法、方、药齐备。不论是典籍资料，还是民间单方验方，他都兼取各家各说各方之长，结合自己的医疗实践，审慎厘定，时至今日，仍具有极高的学术价值，具有重要的指导作用，确实是价值千金的中医瑰宝，是对方剂学发展的巨大贡献。《千金要方》首创复方，是我国医药技术的一项重大革新，有“东方医学圣典”之美誉，被后人誉为方书之祖，对后世医学儿其是方剂学的发展，具有巨大贡献和深远影响。

《千金要方》在食疗、养生、养老方面也多有建树。孙思邈之所以能寿逾百岁，并在百岁高龄时仍能著述，“青衿之岁，高尚兹典；白首之年，未尝释卷”。(《千金要方・序》)就是他积极倡导养生理论与其自身躬行实践相结合的成效。

他精于药剂、食治、养护和预防，对针灸技术多所创建，重绘《名堂图》，并在经络学和针灸实践的基础上，首先提出了“阿是穴”即不见于经络学穴位的疼痛点概念，对针灸穴位的确定和发展具有开创性的意义和临床价值。他还发明了导尿术等。

他在晚年所著的《千金翼方》三十卷，是对《千金要方》的全面补充。全书分一百八十九门，合方、论、法二千九百余首，记载药物八百多种，尤以治疗伤寒、中风、杂病和疮痈最见疗效。《千金要方》和《千金翼方》外传后，对日本、朝鲜医学之发展起了巨大推动作用。

他继承并发展了自古流传的辨证论治方法，提出“胆欲大而心欲细，智欲圆而行欲方”极富辩证思维的治则，认为人若善摄生，当可免于病。只要“良医导之以药石，救之以针剂”，便“体形有可愈之疾，天地有可消之灾”。

他极其重视医德，实践他“人命至重，有贵千金”，不仅贵己，尤其贵众生的思想，把医为仁术的精神具体化，堪称大医精诚与高超医术两相结合的典范。诚如他在《大医精诚 》一书中所云：“凡大医治病，必当安神定志，无欲无求，先发大慈恻隐之心，誓愿普救含灵之苦，若有疾厄来求救者，不得问其贵贱贫富，长幼研蚩，怨亲善友，华夷愚智，普同一等，皆如至亲之想。亦不得瞻前顾后，自虑吉凶，护惜身命。见彼苦恼，若已有之，深心凄怆，勿避险恶，昼夜寒暑，饥渴疲劳，一心赴救，无作功夫形迹之心。如此可为苍生大医，反此则是含灵巨贼。夫大医之体……到病家，纵绮罗满目，勿左右顾眄；丝竹凑耳，无得似有所娱；珍馐迭荐，食如无味；醽禄兼陈，看有若无。夫为医之法 ，不得多语调笑，谈谑喧哗，道说是非，议论人物，炫耀声名，訾毁诸医，自矜己德，偶然治瘥一病，则昂头戴面，而有自许之貌，谓天下无双，此医人之膏肓也。”言辞铿锵，掷地有声。佛家的菩萨心肠，儒家的恻隐之心和仁爱思想，道家的宁静淡泊和清心寡欲等等都荟萃其中，道出了孙思邈对高尚医德的深刻体味和精诚恪守，成为后世行医的道德准则。“人命至重，有贵千金，一方济之，德逾于此。”其《千金要方》和《千金翼方》之所以都冠之于“千金”二字，盖与此有关。

孙思邈所著《大医精诚》和《大医习业》等，均被认为是世界医德法典之起源。

孙思邈将道教内修理论和医学、卫生学相结合，把养生学运用医疗实践。尤其关注大众的养生保健，很注意养生学的普及。古代除夕饮“屠苏酒”的习俗，传与孙思邈有关。据说屠苏酒本是汉末名医华佗（约 145 ~ 208 年）创制，将大黄、白术、桂枝、防风、花椒、乌头、附子等中药入酒浸制，具有益气温阳、祛风散寒、避除疫疠之邪的功效。该酒因孙思邈而流传民间。孙思邈每年腊月，总要分送给众邻乡亲一包药，告诉大家以药泡酒，除夕进饮。孙思邈还将自己的屋子起名为“屠苏屋”。以后，经过历代相传，饮屠苏酒便成为过年的风俗。宋代文学家苏辙的《除日》诗道：“年年最后饮屠苏，不觉年来七十余。”说的就是这种风俗。这种风俗在宋朝仍很盛行，如苏轼在《除夜野宿常州城外》诗中说：“但把穷愁博长健，不辞最后饮屠苏。”直至清代，这一习俗仍不衰。今天在某些地区的民间，还保留这种习俗。

孙思邈尤其注重老年人的养生，认为人到暮年，体态特征和生理、病理都有变化，欲求长寿，须注意饮食起居等养生之道。他在《千金要方·养性序第一》中特别强调老年人“唾不至远，行不疾步，耳不极听，目不极视，坐不久处，立不至疲，卧不至懻。先寒而衣，先热而解。不欲极饥而食，食不可过饱；不欲极渴而饮，饮不欲过多”，并“兼之以导引、行气”及“房中补益”之术。他对人之衰老过程和表现、心理特征和变化，以及老年疾病、保健、医疗等都有全面的观察和深透的分析。认为老年人当从事诸如调气、按摩、导引、行气以及散步等适合老人特点的活动，从而丰富了道教内修的内容与方法，并对炼丹服食以求长生成仙的道教方术作了探索。

孙思邈极为重视妇幼保健，著《妇人方》三卷，《少小婴孺方》二卷，置于《千金要方》之首。

孙思邈对道教炼服丹药头脑清醒，认为服食金丹企求成仙，是“神道悬邈，云迹疏绝，徒望青天，莫知升举”，而把炼丹作为炮制药物的手段，目的在于救急济危。他炼制的“太一神精丹”，即“主客忤霍乱，腹病胀满，尸饆［注(yùn)，运粮赠关］恶风，癫狂鬼语，蛊毒妖魅，温症”。

孙思邈著述甚丰，史载其著作计三十余种。现存之《千金要方》和《千金翼方》各三十卷，系我国著名医学著作。其他如《大医习业》、《大医精诚》、《千金养生论》、《千金月令》、《摄养论》、《卫生歌》、《医家要钞》、《五脏旁通导引图》、《太清丹经要诀》、《枕中素书》、《养生要录》和《真气明明》等多种，尚有部分佚文可见。除了医学著作外，他还著有《老子注》、《庄子注》，并有诗作等。其诗作除了医疗和养生歌谣外，还有四言古体诗，也多将医学和养生理论融于其中。在历代史书上署名孙思邈的著作有五十八种之多，其中有关医药学的也逾四十种。由于其名望太高，假托其名的著作也不少，但能确定为其亲著者也有二十多种，可惜多数亡佚。

孙思邈的辉煌成就，尤其是其崇高的医德和高超的医术，治愈了不计其数的患者，其中包括许多难于支付医药费用的劳苦大众，所以其生前就受到人们的崇敬。关于这方面的相关记载和传说甚多。孙思邈被尊奉为“药王”、“真人”、“药圣”是当之无愧的。孙思邈去世后，人们在其故居的鉴山畔，虔诚奉祀。明代乔世宁云：“鉴山香火，于关中为盛，虽华岳吴镇弗逮焉。”孙思邈在日本也享有盛誉，尤其是日本名医丹波康赖(912～955年)和小岛尚质(1797～1847年)等，对他十分推崇。

孙思邈堪称隋唐时期，集《易》、老庄、孔孟及百家之说，与道、佛二教之精粹之大成者，不仅是杰出的医学家、药学家、养生家，而且是兼通百家之说和道佛二教的杰出学者。称其为隋唐之学术“大家”并不为过。

可是，长期以来，人们却对这位学术“大家”缺乏认识，以至于在相关的学术思想史研究中，长期被疏忽、冷落。

4. 各树一帜的“金元四大家”

每每一谈及宋至明代的学术，学界总是围绕“宋明理学”津津乐道，似乎除此之外，再无其他学术成就了。其实，在由宋到明过渡的时期，单就医学界而言，就出现了盛极一时的诸家争鸣局面，并涌现出“金元四大家”。而“金元四大家”则又带动了尔后中医学的学术争鸣和发展。

何谓“金元四大家”？

“金元四大家”就是指金元时期(1115～1368年)，以著名医家刘完素、张从正、李杲、朱震亨为代表的四大医学派别，即“寒凉学派”、“攻邪学派”、“温补学派”和“滋阴学派”。

刘完素(1130～1200年)因祖籍河间，故称刘河间，系“寒凉学派”或“主火学派”的创始人。通常也称其学派为“河间学派”。他是金代医学界最早敢于创新，并且影响较大的一位医家。刘完素主要以《黄帝内经》为学术基础，精研医理，把《内经》中关于火热病致病原因的内容遴选出来，加以阐释，这就是著名的《病机十九条》(《素问玄机原病式》)。认为“六气皆从火化”，“风、寒、暑、湿、燥、火”六气都可以化生火热病邪；认为“五志过急皆为热病”，人的喜、怒、悲、思、恐等情志变化为五脏所主，若五志变化过急，就会劳伤本脏。他认为这些都属于热病。治疗热病时必须先明上述道理，才能处方用药。他在临床上自创新方，用药多主寒凉。“寒凉学派”之名即由此而来。他所创方剂如“凉隔散”、“防风通圣散”、“天水散”、“双解散”等等，都是效验颇佳的著名方剂，至今仍被广泛沿用。

对于《内经》中的“五运六气”，他也有着精辟的研究和独到的见解，并十分善于运用五运六气的方法来看病。他认为没有一成不变的气运，因而也就没有一成不变的疾病。所以，医生在处方用药时也必须灵活机变，对症下药。刘完素在治疗热性病方面的完整理论，和对“五运六气”的独到见解，具有很高的学术价值，对后世中医学的发展具有深远影响，即使对于温病学派的形成也有着至关重要的铺垫作用。

刘完素在医界勇于批判时弊，倡导新说，打破了医界沉寂的守旧之风。在其影响下，张从正、李杲、朱震亨等，联镳接轸，著书立说，辉映先后，开创了中国医学史上“新学肇兴”、诸家争鸣的新局面。

刘完素的主要著作有《黄帝素问宣明论方》十五卷，《素问玄机原病式》二卷，《内经运气要旨论》(即《素问要旨论》)，《伤寒直格》三卷，《伤寒标本心法类萃》二卷，《三消论》(附《儒门事亲》)，《素问药注》(已佚)，《医方精要》(已佚)，其他托名刘完素的著作还有《习医要用直格并药方》、《河间刘先生十八剂》、《保童秘要》、《治病心印》、《刘河间医案》等。后人多把刘完素的主要著作编成《河间六书》、《河间十书》等，但其中夹杂了金元其他医家著作者。

张从正(1156~1228年)，字子和，系“攻邪学派”或“攻下学派”的创始人。他也是一位具有创新意识的医家。在学术上，私淑刘完素的基本思想，竭力矫正当时医界好用温补之时弊，并强调“古方不能尽愈今病”，必须结合现实环境和病人的具体病状，如年龄、体质等等情况，辨证施治。他秉承《内经》、《难经》之宗旨，及汉代名医张仲景汗、吐、下三法，创立了以“攻邪论”为中心的医疗学说。认为治病宜着重祛邪补正，不能因害怕使用攻下药而一味用补药，因而创立了独特的“汗、吐、下”攻下法，并能对症下药，运用自如，疗效甚佳。他所运用的“汗、吐、下”三法，并非单纯的发汗、呕吐、泄下三种具体治法，而是分别代表着三类驱邪外出的途径。“汗法”，即用药发汗，并用针灸、洗熏、熨络、推拿、体操、气功等方法达到祛除表邪目的之法；“吐法”，不单催吐，还包括豁痰、引诞、催泪、喷嚏等上行的治疗方法；“下法”，也不单泄下，像行气、通经、消积、利水等能够驱除里邪之法亦在其内。因此，“汗、吐、下”祛邪法，其核心实际上就是中医理论中的“扶正祛邪”。这种方法，对于湿症、阳症，是非常奏效的。

他还主张治疗以食补为主，反对乱用温热药物峻补。从某种意义上说，张从正的医疗理论，是在刘河间“主火论”基础上发展演化而来的。

张从正一生著述颇丰，最著名的就是他与学生麻知几、常仲明等共同写成的《儒门事亲》一书，书中记述了他的主要学术观点。而该书收载的文章中，有许多辩论性的文章，像《高技常孤》、《群言难证—谤吐》、《谤三法》、《谤峻药》、《同类谤才—群口诬戴人》等。因为他敢于直言当时医界妄用温补的弊端，触动了许多不学无术者的利益，因而遭到嫉妒、怨恨、围攻、嘲笑，甚至诽谤。这些文章昭示了他不畏流言，正道直行，并以精深的学识力排群谤的情景。

除《儒门事亲》外，传张从正还曾撰有《张氏经验方》、《伤寒心镜》等书，惜均未存世。

李杲(1180~1251年)，号东垣老人，系“温补学派”或“补土学派”的创始人。他师从名医“易水学派”代表人物张元素，发展了张氏脏腑辨证之长，区分了外感与内伤，提出“人以胃气为本，内伤脾胃，百病由生”，因而首创内伤学说理论。他以其师张元素的扶养胃气思想为主旨，结合自己多年的临床体会，围绕“内伤脾胃”诸证的病因、病机、诊断、治疗等理论，作了系统阐发。他将内科疾病系统地分为外感和内伤两大类。对于内伤疾病，认为以脾胃内伤最为常见，其原因有三：一为饮食不节，二为劳逸过度，三为精神刺激；认为脾胃属土居中，与其他四脏关系密切，不论哪脏受邪或劳损内伤，都会伤及脾胃，同时，各脏器的疾病也都可以通过脾胃来调和濡养、协调解决。他不主张使用温热峻补之药，而是提倡按四时的规律，对实性的病邪采取张从正“汗、吐、下”的不同治法。他还十分强调运用辨证论治的原则，主张外感热病用刘完素寒凉之法，内伤热证则取增温除热，扶正祛邪，即升举清阳，温补脾胃，潜降阴火，并创制“补中益气汤”、“升阳散火汤”等一系列名方，治疗脾胃内伤诸疾。其弟子王好古（约1200～1264年）、罗天益（1220～1290年）等继承、发展了他的学说。尔后师从者甚多，形成延续至今的中医学术“补土派”，李杲也因此被尊为该派之始祖。

李杲著述主要有《内外伤辨惑论》三卷，《脾胃论》三卷，及经罗天益整理后的《东垣试效方》九卷，《兰室秘藏》三卷，《用药法象》一卷，附《东垣试效方》、《医学发明》。其他著作还有《活法机要》、《伤寒会要》（佚失），以及题为李杲的《脉理玄微》、《珍珠囊药性赋》、《东垣心要》（佚失）等十余种，多为后人托名之作。其中《脾胃论》对后世以脾胃为主的疗法具有指导作用。

朱丹溪（1281～1358年）名震亨，浙江义乌人，因世居丹溪之边，故号丹溪。系“滋阴学派”的创始人。他原本习儒，对汉代经学尤其是《易经》、宋代理学有较深的造诣，三十岁转而从医，发奋攻读，对《内经》及上述刘、张、李各派医术都认真研究，辩证地领会和运用，成为当时著名的医学家。他充分研究了《内经》以来各家学说关于“相火”的见解，创造性地阐明了“相火”有常有变的规律，提出了著名的“阳常有余，阴常不足”的观点，临症治疗上则提倡滋阴降火之法。故称“滋阴学派”。在养生学方面，他强调节制食欲、色欲的重要性。他的学说丰富了祖国医学，在国内外均有很大的影响。日本于十五世纪曾成立过“丹溪学社”，专门研究他的学说。

朱丹溪的主要著作有《格致余论》、《局方发挥》、《本草衍义补遗》、《伤寒辨疑》、《外科精要新论》等。另外，《脉因证治》、《丹溪心法》、《金匮钩玄》等书，亦署名丹溪，其实或为门人编辑，或为伪托之作。

元末明初的著名文学家宋濂（1310～1381年），在为朱震亨《格致余论》题辞时说："金以善医名凡三家，曰刘宋真(刘完素)、曰张子和(张从正)、李明之(李杲)，虽其人年之有先后，术之有救补，至于推阴阳五行升降生成之理，皆以《黄帝内经》为宗，而莫之异也。"又说：元朱震亨《格致余论》"有功于生民者甚大，宜与三家所著并传于世"。

自此而后，"金元四大家"之美誉，则盛传于世。

5. 中医药学史上的百家争鸣

"金元四大家"的涌现，并非偶然，而是中医学术百家争鸣所使然。

在金元短短的一百多年间，医学领域何以会出现学术争鸣呢？

第一，金元时期特定的社会历史条件，所促成的较为宽松的学术文化氛围，为医学上的学术争鸣和"四大家"的涌现创造了条件。所谓"特定"的社会历史条件主要是指，金元时期由于社会动荡，战乱频仍，政治割据和拉锯状态时而出现，导致某些地域和年代的政治统治薄弱，统治者或多未以正统思想加以干涉，或出于维护政权的需要而采取某些鼓励学术创新的举措，因而使得学术文化禁锢松懈，从而为学术争鸣创造了有利的氛围。如刘完素所处的时代，鉴于各种外部因素时刻威胁着政权生存，金世宗便采取了一系列政治、经济、文化等方面的优惠政策，以推贤荐能，鼓励创新，促成较活跃的学术气氛。刘完素正是受此影响，敢于突破传统思维定势，开拓思路，独树一帜地创立和倡导"火热论"，形成"寒凉学派"。

第二，金元时期某些多发疾病的流行，对传统医疗理论和医术产生巨大冲击，并提出新的课题，促成了医学上的学术争鸣和"四大家"的涌现。由于大火不断，某些多发疾病流行，各地疫情又不尽相同，而通过行政干预所推行的，由宋代太医局编撰的《太平惠民和剂局方》(简称《局方》)，因受方书体例的约束，又受成药剂型固定的限制，而无法灵活加减，不能完全适应复杂多变的临床病证，其所带有的片面性等所导致的弊端不断显现，严重地危害着人民大众的生命安全。这就很自然地引起了以悬壶济世、治病救人为使命的良医的忧虑，正如朱丹溪所述："《和剂局方》之为书也，……自宋迄今，官府守之以为法，医门传之以为业，病者恃之以立命，世人习之以成俗。"(《局方发挥》自序)由于临床常见的是热性病证，若仍沿袭《局方》偏温之剂，无异以火助火，犹如火上浇油，不良后果自可想见。医学是实效性最强的科学，面对肆虐的疫情，为了克服温燥伤阴的危害，使命感最强的医家们不得不改变传袭的思维定势，提出新的学术见解，以突破《局方》的局限，摆脱其弊端，围绕火热病机理论争鸣的"金元四大家"，就是在这样的背景下应运而生的。

如刘完素主实火，张子和重邪火，李东垣述阴火，朱丹溪明相火等。

第三，医学上的学术争鸣和“金元四大家”的涌现，是医学家根据多发病和疫病流行情况，因时应变，敢于创新的结果。宋代盛行的运气学说流传到金朝，受到名医的质疑。金代医家敢于提出运气古今有异，故疾病发生的种类、性质也有不同等观点，因而能突破常规来思考问题。他们充分运用五运六气理论的有关方法，对中医基本理论中的六气、病机、治疗等问题进行深入探讨，从而为医学研究注入了新的思维方法和意识，在医学理论发展无法解决实际应用的矛盾时，创立了适应社会需要的新的辨证施治理论，带来金元医学的繁荣。

金代医家善于继承、敢于创新的结果，自刘完素进行开拓性研究以后，后来很多医家与前代名医多有师承或私淑关系，但纵观各家医论，继承之中又极少局限于前人的认识，如张子和承袭刘河间注重寒凉攻邪的理论，但对于汗、吐、下三法的应用及邪正关系又有新的发挥；李杲、王好古(约 1200 ~ 1264 年)遵循易水老人扶护元气、讲究药性的思想，又各自在脾胃病和阴证辨治等方面有突出创见；朱丹溪更是博采众家，另辟新径，在“火”与“阴阳”理论上对前人的认识作了新的补充。

这种既有继承，又有发展、创见的学风，成为整个金元时期医学领域十分突出的风尚。这实际上就是金元医学出现不断创新、争鸣激烈的繁荣景象的重要原因。

自晋唐以来，方剂积累明显增加，但药物和方剂理论却发展不足，杂病及外感病诊治比较僵化，辨证与用药之间还缺乏有机的联系，加之《局方》盛行以来，喜温好补，临证处方十分机械，使得前朝医学发展多有量的增加，而很少有质的突破。到金元，由于各类疾病多发，而旧有理论指导下的临证方法，难以适应社会实际的需要。在这种矛盾十分突出的情况下，金元诸医家本着“改证世俗谬说”之旨，突破前人的认识局限，创立了一个又一个具有独特风格的医学理论，使之在生理、病理、辨证、用药及具体外感、内伤病方面，都取得了明显进展。

6. 具有划时代意义“金元四大家”

“金元四大家”在中医药学的发展史上，具有划时代的意义。

中医药学的学派即由此肇始，并对明、清医药学的发展具有巨大促进作用。

如明代医学家薛己(1487 ~ 1559 年)、赵献可、张景岳等，在继承易水学派温补之余绪的同时，又受丹溪“阳有余、阴不足”等理论的启发，创立了双补阴阳的温补学说。清代医学家叶天士（1666～1745年）、吴塘（1758～1836年）、王孟英（1808～1868年）等，受河间外感火热病治疗思想的影响，同时吸收易水学派护养脾胃的基本观点，发展成为辛凉解表、甘毒护阴的温病学说。此外，易水学派创立的药物学理论，在明代《本草发挥》、《本草纲目》等著作中得到较完整的继承，并成为当今中医药物学理论的重要内容。金元医家创制的大量新方，被后世重要方书收录，如《普济方》、《医方集解》、《成方切用》等等，流传至今，仍是临床医生常用的治疗方剂。至于其众多的治疗方法，如甘温除热法、滋阴降火法、行气祛痰解郁法等，更备受世人重视。

金元医学的成就不仅影响了中国医学的发展，而且在明代东传日本、朝鲜。16世纪日僧月湖久住杭州学医，弟子田代三喜留华12年，专攻李杲、丹溪之学，回国后成立了“丹溪学社”，尊奉朱丹溪为医中之圣，后传其学至弟子曲直濑道三（1507～1595年），发扬光大，流传至今。朝鲜医家金礼蒙的《医方类聚》、许浚（1546～1615年）的《东医宝鉴》，也大量收录了李杲等医家的医论和方剂。

如何正确看待金元医家各自的特长，历代意见纷纭。明末医家王纶在《明医杂著》中较为客观地归纳说：“外感法仲景，内伤法东垣，热病用河间，杂病用丹溪。”但是历代医家都反复告诫，要辨证论治，对症下药，切勿拘泥，适度为宜。如李中梓（1588～1655年）在《医宗必读》中指出：“师守真而过，则偏于苦寒；师东垣而过，则偏于升补；师丹溪而过，则偏于清降。”只有综合诸家之长，客观、全面地看待金元医家的创新成就的历史价值及现实意义，才能从中获取有助于中医药学不断拓展的实质性内容。

辨证论治是中医学的根本治则，对于“金元四大家”的成就，及其不可避免的认识和历史上的局限性，我们也只有运用历史而又辩证的观点来看待，才比较科学。

金元医学上的争鸣有力地带动了尔后医学上继而深入的争鸣。但是，当一种学说风行之时，往往会被推向极端，因而导致事与愿违的种种不良后果。在医药学上也是如此。自刘、朱之说相继问世后，从者日众，逐渐盛行，对纠正当时医界滥施温燥之弊，的确具有积极的矫正作用。然而，不加分析地效仿、照搬乃至滥用，同样导致另一极端。正如张景岳所指斥的：“今天下喜用寒凉，畏投温热”，甚至“宁受寒凉而死，不愿温补而生”（《景岳全书·辨丹溪》）。用药偏执寒凉，势必克伐人体阳气，其危害与温燥伤阴实无本质区别，当然受到不少医家的反对。以张景岳和赵献可等为代表，挑战前辈权威，结合医疗实践深入阐发先后天阴阳水火和命门学说，在临床上善用温补疗法，从而形成了与“寒凉学派”对峙的“温补学派”。

赵献可所著《医贯》，着重探讨命门学说，尤为推崇命门之火。认为“人生先生命门火”，“此火乃人身之至宝”，“治病者不知温养此火，而日用寒凉直灭此火，焉望其有生命耶?”故“司命者欲人远杀而就生，甘温者用之，辛热者用之，使其跻乎春风生长之域，一应苦寒者俱不用”。又云“刘河间先生特以五运六气暑火立论，故专用寒凉治火，而后人宗之……自丹溪先生而论阴虚火旺之理，亦发前人所未发，可惜大补阴丸、补阴丸二方中俱以黄柏、知母为君，而寒凉之弊又甚行矣。嗟呼！丹溪之书不息，岐黄之道不著。余特撰阴阳五行之论，以申明火不可以水灭，药不可以寒攻也”。其言辞虽稍显偏激，但不拘泥、不迷信前辈权威的探疑求索精神，实在可嘉！

张景岳则于阴阳学说颇有创见，不仅准确提出“阴阳者一分为二也”的著名论点，且就阴阳原理进行全面详尽的探析，并在此基础上，针对当时滥施寒凉之风，呼吁“时医受病之源，实河间创之而丹溪成之”，故“欲清其流，必澄其源”(《景岳全书·辨丹溪》)，认为“河间悉以实火言病，著为《原病式》以迄于今。夫实火为病固可畏，而虚火之病尤为可畏。实火固宜寒凉，去之本不难；虚火最忌寒凉，妄用之无不致死”(《景岳全书·辨河间》)。他不仅挑战刘河间，而且也极不赞同朱丹溪“阳常有余，阴常不足”之论，斥其说“大倍经旨，大伐生机之谬谈也。何也？盖人得天地之气以有生，而有生之气即阳气也，无阳则无生矣”。并针锋相对地提出“阳常不足，阴本无余”的观点。(《景岳全书·辨丹溪》)由于“难得易失者惟此阳气，既失而难复者亦惟此阳气，又何以见阳气之有余也?”“不可将不足之元阳认作有余而云火，妄以寒凉折伐。”那么“余谓阳常不足岂非一偏之见乎？盖以丹溪补阴之说谬，故不得不为此反言，以救万世之生气”(《景岳全书·阳不足再辨》)。正是因为“凡今之医流，则无非刘、朱之徒，动辄言火，莫可解救”(《景岳全书·辨河间》)，若“不速为纠正，其流弊将无穷也”(《景岳全书·谬误论》)，乃至道出“医道之坏，莫此为甚”(《景岳全书·辨河间》)，“使刘、朱之言不息，则轩岐之道不彰，是诚斯道之大魔，亦生民之厄运也”(《类经附翼·真阴论》)等愤慨詈责之词。医学界的争鸣可见一斑。其他医家如薛己(1487～1559年)、孙一奎(1522～1619年)、李中梓(1588～1655年)等，也都参与过论战，兹不赘述。

总之，“温补学派”的理论建树，不仅为纠正“寒凉学派”、“滋阴学派”的时弊提供了坚实依据，更有力促进了中医学术向纵深展开。尤其是“温补学派”之巨匠张景岳，精于哲理，文词雄辩，逻辑周密，说服力强，故后世有

“医门之柱石”(《医门棒喝》)的誉称。

但是，一种倾向往往掩盖着另一种倾向，乃至从一种极端走向另一个极端。温补学说经明清医家的不断发挥而广为传播，滥施温补之弊的倾向和极端亦随之逐渐形成，因而受到清代医家徐大椿(1693～1771 年)等人的抨击。徐大椿在《慎疾刍言》中指斥某些医者“以虚脱吓人，而后以补药媚人”，“专用温补”已“相习成风”；病人则“不怕病死，只怕虚死”，所以“闻医家已用补药则相庆”，即使“服补而死，犹恨补之不早，补之不重，并自恨服人参无力，以致不救。……若服他药而死，则亲戚朋友群诟病家之重财轻命，死者亦目不能瞑”。因此，他在《医学源流论》中哀叹：“愚人喜服热补，虽死不悔。我目中所见不一，垂涕泣而道之，而病者和医家无一听从者”，故而忿然谴责道：“今乃相率而入魔道，其始起于赵养葵(即赵献可字养葵)、张景岳辈，全不知古圣制方之义，师心自用，著书成家，彼亦不知流弊至于此极也。”(《慎疾刍言》)他还专作《医贯砭》，对赵献可所著《医贯》予以剖析和贬斥，批注多达 300 余处。所谓“辨之不胜其辨，知赵氏之谬，则余者自能知之矣”。医家陈修园(1753～1823 年)著《新方八阵砭》，认为张景岳补阴补阳之论不合仲景立方旨意，指出：“古人制方最难，景岳制方最易。不论何方，加入熟地，即云补肾治真阴不足；加入人参，即云补气治元阳衰亡。流俗喜其捷便，至今邪说不息也。”另一医家何梦瑶(1693～1764 年)也指出：“药之补泻，初无定名，惟病之寒热以为去取。今不问何症，概从温补，何异惩溺而群趋火坑，不亦惑乎?”又说：“医有庸有黠。庸医不知温补之能杀人也，以为平稳而用之；黠医知温补之能杀人也，以为可以藏拙而用之。于是景岳之徒遍天下，而河间、丹溪之学绝矣。”(《医碥》)

由于此前已经形成寒凉和温补两个学派的对峙，徐大椿等清代医家没有、也很难在学术上提出更新的见解，因而有关的争论也难于深入下去，不久即基本止息。

十五　科学迷信需缜辨

1. 从“术数”到“数术”

汉代虽把《易》列入《五经》之首，但仍将《易》用于占卜。先后出现了孟喜、梁丘贺、焦延寿、京房、虞翻、郑玄等易学专家。他们汲取当时发达的天文学、历谱学等成果，提出“卦气说”、“爻辰说”、“纳甲说”等等，丰富了周易的象数体系。东汉大兴谶纬，更促进了术数学的发展。《史记 · 日者列传》把当时的术数学分为五行家、堪舆家、建除家、丛辰家、历家、天人家、太乙家和形法家（看相术士）等。汉成帝时诏命光禄大夫刘向校经传诸子等书，步兵校尉任宏校兵书，太史令尹咸校数术，侍医李柱国校方技。后来刘向之子刘歆汇总群书分为《七略》，《术数略》为其中之一，成为汉代学术一大门类。

班固在《汉书 · 艺文志》中用“数术”取代“术数”，载汉代数术之书有六类，即天文、历谱、五行、蓍龟、杂占、形法。鉴于班固之后人们一直将两者混用，故这里的“数术”包含人们通常所说的术数。

经过三国两晋南北朝的社会动荡和思想混乱，到唐代数术学更趋兴盛。宋明理学兴起之后，数术学虽一度沉寂，但到南宋及其以后，仍有发展。清代修《四库全书》，数术学范围缩小，含数学、占候、阴阳宅、推命、看相、阴阳五行、杂技术等。

《易》本为迄今所知中国学术文化之源头典籍，被汉儒列为《五经》之首后，渐被束缚和歪曲。汉儒将忠君孝亲的政治原则置于首位，将与统治术关系不大的古代科学技术视为奇技淫巧，方技数术更不准登大雅之堂。因而作为《周易》象数体系核心的数术学，经过汉代四百年的繁荣时期，到魏晋之后终于被排斥出正统的学术殿堂，为道教占验派吸收并为江湖术士所利用。王弼（226～249 年）注《易》，自称“得意忘象”，借注《易》清谈玄理，被“儒家”奉为正统，扼杀了象数体系发展的生机。尔后，历代儒生治《易》既“扫象不谈”，对其他数术则更是说不清道不明，致使数术学被纳入道教或流入江湖术士之手。这其间幸有唐代李鼎祚著《周易集解》，使汉易的象数本旨得以保存和传习。今有认定《易》为古代哲学著作者，有断言其为数理科学著作者，更有在数论、逻辑、生物、管理、宇宙等学科竭力比附、揆发，称“易道广大，无所不包”者，虽难免牵强之词，但道理还是有的。

因为数术为模拟和预测宇宙间万事万物的未知状态，而建立起某种可以“类万物之情”的象数体系。所以《易》得以介入多种事物、各类学科，似不足为怪。在中国文化史上，《易》几乎贯穿了古代学术的所有领域、学派，几乎历代都有人对它进行研究、注释。虽然鱼龙混杂，良莠不齐，但也不乏苦心孤诣之真知灼见。

因此，《易》实际上凝聚了中国历代学人的探求和智慧，以《易》之象数体系为骨架的数术学，在某种意义上说，是中国数千年人们探索、求知的智慧和知识的结晶。

中国数术的起源很早。在原始宗教的巫史文化中，很早就有天干、地支记时法的使用，实为中国数术学之发端。干支纪法又源于古代的天文历谱之学。远古社会的先民有过以“大火”（心宿）授时法，后来又使用过以北斗授时的十月制历法。十月制历法不但在《管子・幼官篇》（“幼官”乃“玄宫”二字之误）中有遗存，而且在《诗・豳风・七月》和《夏小正》中也可发见线索，并至今仍保留在彝族地区的民俗中。中国至迟在春秋末期就已使用四分历，这是当时世界上最先进的历法。

天文和历法是数术学的科学根基和理论源泉，同时本身在古代也属于数术的范畴。且不说《汉书・艺文志》将天文家、历谱家放在数术诸家之首，实际上原始宗教中的巫史观象授时，也和星占、选择时日的卜筮活动密不可分。《汉书・艺文志》所载“春秋时，鲁有梓慎、郑有禅灶，晋有卜偃、宋有子韦；六国时，楚有甘公、魏有石申夫”，均为当时著名的数术家。1975年在湖北云梦出土的《睡虎地秦墓竹简》中，有甲、乙两种《日书》，约为战国时期的作品。两种《日书》均采用干支法纪日、月，以四象二十八宿观象授时，按阴阳五行学说推断吉凶，借以选择出行、见官、谋事、造房的时日和方向。《日书》中有不少驱鬼、占梦、禁忌的资料，说明它是原始宗教巫史文化的遗存，是战国时秦、楚一带巫鬼道的数术学著作。战国时北方燕齐一带数术学亦很兴盛，出现了著名的数术家邹衍。

邹衍学派所倡导的天人感应原理和阴阳五行学说，成为数术学的理论支柱。邹衍将周代官府的天文历谱之学传到民间，创造了用以推理断事的直觉法和模拟法，成为数术学中颇具特色的思维方法。到汉代，天文历法学更趋发达。四分历、太初历、干象历均在汉代先后修订完成，关于《周易》象数学的研究亦趋于兴盛。信谶纬，习太一九宫之术，以卦气说、爻辰说、纳甲说、干支纪年将天文历法和《周易》象数融为一体，从而完善了数术学的基础理论。汉代易学除了田何所传的古代筮法外，还有焦延寿的《焦氏易林》，京房（前77～前37年）的《京房易》和扬雄（前53～前18年）的《太玄经》等新筮法。《汉书·京房传》载："其说长于实变，分六十四卦更直日用事，以风、雨、寒、温为候，各有占验。"京房易将六十四卦分属八宫，规定了每爻的天干、地支、五行属性，创立了纳甲、世爻、应爻、飞伏等一套术语，实为《周易》象数体系的一大革新。至唐代又以钱代蓍，简化了卜筮程序。宋代数术家更传出"太极图"、"先天八卦图"、"后天八卦图"，并以河图、洛书之学进一步完善了周易象数体系。邵雍（1011～1077年）著《皇极经世》，传《梅花易数》，是继京房之后对《周易》象数体系的又一大革新。

自汉代以后，太乙、六壬、遁甲之学日趋完善，唐代李虚中（761～813年）、宋初徐子平（907～960年）又创出四柱推命术，其他如堪舆、相术、谶书等等亦在社会上广泛流传，促成了数术学的繁荣局面，当然，其中实为术数者居多。

2."数术"与"术数"原非一回事

翻开《辞海》（上海辞书出版社1979年版），查"数术"条不见，而在"术数"条目下，则有如下解释："一称'数术'。'术'指方术，'数'是气数。即以种种方术，观察自然界可注意的现象，来推测人和国家的气数和命运。《汉书·艺文志》列天文、历谱、五行、蓍龟、杂占、形法六种，并云：'数术者，皆明堂羲和史卜之职也。'但史官久废，除天文、历谱外。后世称数术者，一般专指各种迷信，如星占、卜筮、六壬、奇门遁甲、命相、拆字、起课、堪舆、占候等。"

这种解释至少存在三个问题：一是它把"数术"看做"术数"的别名，并对"术数"作了解释，但在引征《汉书·艺文志》时提到的却是对"数术"的概括和解释，不设"数术"条目却在"术数"条目这样拐着弯儿地解释，实在有违常理；二是它没有注意到《汉书·艺文志》，虽是据刘向、刘歆父子的《七略》撰写，但在《数术略》中明明没有沿用刘氏父子所使用的"术数"这一史实，却硬将两者混用，违背了《汉书·艺文志》的作者班固的良苦用心；三是在环境保护和建筑学早就有了高度发展，古代"堪舆"（风水）学中所蕴涵的科学成分业已得到确证的今天，依然将"堪舆"也列入"迷信"之列，更是欠妥。

上海古籍出版社在《四库术数类丛书》出版说明中写道："术数为阴阳家、

占筮家之术，用阴阳五行生克制化的数理，来推断人事吉凶；即以种种方术观察自然界可注意的现象，用以推测人和国家的气数和命运，对我国古代政治、军事、文化、科技曾产生过广泛影响。”

这与《辞海》关于“术数”的解释基本一致。所不同的是后者指出了“术数”对我国古代政治、军事、文化、科技曾产生过广泛影响，虽未明确其影响的正、负性质，但并未像前者那样一概抹煞。

然而，《辞海》把“术数”与“数术”混为一谈，却非偶然。它反映了迄今为止在学界和社会上久已存在的现象。

到底“术数”与“数术”是否一回事？把两者混用是否合适？班固在《汉书·艺文志》中把刘氏父子笔下的《术数略》改为《数术略》，将“术数”二字颠倒使用，是有意还是无意？我认为有加以澄清的必要。

“术数”属于“方术”、“法术”之类。《四库全书总目》说：“术数之兴，多在秦汉以后，要其旨，不出乎阴阳五行、生克制化，实皆《易》之支派，傅以杂说耳。”而“数术”则原指卜筮之术：“数”指的是阴阳数、爻数，是占筮求卦的基础，其“术”则是占筮的方式、方法。《汉书·艺文志序》云：“太史令尹咸校数术”，视“数术”为“占卜之书”。《后汉书·方术传》称：“极数知变，而不诡俗，斯涂于数术者也。”

可见，“数术”与“术数”原本并不是一回事。“数术”者，研究或阐释“数”之“术”者也，“数”之“术”，显然是客观存在范围的事，而“术数”者，则为研究或阐释“术”之“数”者也，显然是属于主观范围的事。

“数”之“术”与“术”之“数”，字虽相同，但因位置调换而义则迥别了。

“数”在《易》中，本来是与“象”和“义”、“理”并提的。“象”指卦象、爻象；“数”指筮数、爻数；“义”指卦名、卦爻辞的意义；“理”指《易》的原则、道理。“象”为《易》的符号系统，是宇宙万物的理论模式；数不仅是《易》之数理表达，是对“象”的定量研究，而且诚如《汉书·律历志》所言“伏羲画八卦，由数起”，无“数”则无“卦”，无“卦”则《易》之占筮无从产生，所以“数”实为《易》占筮求卦之基础，“义”体现《易》的原义，“理”则体现《易》的哲理。“象”(卦)、“数”(筮)为《易》的形式，“义”、“理”则为《易》的内容。《易》的本质特点就是用“象”“数”表达“义”“理”；用“义”“理”说明“象”“数”。《左传·僖公十五年》云：“龟，象也；筮，数也。物生而后有象，象而后有滋，滋而后有数。”此话虽然颠倒了“数”和“象”的关系，但认为“数”和“象”一样，均是《易》所固有的，则是不错的。

所以，“数”是与《易》同时产生的。在这个意义上，来理解“数术”原指卜筮之术，“数”指的是阴阳数、爻数，是占筮求卦的基础，“术”则是占筮的方式、方法，以及班固所云“数术者，皆明堂羲和史卜之职也”，就不难了。

“数术”起源很早，“明堂羲和史卜之职”，表明了古代的“明堂羲和史卜”之官就是以“数术”为己任的。《汉书·艺文志》将天文、历谱、五行、蓍龟、杂占、形法六种均列入《数术略》，不是无缘无故，而是很有道理的。在科学技术很不发达，几乎全被包裹在神秘、乃至迷信的混沌襁褓之中的时代，当时的人们即使再聪明也是不能将其中的科学与迷信、技术与巫术等严格加以区分、透析出来的。

相比之下，“术数”的产生则比“数术”要晚。“术”既然指的是方术、法术等，那么“术数”之“数”自然就是指方术、法术之类的东西之中的“数”——数字、数目等，即主观认知范围的事了。“术”既然是属于主观认知范围的事，那么“术”之“数”自然也就难于超出主观认识的窠臼。这样，它在科学技术一直不发达的漫漫历史长河中，被当做“气数”加以运用，就是很自然的了。不但诸如星占、六壬、太乙、奇门、运气、占候、卜筮、命理、相法、堪舆、符咒、择吉、杂占、养生术、房中术、杂术等等都被列入“术数”的范畴，就连天文、历法、数学等，也均被列为“术数”之列。这是科学文化发展的历史所使然，反映了人们认识的阶段性及其局限性。从人类学术文化和科学技术的发展史看，我们不宜因为“术数”与“数术”的上述区别而贬低它，实际上，“术数”可以区分为广义和狭义两种。狭义的术数，可专指预测吉凶的方术、法术；而广义的术数则可包括天文、历法和堪舆等等。

总之，从《易》发展、演变的历史看，“数术”当于《易》同时产生，而“术数”则要晚得多。这是产生时间上的差别；而更为重要的是，两者的涵义也存在很大的差别：“数术”所反映的是人们对于客观事物（世界）的认识，是主观与客观之间的关系，而“术数”则反映的是人们主观世界范围内的事情，是认识与认识之间的关系。由于主观与客观之间的关系可以经受事实和实践的检验而得到验证，从而辨明真伪、是非，属于科学探索和研究的范围，而主观认识与主观认识之间的关系则无法得到事实和实践的验证，而可以任凭人们胡编乱造、信口雌黄，所以两者实际上具有根本的区别。

《四库全书总目》说“术数之兴，多在秦汉以后”，并认为其“实皆《易》之支派，傅以杂说耳”，是很有见地，也是符合史实的。

正因为两者具有这样的根本区别，所以，伴随科学文化和技术的进步，“数术”中的科学成分已经并仍在陆续被拯救出来，并在得到发扬光大的同时，被赋予新的意义。我们的先民在人类历史上首先用“数字”来表征事物，既昭示了先民的聪明睿智，也预示了“数字”在人类科学技术和整个文化发展中的重大作用。“一门科学只有成功地运用数学时，才算达到了真正完善的地步”（马克思语）。尤其是在科学技术向“数字化”发展的今天，“数术”由“数”发端的深远意义，正越来越清晰地显现出来。而其中的杂质，在科学技术和文化日益普及的历史条件下，则很自然地越来越多地被曝光和淘汰，残余的则被追求“市场价值”的“术士”们不断地更换标签，大肆地叫卖、兜售。

但是，不管“术士”们怎么装潢门面、鱼目混珠地兜售陈年旧货，终将为日新月异发展着的科学技术所不断绽放的花蕾所取代。

以天气预测为例，在科学技术不发达的历史条件下，人们曾长期听信江湖术士运用“术数”起卦预测天气，但是到了今天，人们很自然地听信气象部门运用气象云图和实地观测所作的天气预报了。至于个别“预测大师”不顾事实地依然吹嘘说，他那只是根据地名起卦的“天气预报”，比中央气象台的天气预报还准，则只能是愚顽者的自欺欺人罢了！

马克思曾经深刻地指出：心本主义是利用物本主义所留下的空白而存在的。现在各种“术数”“预测大师”之所以还很有市场，恰恰是由于物本主义给心本主义还留有的空白尚多。

3. 流传较广的常见术数

（1）卜筮 卜筮是龟卜和占筮的统称。卜筮的产生，经历了漫长的过程。改革开放以来，大陆求签问卜的现象又多了起来。它虽然没有烧香拜佛那么热闹，但迷信占卜的人还不少。在大陆以外的港澳台，以及好多国家、地区，上至政要贤达，下至一般民众，求签问卜的事经常会有。

什么是占卜呢？“占”，是指察看事物的征兆，最初是察看龟甲的裂纹或蓍草排列所形成的征兆；“卜”，则是指预料、推断。所以，“占卜”就是通过观察事物的征兆，以推断事物之吉凶。

占卜起初是我们的先民，为了预知自己活动的得失成败，认识和掌控自己的命运，运用自己的聪明才智，迫不得已而采取的一种无奈之举。

人猿相揖别，开创了由人类主宰的世界。人类社会开创伊始，人们对自身及周围的一切都茫然无知。就自身来说，有衣食住行方面的忧愁，和生老病死等等的困扰；就周围环境而言，有风雨雷电、酷暑寒冬、洪水猛兽，以及山崩地裂等等自然灾害的袭击和伤害。这些我们可以统称为“天灾兽祸”。想想在现在的社会条件下，像疫病、洪水、台风、地震，姑且给我们带来巨大的灾难，那么可以想见，在遥远的古代，在自卫能力十分低下的条件下，在一次次的天灾兽祸面前，人们所遭受的苦难，更会是多么巨大！

这种巨大，不单单表现在对生命、生活的伤害和破坏上，而且更多地表现在对人们精神的伤害和折磨上。因为那时的人们，对这些灾难造成的原因，不像现在我们已经知晓，或有所知晓，而是一片茫然，毫无所知啊！

听着轰轰的雷鸣，看着一道道闪电，望着、甚至淋着呼啸的风雨，人们迷茫、害怕，不懂得是怎么回事啊！

因为不懂，于是就要琢磨，就要探索，当得不到合理的解释时，于是就又猜测，误认为是某种超自然的神秘力量在作怪，因而才杜撰出所谓“雷公”呀、“电母”呀、“风婆”呀、“雨神”呀之类的神明来！

认识能力的低下和知识的匮乏，激发、推动着人们天真烂漫地探索、遐想、猜测和杜撰。而最初的发明创造，则正是在这当中产生的。

这是作为“万物之灵”的人类，区别于其他万物的根本之点。

在历经了一次次磨难和不幸之后，人们逐渐意识到自身生存及其安全问题的重要。

但是，由于认识能力的低下和科学的未萌，人们起初根本不能正确认识给自己带来磨难和不幸的根源，因而不得不冥思苦想地寻找。从自身到外界环境，从地下到天上，找呀找，总也找不到真实的、客观的原因，可又不死心，于是在冥思苦想中便以为有一种莫名其妙的神秘力量，在左右着自己的生存及安全，左右着自己的命运，并渐渐尝试地通过某些征兆和相应的手段，来探索和破解其中的奥秘。

正是这些征兆和相应的手段，渐渐催生出最初的占卜活动。

生存，从来是、而且永远是人生的第一需要。而安全与否，则直接与生存密切相关。

所以，生存及安全，自然而然地就成为自古至今人们所一直关注的吉凶祸福，也就是所谓“命运”问题。因此，把自身的命运，与以为在冥冥中存在的，居于支配地位的某种神秘力量联系起来，并孜孜以求地企图认识和把握这种神秘力量，就成为人们上下苦苦求索的出发点和焦点。

之所以说它是“出发点”，是因为人们的一切探索，都是从围绕自身的生存及安全问题开始的。要是不首先解决人们自身的生存及安全问题，人生、人世的其他任何问题都无从谈起；之所以说它是“焦点”，是因为人生需要探索的问题很多，但需要探索的问题纵然再多，而人们自身的生存及安全问题，却始终占据首要的、核心的位置。因为这个问题要是解决不了，其他任何问题的解决都是白搭，都将失去意义。

悠悠万事，唯此为大：人自身的生存及安全。

这是个万古不变的道理。

了解了这一点，就不难理解我们的老祖宗为什么要占卜了，为什么不论中国还是整个人类的文化，都是从带有占卜性质的巫术文化发端了；就不难理解为什么首先记载占筮活动的《易》，会成为体现中国学术文化源头的奠基之作了。

与现代人类文明相比，起初的占卜确实显得很愚昧、幼稚、低俗和笨拙。然而，遥想当年，占卜却真实地展现着、凝聚着人类的聪明才智和勇于求索的精神。

从最初的冥思苦想，到初次发现某些征兆，并尝试性地将这些征兆同生存、生活中的某些现象联系起来，渐渐地摸索出一些手段、动作，再渐渐地加以提炼、总结，从而形成最初的占卜活动。在这个过程中，每一步都凝结着人类的聪明才智和勇于求索的精神啊！

之所以这样说，是因为在当时的社会历史条件下，无论从主观方面还是从客观方面讲，都不具备得到科学解释的条件。不具备相应的条件而非要解释不可，于是就只好发挥人所特有的主观能动性了！

这就是猜测、想象和杜撰。

猜测、想象和杜撰虽然带有盲目性、随机性，但是，仍不失为人类聪明才智和勇于求索精神的体现。

人类的聪明才智和勇于求索的精神，在对于自己活动的成败得失，对于自身命运的探索和把握方面，起初之所以非要通过占卜来体现出来不可，那是囿于人类自身认识能力和水平的极端低下。在当时那样的历史条件下，人们无法科学地解释自然现象，无法正确地认识各种灾害产生的根源，因而就只能通过猜测、想象和杜撰来期求认识和掌控自己的命运。

就是说，人们起初为了预知自己活动的成败得失，为了认识和掌控自己的命运，之所以发明占卜，选择占卜，实在是一种迫不得已的无奈之举啊！

这，只要看看有些民族、地区所流传至今的，带有原始性质的占卜和巫祝之类的活动，看看它们所表现出来的那种极其幼稚而笨拙，却又极其认真而虔诚的态度，就一清二楚了。

这种探索即使再愚昧、幼稚、低俗和笨拙，却是人以外的其他高等动物所没有、也不可能有的。

“路漫漫其修远兮，吾将上下而求索！”伟大诗人屈原所表达的，正是人类所独有而特有的这种求索精神。

占卜从一开始产生，就体现着这种精神。

我国古代的“占卜”，到底何时产生，最初的形式是什么，至今众说纷纭，由于缺乏相应的可靠的史料和考古发掘资料的佐证，目前还难于厘定孰是孰非。

但是，根据迄今我国考古发掘所提供的最早的甲骨文卜辞，可以确认：占卜主要经历了从“龟卜”到“蓍占”的衍化过程。

“龟卜”，也叫“甲骨卜”，是指把用火烧灼龟甲、兽骨所形成的裂纹当做征兆，并据此来占断吉凶的方法。其具体方法大致有三：一是通过观察裂纹的位置，来占断所问之事；二是通过观察裂纹的形状，来占断事情之吉凶；三是通过观察裂纹的走向，来占断事态发展之始末。

“龟卜”起初为什么要选用龟甲和兽骨来作原材料呢？这显然与当初人们的渔猎活动和烧烤生活密切相关。在烧烤食物的过程中，经过烧灼的龟甲（主要是腹甲）和兽骨（主要是肩胛和胫骨），在比较平滑的表面上往往会形成不同的裂纹。对于这些裂纹，也许人们起初并不留意，而当留意时最初也许只是感到惊奇，而并不曾与其他现象联系起来。然而，当人们正急切地渴望探索左右自身命运的神秘力量的时候，人们的好奇心和想象力，便很容易受到激发和诱导。而许多意想不到的偶然事件的发生，又往往使人们的好奇心和想象力备受激发和诱导，以至于把毫不相干的事物也联系在一起。于是，经过多少次偶然事件的激发、诱导，使人们开始对这些裂纹发生兴趣，并渐渐地把不同位置、不同形状、不同走向的裂纹，与他们渔猎活动和生活中的吉凶联系起来，久而久之，便发明了龟卜。

而龟卜一旦产生，大千世界随时随地出现的各种无奇不有的偶然性，会进一步激发和诱导人们的好奇心和想象力，使得诸如此类的占卜发展起来。所谓“梦占”（即通过分析自己所作之梦进行占卜）、“星占”（即通过观察天上的星相进行占卜）等等，就是这样陆续出现的。

古代的占卜可以说五花八门，但有一点却是共同的：那就是运用想象力，把本来毫无必然联系的事物，硬是联系在一起。

就拿“龟卜”来说吧！

像龟甲和兽骨之类的东西，经过用火烧灼，在不同的位置，产生一些不同形状和走向的裂纹，本来是一种很自然的现象。可是，古人不了解这一点，在惊异和猜度中，硬是把它们与某些本来毫不相干的事情联系在一起，并作为占卜的征兆。由于我们的老祖宗起初从事渔猎活动的范围比较狭小，这样的占卜，也许由于偶然性的巧合，与某些事情的发生及其结果大体相符，因而使古人越发深信不疑，以至于迷信起龟卜来。

但是，不管龟卜在当时怎样为古人所热衷，而龟卜本身所具有的幼稚、荒唐性质，却是明摆着的。之所以这样说，因为从根本上说，龟卜违反了客观事实及其规律。道理很简单：人们所要占卜的事情与龟甲、兽骨上裂纹出现的位置之间，有什么必然联系吗？没有！人们所要占卜的事情的吉凶，与龟甲、兽骨上裂纹的形状之间，有什么必然联系吗？没有！人们所要占卜的事态发展的始末，与龟甲、兽骨上裂纹的走向之间，又有什么必然联系吗？也没有！把本来毫无联系、风马牛不相及的两种事物、现象，硬是人为地把它们联系起来，这还不是幼稚、荒唐吗？

那么，龟甲、兽骨上出现的裂纹的位置、形状和走向，与什么有着必然的联系呢？我想，至少与龟甲、兽骨的质地及其大小，与烧灼的火候有着必然的联系。假如将这当中的任何一个条件（质地、大小、火候）加以改变，恐怕所产生的裂纹的位置、形状和走向也都会发生变化。但是，古人却不懂得这一点。所以说，古人试图利用龟卜来占断事情的吉凶，是违反客观事实及其规律的，是毫无科学根据的。正是在这个意义上，我们才说：起初的占卜，是很愚昧、幼稚、低俗和笨拙的。

但是，我们又不能因此而笑话古人！不仅不能笑话，不该笑话，反而应该赞赏！

因为在当时那样的历史条件下，人们的认识能力和水平极其低下，人们尽管不能揭示客观事物的本质和规律，但毕竟还是动了许多脑子，经过费心、费力地琢磨、探索，才发明创造出“龟卜”来的呀！

从起初根本不留意烧灼龟甲会出现裂纹，到无意中发现，再到留意、尤其是留意裂纹发生的位置、形状和走向的不同，并逐渐把这些作为征兆，与跟自身关系密切的某些事件联系起来，这些都是需要动脑子，费心、费力地加以琢磨的。更为难能可贵的是，古人这样做，目的是为了试图认识和掌控自己的命运。尽管由于社会历史条件以及自身认识能力和水平的局限，方法不对，但也充分体现出古人不甘心听任命运摆布的，勇于探索的精神。所以，像龟卜这样的事情，也绝不是思想懒汉们所能发明创造出来的。

不仅如此，龟卜还经历了一个从自发到自觉、从被动到主动的过程。起初，人们在进行龟卜时，表现得比较自发，并没有明确的目的性，而且完全是凭借自然而然地烧灼所形成的裂纹来进行，显得比较被动，而到后来，则表现得比较自觉、主动，并带有明确的目的性了。这突出表现在，在进行龟卜时，人们对龟甲、兽骨要先进行挑选，进行一些加工，例如清洗、削平等等，还要特意地或者凿上眼，或者钻上孔，或者同时又凿眼又钻孔。一般而言，龟甲都用凿，而兽骨则往往有的只是钻孔，有的则既钻又凿；至于凿多少眼、钻多少孔，则表现出很大的灵活性。经过这样的处理后，然后再用火烧灼。这就是人们所说“钻龟取象”，使龟卜渐渐趋于程序化、规范化，以至到后来，发展到由专人（如“太卜”）来做，每逢龟卜时，还要有一套相应的礼仪与之相配合。

古人占卜当初之所以选用龟甲做原材料，特别是对于像建都、出征、祭祀、选人等当时认为重大的事件，都只用龟甲而不用兽骨，与当时人们对龟的神秘感、神秘化有关。据《礼记·礼运》记载：“何谓之四灵？麟、凤、龟、龙，谓之四灵。”将龟与传说中的神圣动物麒麟、凤凰和龙相提并论，列为“四灵”之一，足见龟在古人心目中的神圣地位。在考古发掘中，也屡屡发现玉龟之类的装饰品，也表明古人对龟的崇拜。明代医药家李时珍在《本草纲目》中这样写道：“甲虫三百六十，而神龟为长，上隆而文以法天，下平而理以法地。”意思是说甲虫类的物种有三百六十种之多，但以神龟居长，龟背甲隆起而有纹路，象征天象，而龟腹平坦有纹理象征地貌。因此，在古代，龟被视为天地之象征而受到特别的尊敬，因而才有“神龟”、“灵龟”之说，并广泛存在于古代典籍之中。可见，古人选用龟甲作为龟卜的主要原材料，并非偶然。至于除了龟甲之外为什么还选用兽骨，主要是肩胛和胫骨，则可能与它们表面比较平滑，在烧灼时，也跟龟甲一样容易形成明显的裂纹有关，而并没有像龟甲那样的神秘性，所以，主要用于一般事情的占卜。像后来的“瓦卜”（即用火烧灼瓦背，视其裂纹形状而占卜吉凶）等，也都是这样的，不过图个简便、快捷而已。

总之，龟卜在我们今天看来，虽然幼稚、笨拙，但在当时，却是十分难得的事情。人们把龟看得很神圣，因而每逢龟卜时，都显得特别虔诚，特别认真，特别投入。因此，龟卜很自然地凝聚了那个时代人们的聪明才智，和勇于求索的精神。

再来看看“蓍占”。

所谓“蓍占”，就是用蓍草所进行的占卜，将蓍草按一定规则操作所形成的排列顺序作为征兆，然后参考《易》的卦、爻辞，来推断吉凶。

为什么要用蓍草代替龟甲？历来说法不一，莫衷一是。根据历史与逻辑相统一的方法分析，我认为可能与以下几方面的原因有关：一是与古人生活方式的改变有关。以前主要以渔猎生活为主，对鱼类和兽类的烧烤，使得人们很容易取得龟甲和兽骨，而随着由渔猎生活到农耕生活方式的转变，以烧烤肉类为主的饮食方式逐渐过渡到以蒸煮五谷为主的生活方式，龟甲和兽骨自然也就随之减少了；二是与蓍草比龟甲和兽骨采制的便捷有关。蓍草生长在原野，取材便利，而且用不着繁琐的加工和烧灼了；三是与当时人们对蓍草的特殊认识有关。与龟甲相比，古人加在蓍草身上的神秘色彩更浓。例如，《易纬·乾坤凿度》说："圣人设计，以用蓍生，圣人度以虚实，英草与天齐休。《万行经》曰：'蓍生地于凋殒一千岁，一百岁方生四十九茎，足承天地数。五百岁形渐干实，七百岁无枝叶也，九百岁色紫如铁，一千岁尚有紫气，下有神龟伏于下'。"大意是说，蓍草是按照圣人的设计生长出来的，《万行经》说：蓍草从生到死一千岁；一百岁才长出 49 条茎，正好应了天地之数；五百岁形体渐渐干实，七百岁没有了枝叶，九百岁色紫如铁；一千岁时还上有紫气缭绕，下有神龟守护。大家听听，这哪是一般的草啊？简直是神草啊！《说文》中也这样记载："蓍，蒿属，生千岁三百茎。"认为蓍草是蒿一类的植物，活一千岁有三百茎。司马迁的《史记》认为蓍草"百茎共一根，又其所生，兽无虎狼，草无毒螫"。意思是：蓍草的一个根上长出一百条茎，凡是在蓍草生长的地方，野兽中没有虎狼，杂草中没有毒刺，也足以说明蓍草的神奇。

世易时移，时间过去了很久，生活习惯也发生了巨大变化，我们无法考究这些说法的真实性程度有多大，但是有一点却可以肯定：那就是当初人们之所以用蓍草代替龟甲，肯定与把蓍草看得同神龟一样神圣有关。但是，正如"神龟"毕竟不难找到一样，"神草"也同样不难找到，而且比"神龟"要容易，不然就没必要用它取代"神龟"了。

我们从《辞海》"蓍"条，可以看到这样的解释："植物名，别称'蓍草'、'锯齿草'、'蚰蜒草'，菊科。多年生直立草本。叶互生，长线状披针形，篦状羽裂，裂片边缘有锐锯齿。头状花序多数密集于枝顶成复伞房花丛，夏秋间开白色花。在我国北部和俄罗斯西伯利亚地区分布较广。用分根或种子繁殖。全草供药用，民间用治风湿疼痛，外用治毒蛇咬伤。茎、叶含芳香油，可作调香原料。庭院内有栽培供观赏的。"

可见，蓍草不过是一种多年生的草本植物，广泛分布在我国陕西、山西、河南、河北和内蒙古等地，似乎很平常，但是，它又非同一般草本植物，因为它具有重要的药用价值。单从其药用价值(治疗风湿疼痛和毒蛇咬伤)，及食用价值(作香料)来看，蓍草就与劳动人民的生活密切相关。特别是在遥远的古代，古人过着群居而以共同劳动为谋生手段的生活，防止疾病的能力处于很低的水平，又由于劳动和生活条件的恶劣，风湿疼痛和毒蛇咬伤经常困扰着人们，而蓍草恰恰能治疗这类疾患，解除人们的痛苦，因而引起人们对蓍草的崇敬以至将其神化，也是合乎情理的事情。

用蓍草代替龟甲这三条理由，是我根据诸多说法分析、概括出来的，是否站得住，大家可以讨论。

概括起来，蓍占与龟卜的不同主要有三点：第一，所选用的原材料不同。龟卜用的是龟甲、兽骨，而蓍占用的则是蓍草；第二，所依据的征兆不同。龟卜将烧灼的裂痕作为征兆，即所谓“龟兆”，而蓍占则是将按一定的规则揲(shé)数蓍草所形成的排列顺序作为征兆，即所谓“卦象”，前者是自然成纹，而后者则是人为地推算、布卦；第三，占断的方法不同。龟卜所根据的“龟兆”一旦形成，即不可改变，后来虽然增加了卜辞，但多是简短的文字(这种文字主要包括两个方面：一是在烧灼前标上要占卜的问题，二是在烧灼后记下占卜的结果)。而蓍占所根据的则是卦象，并参考《易》的卦、爻辞，重视数的推算和对卦象的分析，乃至逻辑上的推演，具有较大的灵活性。所以，《左传》僖公十五年，记载韩简的话说：“龟，象也；筮，数也。”“龟卜”所注重的是“钻龟取象”，即自然形成的“龟兆”，而占筮所注重的则是“揲蓍成数”，即按照人为的既定规则揲蓍而成的“数”。

由此可见，从龟卜到蓍占，不仅仅是所选用的原材料方面的变化，而且更重要的是占卜方法和程序的变化，而在这当中，人为的因素大大增加了。从制定揲蓍规则，到选用蓍草，按照既定的规则操作、推算而形成卦象，再到参考《易》之卦、爻辞，对卦象进行分析、占断，可以说处处都凝结着古人的聪明才智和探索精神。

如果说在原材料的选用上，蓍占比起龟卜来，相对简便了许多，但在占卜的方法和程序上，蓍占则比龟卜就显得聪明、文雅和复杂多了，而且更加规范化和程序化了。这标志着人们抽象思维能力的大大提高，尤其是对卦爻辞的创造和运用，还标志着人们对作为交流和表达思想的最基本工具，即语言和文字的创造和发展。

后人一般把“蓍占”称作“占筮”。先民在占筮的过程中根据卦爻的变化，逐渐创作出卦、爻辞，日积月累，在尔后的占筮过程中又反过来根据卦爻辞进行占筮，如此循环往复，不断升华，加以系统化，并记载下来，就形成了《易》。由于人们把龟卜和占筮统称为卜筮，所以，《周易》才被称为“卜筮之作”。南宋朱熹就是这样认为的。其实，严格地说，《周易》只是记载卜筮的作品。“记载卜筮之作”，与“卜筮之作”还是有区别的：前者意味着《周易》除了记载卜筮之外，还有其他内容，而后者则意味着《周易》就是用来卜筮的。从《周易》一书的内容看，前者比较合乎实际。

从龟卜到占筮的演变，根据相关的史料和考古学的记载，发生在殷周之际。但是，当占筮出现以后，龟卜并没有一下被淘汰；不仅没有一下被淘汰，而且还一度把它看得比占筮更庄重、更灵验。所以，在古人那里，凡是像建都、出征、祭祀、选人之类的大事，总还是以龟卜为准。即使在周初占筮开始风行后，也仍然如此。譬如，《周礼·春官》就这样写道："凡国之大事，先筮而后卜。"意思是说，凡是国家大事，总是先用蓍草占筮，而最后则仍以龟卜的结果为准，占筮不过是用作龟卜的辅助手段和参考而已。直到《左传·僖公四年》，仍这样记载卜人的话："筮短龟长，不如从长。"

但是，由于占筮，毕竟以《易》为依据，重视数的推算及对卦象的分析，而龟卜则始终停留在原始的阶段，所以，在周代以后，龟卜便渐渐不为人用了。

占筮取代龟卜，并不是一蹴而就的，而是经历了一个曲折的、漫长的过程。在分析社会历史现象的衍变时，我们千万不能用简单化、绝对化及"一刀切"的思维方法来看待。社会现象的交替并不像我们跨越壕沟之类的障碍物那样简单，说跨越一下就跨过去了。一种社会现象的消失往往要历经一个缓慢、反复的过程。占筮取代龟卜的过程也是如此。即使在周代以后，也不能对龟卜的消退做绝对化的理解，不能认为周代以后就永远没人再用龟卜了。因为事实上，"一刀切"式的突生突灭之类的社会现象，毕竟很少见。人各有志，嗜好又千差万别，再加上个人利益等方面的考虑和驱动，就使得人们对于即使同一件事情，也往往会产生不尽相同，乃至大相径庭的态度。事实上，龟卜不仅在周代以后的历代，都从未断绝过，即使到了今天，仍然还有人专门利用龟卜来招揽生意。

通过上述分析可以看出，卜筮，最初是我们的祖先，在认识能力极端低下，对自身和周围的一切都茫然无所知，还根本谈不上有任何科学和技术，甚至连文字都没有的历史条件下，在重重疑虑中，为了把握自己的命运，苦于无奈，而摸索、创造出来的，一种不得已而为之的方法。

就是说，卜筮的目的，是为了把握自己的命运；但是，由于当时人们认识能力的极端低下，对自身和周围的一切都茫然无所知，还根本谈不上有任何科学和技术，甚至连文字都没有的历史条件下，为了决疑，就只有采用占卜发方法；而占卜的方法由"龟卜"到"蓍占"，由简单到复杂，每一点一滴的进步，都体现着先民的求索精神，都凝结着人类的聪明才智。（详见拙著《周易解谜》，中央编译出版社 2011 年版）

（2）谶书　汉代称之为图谶，由谶纬之学流变而来。"谶"为占验之隐语，

“纬”为“经”在术数学中的流变。汉代谶纬图书甚多，现在尚有《易纬》留存（日本学者安居香山、中村璋八辑有《纬书集成》），图谶之书则遗失殆尽。因为谶书实际上是政治预言书，上面多有图画，故亦称图书。历代统治者将其视若蛇蝎，怕它蛊惑民心危害政局安定，或故意篡改，制造错乱，或干脆禁绝。现在社会上流传的诸如姜子牙的《万年歌》、诸葛亮的《马前课》、邵雍的《梅花诗》、《禅师诗》、刘伯温的《烧饼歌》等等谶书，实为宋、明期间的托名之作。另有托名隋唐占验派高道袁天罡、李淳风（602～670年）的《推背图》，每卦一图，配以谶言和谶诗，有金圣叹（1608～1661年）的批注本。《推背图》因流传太广，无法禁断。明太祖朱元璋慑于其中的某些预言危及自家王朝的安危，则故意错乱次序，使其面目全非。现唯有邵康节所著《皇极经世》未被篡改过，但本书与一般谶书有所不同，主要讲社会演变的周期律。其中的“元、会、运、世”之说，兼综道、释学说，堪与先秦邹衍的五行终始说相比拟。

（3）文王课　是一种以钱代蓍的六爻卦法，又称五行易、火珠林卦法，为唐宋以来社会上最为流行的易占方法，由汉代《京房易》发展而来。现在社会上流传的筮书，如《卜筮正宗》、《增删卜易》、《断易天机》、《断易大全》、《文王课秘传》等，多是传播这种筮法。金钱卦是《周易》古筮法的一种流变，断卦时以六爻所配干支五行的生克制化测吉凶，并结合占卦的月、日干支和神煞，而基本脱离《周易》爻辞。这种占法多为民间术士所用，积累了较多的占断经验，以类同歌诀的形式流传。

（4）邵康节易数　邵康节易数即邵雍的《梅花易数》，进一步简化了易占的方法，可以年、月、日、时的数目或其他可计之数起卦，以八除所计之数的余数定卦名，以六除所计之数的余数定变爻，结合爻辞及五行生克比合的关系来推断吉凶。他还发明字画起卦法，甚至以二字笔画断定卦爻和占诗，称“一撮金”。因梅花易数占法十分注意断卦的灵感和观察事物的征兆，注意训练和提高占卜者的素质，而不拘泥繁琐，简易便捷，所以流传较广。

（5）太乙神数　系“太乙统十二运卦象之术”之简称，也和《皇极经世》一样，是推算国家政治命运和气数、历史变化规律的术数学。据《太乙统宗神数》，上古时有一年冬至日半夜，恰好日月合璧、五星联珠，定为甲子年、甲子月、甲子日、甲子时，称作太极上元，上元甲子以来的年数，叫太乙积年。由太乙积年再求出太乙流年和太岁值卦，以断本年各月的气运吉凶，预测一些重大政治事件和天灾人祸。每年值两卦（本卦和之卦），共十二爻，每月值一爻。太乙数以子月为正月，即从上一年的农历十一月计起。例如据太乙数推得戊辰年及以后所值之卦依次为干之大有、坤之复、屯之比、蒙之损、需之井、讼之履等。太乙数推算国运要兼综年卦和卦爻的大运，这种术数因涉及政治，为历代统治者所忌讳，因而在社会上很少流传。

(6)六壬课　也像文王课一样，是预测人事吉凶成败的占卜之术，其法以占卜时日的干支为基准，先以占卜月的季节(月将)占卜日的干支、占卜时的地支组成六壬课式，配以六亲(父母、兄弟、妻财、官鬼、子孙)、十二天将(青龙、白虎、朱雀、玄武、螣蛇、勾陈、太常、太阴、天空、天后、六合、贵人)，以三传(初传、中传、末传)、四课(第一、二、三、四课)的生克关系以断吉凶。六壬课表面虽不用周易象数体系，实际上却与易象相通。例如其天盘、地盘仿两仪，四课如四象，三传似六爻，其中元首课、重审课、知一课等六十四种课体则和《易经》六十四卦相配。术数家称六壬之学为三式(太乙、遁甲、六壬)之最，根于天学，应于人事，系集阴阳、五行、干支、九宫诸术数之大成者。六壬课虽仅七百二十式，但断事须结合本人年命，错综复杂，变化万端，自隋代以来便受到一些著名学者的重视。当今海内外仍有习六壬课的学者，著名数学家陈省身还著文对它的预测方法作了论证。

(7)奇门遁甲　简称“遁甲”、“奇门”。以“乙、丙、丁”为“三奇”，以八卦的变相(休、生、伤、杜、景、死、惊、开)为“八门”，故名“奇门”；十干中“甲”最珍贵而不显露，“推六甲之阴而隐遁”(《后汉书·方术传序》)，故名“遁甲”。“三奇”、“六仪”(戊、己、庚、辛、壬、癸)分布九宫，而六甲常隐藏于六仪之中。奇门遁甲设有四盘：上层象天，用以排列九星，为“天盘”；中层象人，用来排列八门，为“人盘”；下层象地，用来排列八卦，为“地盘”；另有“八诈门盘”依照一定的规律排列值符、螣蛇、太阴、六合、勾陈、朱雀、九地和九天等八个星座而构成，分为正与背或阳与阴两面，分别按规则依照顺时针或逆时针方向排列上述名目，推演时八诈门盘上的值符带动着其他星座，跟随天盘九星值符的方向旋转，从而演化出各种局势，以判断人间万事的吉凶祸福。排局布盘时以顺仪(戊、己、庚、辛、壬、癸)逆奇(丁、丙、乙)为阳局，以逆仪(癸、壬、辛、庚、己、戊)顺奇(乙、丙、丁)为阴局，按年份、节令、时辰将八门、九星、八神(值符、螣蛇、太阴、六合、勾陈、朱雀、九地、九天)在九宫八卦盘上布列成局。冬至到夏至之间阳气回升，用阳遁；夏至到冬至之间阴气渐长，则用阴遁。为了将时间的干支和二十四个节气密切联系起来，布局时按正授、超神、接气、置闰的规律，将上元符头(十五日值一个节气，分上、中、下三元，每元五日，第一日为符头)和节气调整好。这样，就可以排出一种奇门遁甲的日历，从而用以选择时间、方位来占断天、地及人事的吉凶。奇门遁甲是与古代天文历法之学联系最紧、综合性最强的术数。它将古代术数家创造的阴阳、五行、天干、地支、河图、洛书、八卦、九宫等学说统统包容其中，联系成一个有机的整体。其所吸纳的信息之广、参数之多，是术数中绝无仅有的。因此，奇门遁甲堪称“中国的术数之王”。（详见拙著《奇门遁甲探秘》，中央编译出版社 2011 年版）

(8)河洛理数　是宋代兴起的一种推命术。它先算出人的出生年、月、日、时的干支(即八字)，然后以纳甲法求出天干的后天八卦数，地支的五行生成数，随后将这些天干、地支的天数(奇数)相加起上卦，地数(偶数)相加起下卦，最后将上下卦相合得出人的本命卦以推断吉凶。河洛理数是唯一以四柱(生辰八字)起卦，以周易占断的推命术。

(9)子平术　因此术将人出生年、月、日、时的干支八字称为四柱，故又名“四柱推命术”，俗称“拆八字”。唐德宗时李虚中(761 ~ 813 年)依人出生的年、月、日干支推人命运，至宋初徐子平(907 ~ 960 年)又加以完善，被后人称为“子平术”、“拆八字”。子平术以日柱的天干为本，根据其和年柱、月柱、时柱干支即“八字”的五行生克制化关系及节气旺相状态，来推断人一生命运。此术在民间流传甚广，讲述此术的著作也颇多，如《渊海子平》、《命理探源》、《滴天髓原注》、《子平真诠》、《三命会通》、《命理约言》、《穷通宝鉴》等等，社会上往往把子平术当成命理学的代表。

(10)紫微斗数　其虽属初级的算命术，但流传较广，断语明确，不像子平推命术那样复杂难断。其术先查出人的出生年、月、日、时干支，继而画出人的十二宫图(命宫、父母宫、兄弟宫、夫妻宫、男女宫、财帛宫、疾厄宫、迁移宫、奴仆宫、官禄宫、福德宫)，依出生图的五行局查出相应的星名(包括天文学上没有的天机星、天府星、文曲星、羊刃星等虚星)，分别填入十二宫内，来推断一生的命运。

(11)堪舆　原为汉代五行家推测天文、地理的五行气运之术，多用于选择墓葬、修房、卜居诸事。晋代郭璞著《葬经》，云“气乘风则散，界水则止。古人聚之使不散，故曰风水”，故堪舆术后人俗称为“看风水”。古人亦将其包括在相术之中，看阳宅称“家相”，看阴宅为“墓相”，周代有“相彼阴阳，观其流泉”的说法，为相阳宅，后来受厚葬尊祖习俗的影响才盛行墓相，以龙、穴、沙、水、向为判断吉凶的条件。堪舆之术方法繁多，有以人的出生日期定方位者，也有以奇门遁甲选方位者，但均不违八卦五行生克制化之理。

提起“风水”，恐怕连稍大点儿的孩子都不陌生。然而，要问“风水”的确切涵义，恐怕有许多人说不清楚；至于应如何看待它，那就更众说纷纭，态度各异了。

上海辞书出版社 1979 年版的《辞海》，在“风水”辞条中解释说：“也叫‘堪舆’。旧中国的一种迷信。认为住宅基地或坟地周围的风向水流等形势，能招致住者或葬者一家的祸福。也指相宅、相墓之法。”在“堪舆”条中，该《辞海》则解释说：“即‘风水’，迷信数术的一种。指住宅基地或坟地的形势，也指相宅、相墓之法。”

按说，对于“风水”涵义的上述解释，是基本正确的。然而，它自身却包含着难于自圆其说的矛盾：既然认为它是“指住宅基地或坟地周围的风向水流等形势”，又说它是“一种迷信”，那么人们不禁要问：难道“住宅基地周围的风向水流等形势”，与住宅的安危及其主人的祸福毫无关系吗？这是稍微有点儿生活常识的人就能做出正确判断的一个问题。

倒是商务印书馆 1978 年版的《现代汉语词典》，对于“风水”的解释比较准确：“指住宅基地或坟地等的地理形势，如地脉、山水的方向等。迷信的人认为风水好坏可以影响其家族、子孙的盛衰吉凶。”说它的解释比较准确，是因为它并未把风水和迷信不加分析地联系在一起，因而不存在难于自圆其说的矛盾。

在工具书上出现的对于“风水”之涵义的不同解释，反映了现实生活中，人们对于“风水”的不同认识和态度。

我们看到，到了科学和技术，尤其是环境保护和建筑学高度发展的今天，恐怕谁也难于否认人们的住宅基地周围的风向水流等与其自身安危、祸福之间的关系了。因为自古至今，由于住宅基地选址不当而在突如其来的山体滑坡、泥石流、地面下沉或其他自然灾害面前，人们的生命财产遭受灭顶之灾的事实，已经够触目惊心的了！所以再把“风水”与迷信不加分析地联系在一起，是站不住脚的。然而，在对于“风水”的认识和态度中，也的确存在着迷信。

君不见，今天仍有那么多人不是以当今科学和文化高度发展的眼光看待“风水”，尤其是其中所包含的由于历史的、阶级的和认识的局限等原因而积淀的迷信之类的糟粕，以至于扑伏在“风水先生”的脚下，对于他们嘴里把人生的吉凶祸福、生老病死和官运财运等等都不加分析地与“风水”联系在一起，认为“风水”主宰着自己乃至子孙后代的“命运”的说教，也笃信不疑，甚至当做“科学”来崇拜；而一些“风水先生”则公然在他们明明是从老祖宗的迷信堆里拣来的陈年旧货上，变着法地贴上“现代科学预测”的时髦标签，四处叫卖兜售，自欺欺人，从中渔利……应指出，这种现象，在有些地区已经到了泛滥成灾的地步，不仅给人们的生命财产造成不应有的损失，而且严重腐蚀着大众的心灵，污染和毒化着社会风气，危害着精神文明的建设，理应引起全社会、尤其是科学文化工作者和各级领导者的重视。

历史和现实一再向人们昭示：在包括文化现象在内的一切社会现象中，凡是看似偶然出现的事物的背后，都有着孕育其产生的必然的根由。在看到人们对于“风水”的不同认识和态度以及所产生的不同的社会后果之后，进一步分析其所由产生的必然缘由，比简单地斥责、否定要有意义得多。

人们关于“风水”的认识和谈论，起源很早。从考古发掘可以看出，远古时期的中国人在建房修墓时就开始选择地理形势了，有关风水的谈论和知识便开始出现，但形成比较系统的学说，据考证，则是秦汉以后的事。因为原始的风水知识与阴阳五行理论相结合才形成风水学说，而阴阳家则出现于战国时期，到秦汉时期才对朝廷和民间产生较大的影响。《四库全书》所收两种最早的风水学著作《宅经》和《葬书》，成书时间则更晚一些，是魏晋以后的事。隋唐五代时期，风水学继续发展，出现了杨筠松和曾文灿等专家。到了宋代，这门学问真正盛行，一大批风水学专家如赖布衣、陈抟、吴景鸾、蔡元定相继出现，许多重要的有关风水学的著作也是在这时出现的。

但对于“风水”第一次给予比较规范和明确的解释并为后世学者所认可的，当推晋朝的学者郭璞(276～324 年)。他在《葬书》中指出：“葬者乘生气也。经曰，气乘风则散，界水则止，古人聚之使不散，行之使有止，故谓之风水。”其意思是说，埋葬死者要寻找和利用有生机的地气，也就是乘生气；而生气见风则散，遇水则止，古人就尽量使它不散，而让它聚集，所以便叫风水。虽然郭璞只讲了葬事，但人们习惯上把葬事以外的地理形势也叫“风水”。葬事以外的风水，主要是指建筑房屋的地理情况。房屋是给活人住的，坟墓是给死人住的，反正都是住宅。所以古人便把建房的地理叫“阳宅风水”，而把修墓的地理称作“阴宅风水”，因为不论“阳宅风水”或者“阴宅风水”都离不开地理形势，所以人们又习惯于把“风水”叫做“相地术”。

至于为什么把“风水”又叫做“堪舆”，汉朝学者许慎曾解释说：堪指天道，舆指地道；堪舆就是观察天道和地道与人的吉凶祸福等之间的关系。

要辨明风水学与科学和迷信之间的关系，需结合这一文化现象产生和发展的历史进程来分析、说明。

当人类从原始的岩居穴处状态进化到建房盖屋时，就要选择地方。这种选择最初可能有很大的盲目性和随意性，但时间一长，便积累了经验，知道建在低洼处容易遭水淹，盖在高旷处却又容易被风刮，坐南朝北采光不好，而离水源太远则生活不方便等等，于是开始选择地势较高、背风向阳、离水源较近的地方。正是在这样的过程中，与地理学、建筑学等联系在一起的“阳宅风水”学说便应运而生了。这无疑是人类建筑实践的需要，因而从它一产生的那天起就反映了人类对自己所处的客观环境的认识、利用和改造，积累并凝结着人类的经验、智慧，包含着科学的萌芽并记载着人类在向客观真理艰难探索中的步伐和进程。但由于那时人类抵御自然灾害的能力太差，建盖房屋的材料和方法、手段太原始，因而常有房屋倒塌的祸事发生。而人们对于这些现象又无法做出科学的解释，便看成是“神”的力量，于是把本来属于地理学和建筑学的一些缘由附会到神的身上。所以，“风水”学一兴起，便掺杂着迷信的内容，就是自然而然的了。但这是与人类当时认识和科学文化水平的极其低下分不开的，是无可奈何的。

那么以后，伴随人类认识和科学文化水平的提高，为什么掺杂在其中的迷信和糟粕却未能相应地减少和剔出，反而又增加了呢？这就不能不牵涉到人类文化进程中社会的、阶级的和思想文化等方面的根源了。社会政治经济地位的差别和各种不公，阶级的私利和需要，人们在思想文化上尤其在风俗习惯上的相对滞后，以及由于种种原因所造成的大片大片人群的相对落后、愚昧、偏见和无知等等，往往使人们不但不能利用人类认识的成果和科学文化的最新成果，去剔出以往文化中的迷信和糟粕，反而会经常把最新的成果变成为过去的迷信和糟粕进行注释乃至翻新的手段。这种现象不仅在“风水”文化上反映了出来，在其他文化现象上也都毫无例外地反映了出来。

至于说到“阴宅风水”，情况则不同。由于古人对于死亡缺乏科学的认识，起初普遍认为人死后仍然有灵气，而这种灵气又能跟活人相互感应，或能保佑活人升官发财，或能导致活人败家倒运；同时还认为山水地理也有生气、死气，并能通过死者的灵魂感应到活人身上，带来福气或灾殃。所以，说“阴宅风水”是一种迷信，倒是基本符合事实的。之所以说是“基本符合事实”，是因为即使在“阴宅风水”中，也仍然蕴涵着某些科学和真理的颗粒。比如，许多墓葬的发掘都展示出古人在埋葬死者时有讲卫生或环保方面的考虑：墓穴要是选择不当，一旦被风刮水冲，则尸骨裸露，腐臭熏蒸，很容易引起疾病。因而从这一角度来分析“阴宅风水”，也有一定的合理因素。当然，这在“阴宅风水”的成因和传播中占据很次要的地位，而占主导地位的是与灵魂不死和生死轮回等联系在一起的迷信。

跟灵魂不死说教相联系的是，认为有一个与人类社会即“阳间”相对应的阴间。尤其是佛教传入中国后，老百姓普遍接受了这一观念。既然人死后要进入阴间，那么为了使死者能在阴间过得好，当然就要好好地选择和修建墓地了；墓地选择得越好，坟墓修建得越好，人在阴间就越能享福，并且还会“福荫子孙”。这本来是毫无根据的瞎说，但许多人却深信不疑。就是在改革开放，大力倡导破除迷信、解放思想的今天，仍有许多人对此执迷不悟。在埋葬死者时，除了选地修坟大兴土木外，还不惜借用进步的科技手段和便利条件，举办隆重的殡葬仪式，以至耗费巨资，将纸扎的奢侈品诸如电视机、电冰箱、高级音响和名牌轿车，甚至贵重的金戒指和项链等等，焚化或陪葬，以供死者到阴间享用。这种迷信活动在一些地区的泛滥和猖獗，与我们正在大力倡导和进行的社会主义精神文明建设背道而驰，已经并仍在产生严重的后果。

综上所述，“风水学”是中国传统文化当中的一项内容。它所涉及的是人与自然环境之间的关系问题，其核心和目的旨在探寻人与环境之间的和谐相处。“阳宅风水”尽管掺杂着许多迷信和糟粕，但却蕴涵着地理学、建筑学和环保学等方面的科学内容和成分。挖掘、整理和总结这些科学的内容和成分，剔出掺杂于其中的迷信和糟粕，使之融汇到现代科学文化的洪流之中，以发扬光大，服务于改革开放和建设事业，当是目前学术文化建设的一项任务。至于“阴宅风水”，随着殡葬改革——从土葬到火葬的推行，其中原有的出于卫生或环保考虑的合理内涵也失去了意义，当是应否定和摈弃的。但是，这种否定和摈弃应与科学的普及，比如针对灵魂不死和生死轮回等所做的物本主义和无神论的宣传教育结合起来，才容易见效。

(12)相术　相术在中国起源甚早，先秦古籍多有记载。现社会上流传有《麻衣神相》、《柳庄相法》等书主要讲相人；《金面玉掌》等书主要讲相面、相手；还有难度较大的《神相铁关刀》等书。有的相术书如《麻衣神相》中含有调查统计的概率，并借鉴了《黄帝内经》等医书关于疾病的诊断等，因而蕴含一定的科学成分。对此，拙著《周易与养生》(首都师范大学出版社 1994 年版)一书曾专门论及。另外，还有相骨之法，《相马经》、《相牛经》等书，以及相狗、相鸟之术。

(13)杂占　系指驳杂的术数占卜方法。《后汉书・方术传》云：“神经、怪牒、玉策、金绳、关扃于明灵之府，封縢于瑶坛之上者，靡得而窥也。至乃河洛之文、龟龙之图、箕子之术、师旷之书、纬侯之部、钤决之符，皆所以探抽冥赜，参验人区，时有可闻者焉。其流又有风角、遁甲、七政、元气、六日七分、逢占、日者、挺专、须臾、孤虚之术，及望云省气，推处祥妖，时亦有效于事也。”足见当时杂占之一斑。到魏晋时，更有风角、星算、望气、三元、六壬、三棋、八卦、九宫、龟策、太一、飞伏等杂占之术风行于世。据载管辂、郭璞等术数家，断事如神，名重一时。这些术数后世多失传，仅有少数民族地区的民俗中尚保留一些鸟卜、鸡卜、棋卜、竹卜、龟卜、梦占、动物内脏卜等占法。现存有六朝时《灵棋经》二卷，可知古代十二棋卜的概貌。敦煌遗书中发现的《新集周公解梦书》，也提供了唐代的占梦数据。《道藏》、《佛藏》及其他类书中亦不时发现一些按人的生辰、属相、神煞推命、看相和占卜的术数书及各种禁忌书，皆可归入杂占一类。现在社会上所流传的不少推命、看相、占卜等五花八门的书，多为江湖术士谋食盈利之用，亦多为杂占之术。

4. 科学迷信需缜辨

上述各类术数，无疑掺杂着大量的迷信和糟粕。但是一些术数在中国流传数千年，必有其自身存在的价值和流传的社会根源。对其自身蕴含的价值，宜结合新的社会条件加以具体分析，取精剔糟。而对其赖以流传的社会根源，也应作具体分析。不问其自身价值和社会根源地强令一概禁绝，行不通，也不适宜。中国历代帝王发布的禁令很多，但大多不禁术数。清代大兴文字狱，书禁最严，然而康熙编《图书集成》，乾隆编《四库全书》，都广收术数之书，并由术数家们编成《协纪辨方》一书。

就其总体看，数术学乃是一种杂有迷信和荒诞成分的社会、人生预测学。

据往究来，企求预知个人、家庭和社会等等的未来，以趋利避害，求得平安、顺达、幸福和圆满等等，是人人追求的目标。但是，由于受社会历史条件的局限所铸就的，人类自身认识能力和整个科技学术文化水平的限制，人们只能在所能达到的限度内，渐进地、逐步地向着这个目标迈进，而在这样的过程中，由于无知、未知和少知以及探索的艰难曲折，而出现迷信、邪说，乃至荒诞不经的观念和言谈举止，都是很自然、很正常的。即使代表某个历史阶段的智商最高的所谓人杰，也不可能超越历史的局限，照样会在艰难地求索中不可避免地犯这样那样的认识上的错误，也照样会失足、越轨，不知不觉地陷入迷信、荒诞和臆断的泥潭。即使在今天，这种情况依然存在。只是伴随社会历史条件的变化，和整个人类认识和科技学术文化水平的提高，一代比一代越来越进步就是了。

这是就人们正常的举动而言，要是联系社会上总有些人在私心杂念的驱动下，以谋利敛财为目的而故意炮制学术文化垃圾，就使得数术学的内容越发复杂，越发充满糟粕和迷信之类的东西了。但是，不管什么学说，终究要接受生活和实践的检验，尤其是像数术这类历代与人们的生死安危紧密相关的学说，更容易在人们的日常生活和实践中直接得到检验。

所以，从总的趋势看，凡是企求预知的数术学说终究要以应验来寻求在社会上的立足之地，这就必然在社会实践和日常生活的逼迫下，使它们不得不或明或暗地向经得起验证的科学靠拢。所以，数术学在某种意义上说，是催生中国科技和学术文化的重要酵母。

因此，面对浩如烟海的数术学著述，我们要正视并厘清其中所包含的带有探索性和真理性的科学内容，和难于避免的带有臆测性、杜撰性的糟粕及迷信，从而一方面要探究、发现、拯救出其科学的成分，在新的历史条件下加以继承和发展，另一方面又要剔除其杂质，防止其在某些唯利是图的江湖术士的鼓噪下，在冠冕堂皇的商标和叫卖声中继续迷惑、欺骗民众。

总之，我们应审慎地对待祖先留传下来的数术学遗产。

由于20世纪五十至七十年代的长期文化禁锢，和一次次“大批判”，尤其是“十年动乱”对中国学术文化的残酷扫荡，就连正常的学术文化研究都被窒息了，就更别说像数术这样被视为“纯粹迷信”的学说了！在实行改革开放后，尽管学术研究的氛围得到空前改善，但数术学依然多年遭受冷待，直到20世纪九十年代，情况才渐渐好转，数术学才开始进入有识之士的研究视野。

数术学在中国民俗学、民间宗教，尤其是道教文化中，所占的地位和学术价值，是毋庸置疑的。就总体而言，数术学所遵循、体现的古代学术思想大致有：

(1)阴阳对立平衡　数术学中渗透着阴阳对立平衡的思想。阴、阳相分相生，互为根本，既相互制约，又相互滋补，在自然地趋于平衡中促成万事万物的生成和发展。

(2)五行生、克、制、化　数术学认为宇宙大系统及各个子系统之间，不同层次的主、客体结构之间，都存在着一一对应的要素。这些要素都按金、木、水、火、土五行分类，并以五行之间形成的生、克、制、化关系，使不同层次的要素都分别处于相互制约的稳态体系，即今天所称谓的网络建构之中。

(3)天地人“三才”相互感应的独特宇宙模式　数术学将人看做是一个小宇宙，与天、地所构成的大宇宙相互沟通，依照其固有的规律运行和演化，促成了天、地、人“三才”即三大基本现象之间既相互区别，又相互制约的，相互感应的宇宙模式。

(4)独具特色的时空观和宇宙象数模型　上下四方为宇，即空间；古往今来曰宙，即时间。数术学将宇宙并称，以《易》的体系组成时空坐标系，认为宇宙处于生生不息的“变易”之中，而其运动规律却是“简易”明了的。数术学以“道生一，一生二，二生三，三生万物”，“无极而太极，太极生两仪，两仪生四象，四象生八卦，八卦相重为六十四卦，三百八十四爻，以类万物之情”来解释宇宙生成和演化图景，并竭力用太极、阴阳、三才、四象、五行、六爻、八卦、九宫、十干、十二支、二十四气、二十八宿等象数体系，来建构宇宙的时空模型，以模拟宇宙万物的演变规律。古代天文历法之学是数术学建构宇宙象数模型的出发点，河图、洛书和周易象数体系则是这些模型的基本框架，以天干、地支组成的时空坐标系是进行数术预测的根据。各类数术活动，无不先选择一个时空坐标系，再建构一个象数模型，由这个象数模型的变化来模拟和预测事物的变化趋势。

(5)宇宙万物运动的同步律和周期节律　数术学认为宇宙主、客体结构之间的关系不仅符合同构律，而且符合同步律，就是说各结构发展、变化的速率基本是同步的。如果各要素间发展变化的速率失调，必然引起系统的振荡，发生天灾人祸和巨大变化，然后在相互制约中恢复同步。因此分析事物变化的速率和失调现象，便可根据征兆来预测重大事件的趋势和前景。

数术学还认为宇宙万物的运动均具有节律，重大变故的发生也遵循某种周期律。9、12、60、64、81 等数字，之所以在数术学中具有神秘性，恰恰是因为它们代表着某种变化节律。数术学中最基本的节律是天干、地支的循环。天干、地支纪时法是我国古代科学之重要酵母，它所暗含的宇宙规律，使许多自然现象和社会现象都与它发生某种联系，至今仍有许多谜团未能解开。

(6)直觉、灵感及其对人体潜能的开发　任何偶然性的背后都潜藏着必然性，而数术学的基本方法则恰恰旨在抓住偶然现象，借模拟推理来推断、预测其中的必然联系。例如，用金钱起卦的某种卦象的出现具有偶然性，但利用这种卦象模拟占卜的内容，来预测、断定具体事件发生的结论却是必然的。数术学这样根据偶然来预测、推断必然，并不一定真正符合事物的客观实际，但为了使偶然的事件代表必然的结果，从偶发的征兆中摄取必然事件的超前信息，数术学特别注意利用直觉和灵感，并通过入静、集中意念等方式开发人体潜能。例如，邵康节的《梅花易数》，便有《三要灵应篇》，其“三要”即运用耳、目、心之要，强调以灵感洞察事物的先兆。实际上，数术学本来源于先民的巫史文化。当初人的理性思维虽然比较贫乏，但直觉思维却十分发达。在文明尚未开蒙的古代，先民的感官要比今人发达和灵敏得多。在漫长的生存斗争中，先民囿于根本谈不上有什么科技文化的局限，遭受着各种蒙昧思想的束缚，就只有更多地利用和发挥在很大程度上，带有本能性的直觉和灵感之类的本领，来认识世界和改造世界。这是个充满无奈和痛苦的漫长历程。然而认识能力的提高和知识的积淀，以及以此为基础的科技学术文化的渐渐萌生和成长，也正是发生在这样的历程之中。由于用进废退规律的作用，人类在认识和科技学术等方面所取得的某一方面的进步，却总是以另一方面的退步为代价的。在充满艰难曲折的历史长河中，人类的理性思维逐渐被开发，科技学术文化也逐渐进步，并伴随人类认识能力的提高和历史的进步，终于迎来了高度发达的科技学术文化的昌明，但人类的感官直觉和灵感却因此而越来越退化了。这也许是许多在科学文化未萌的时代的伟大发现，至今不能为人们所破解的一大缘由。

从某种意义上说，汉代以来越来越兴起的数术学，不过是数术家相信并企图通过激发自己的直觉和灵感，通过利用古代遗留下来的象数工具，摄取事物变化的超前信息，对那种早已丢失了的本领的寻求，是借助自己的智慧向祖先预测能力的复归。

先秦和汉代的数术学本来范围颇广，后来因受维护帝王专制的正统观念的排斥，便流入占验派道士和民间术士手中。占验派道士外修术数，内炼道功(内丹学)。内丹学所蕴含的科学思想相当丰富，这里不论及，仅就占验派术数家来说，谁也无法否认其所运用的阴阳五行学说、天人感应原理及古代天文律历知识和干支纪时法等等，所包含的真实的科学内容。

但是，人们自然要问：用这些掺杂着迷信和各种糟粕的古代科学思想进行数术预测，到底是否具有科学性？

“抬头看天道，出门问路程。”这当中的一“看”一“问”，其实就有预测的意味。实际上，预测本身是人生的追求和社会的需要。预测学是人类科技学术文化史中必不可少的一大内容。而数术学则是中国古代预测学的主流学说。依据今天正在高度发展和进步的科学技术，判知人脑具有预知的能力。而依据人脑自身的预知能力，通过捕捉事物在其发展过程中所显露的征兆、所传递的信息，来预测和推断未来，是人类区别于其他动物的特有的主观能动性的体现。而中国古代数术学则正体现出这一点。建立数学模型来研究和推测事物的运动状态，是现在科学常用的方法，这与数术学利用象数模型进行预测的方法颇为类似，而数术学依据的模拟推理又是逻辑学推理方法的一种。数术学依据的那些宇宙节律，建立的那些象数模型，以及那套推理过程，究竟有多少科学性，有无发展和完善的价值？至少是有待于进行验证和统计的问题，而不宜用“迷信”二字一概而论。事实已经证明，中国古代所传各类数术，都是能制成程序输入电子计算机进行模拟的。问题在于，这样的模拟到底有无科学依据，以及在多大程度上有科学依据。这是要经过缜密的实验和反复的验证才能回答的了。所以，数术学的研究，至少应是中国科学技术史研究中的一大课题。

在中国几千年的专制社会里，统治者多视科学技术为奇技淫巧，相关的研究人员也被列入一班方士、术士者流。由于《易》从汉代起被尊为“儒家”《五经》之首，《易》之象数体系无形之中成了进行科学启蒙的教科书。回顾历史，中国古代科学曾经走在世界前列，一系列辉煌的发明创造大都与方技、数术有关。火药本为炼丹方士发现，指南针则起初为堪舆术士手中的工具，天文历法与星占术更是密不可分。中国古代天文历法走在世界前列。数术学以天文、历法学为基础发展起来。其中的科学思想又为其他科学技术的发明创造，提供了源泉。

数术学本身就是中国学术文化的一个重要内容，整个中国学术文化史的演进几乎始终与数术学联系在一起。从殷周甲骨卜辞到《易经》、《易传》，从邹衍学派到汉代谶纬之学，从扬雄的《太玄经》、焦延寿和京房的易学，到管辂和郭璞的术数，唐代的天文、律历之学，宋代周敦颐的《太极图说》、邵雍的《皇极经世》和《梅花易数》，明代刘基和徐子平的占验之术等等，均对中国学术文化产生巨大影响。但是，近半个世纪以来出版的中国学术文化专著和教科书，却恰恰缺少数术学的内容。近些年虽有学者开始投入数术学的研究，但就整个“国学”的研究和著述而言，数术学的研究还是薄弱得很。

5. 卜筮实质在决疑

让我们通过透析卜筮，来加以说明。

古人所进行的卜筮，不管是龟卜还是蓍占，其实质都在于“决疑”。

对此，古人也早就有所认识和概括。例如，在《尚书·周书·洪范》第七，就专门列了《稽疑》一章。“稽”就是稽查，“稽疑”就是稽查疑难困惑。结合《稽疑》一章的具体内容，“择建立卜筮人，乃命十筮”，即“选择建立掌管卜筮的官员，教导他们卜筮的方法”来看，实际上专门讲述了通过“卜筮”来进行“决疑”或决策的方法。所以，所谓“稽疑”，就是指“卜筮决疑”。《尚书·洪范》中还明确提出了“明用稽疑”这个词汇。对此西汉易学家孔安国(约前156～前74年)解释说：“龟曰卜，蓍曰筮。考正疑事当选择知卜筮人而建立之。”意思是说，要考证疑难之事，应当选用善于“卜筮”的人来进行。唐代易学家孔颖达也解释说：“明用卜筮以考疑事。”可见，“稽疑”即“卟疑”，意思是用龟甲或蓍草占卜以解除疑惑。许慎在《说文解字》中指出："卟，卜以问疑也，从口、卜，读与稽同。《书》云：'卟疑'"。"卟"读作"jī"，所以，"卟疑"不过是"稽疑"的不同写法。又说："卜，灼剥龟也。象炙龟之形，一曰象龟兆纵横也。凡卜之属皆从卜。"而所谓"明用"就是施行"明火"之义。所以，《说文》说："明，照也"、"照，明也"；"用，可施行也"。古代以阳燧（同"阳遂"）映日所点燃的、用以祭祀和占卜的火，就是"明火"。《周礼·秋官·司炬氏》有"掌以夫遂取明火于日"之说，而《周礼·春官·菙氏》也有"凡卜，以明火爇燋"之说。因此，"明用稽疑"就是指用明火进行卜筮，以解决疑惑的意思。

"明用稽疑"这种"卜筮"行为，之所以能成为古代一种治国方略的决策之法，源于它的神圣性。远古的神话传说，"天"是借助于洛水里的龟"赐禹洪范九畴"的。而大禹之所以能治理好洪水，则是依赖于"天与禹，洛出书，神龟负文而出，列于背有数至于九，禹遂因而第之，以成九类。常道所以次叙"，就是靠了"天"助。由此可见，"明用稽疑"时所用龟甲进行的占卜结果，体现的是"天意"。而"天意"是不可违拗的。这就是为什么在《稽疑》所论述的具体"卜筮"方法中，认为人们在遇到疑难问题或准备做一些大的决策之前，必须根据各种龟兆卦象来推演变化、决定吉凶，并一再强调"龟从"，则万事吉；若"龟筮共违于人"，"用作凶"的缘由。就是说，顺从"龟卜"显示的征兆来决策、行事，就万事大吉；而要是"龟卜"显示的征兆都与众人的愿望、意见相违背，而硬要决策、行事的话，就肯定凶险。换言之，"龟卜"所显示的体现"天意"的征兆，比众人的愿望和意见更重要，绝对不可违拗！

"明用稽疑"既然被运用于国家大政方针的决策之中，那么，其对于人们认真生活的影响自然就更大了。所以，在日常生活中，人们不论遇到什么疑难问题，而感到困惑，一筹莫展之际，"占卜"就往往被派上了用场。这就是人们常说的"卜以决疑，不疑何卜"。"占卜"是为了试图解除遭遇的疑难困惑，假若没有疑难困惑，谁还会"占卜"呢？

"卜以决疑，不疑何卜"的想法和做法由来已久。古人所谓"乐者玩其辞，忧者玩其占"，就蕴含这样的认识和言行。就是说，当人们高兴、无忧无虑的时候，很自然地会玩味、欣赏《周易》的美妙之言辞，谁也不会想到要"占卜"；而一旦人们遇到烦心的事情，忧心忡忡、疑虑重重时，就会很自然想到用《周易》的"占卜"来寻求解脱了。

关于这一点，三国时代的魏国人王弼，在诠释《周易》时，说得更加明确了："筮者决疑之物也。"就是说，"卜筮"是专门用来决疑的东西。

人在处于忧虑和疑惑之境遇时，很容易想到用“卜筮”的方法来寻求解脱之法。所以，这一说法被尔后的易学家们所公认和传承，如唐代的孔颖达，以及清代《四库全书》的编纂者都秉持这一说法。“龟者决疑之物也”，“筮者决疑之物也”，“筮之为言决疑之谓也”。（参见《四库全书·周易注疏》、《四库全书·周易经传集解》）

人们试图通过“占卜”来解除遭遇的疑难困惑，但是，历史和现实都一再证明：“占卜”至多为人们提供暂时的、甚至稍纵即逝的自我安慰之外，并不能真正使人们解除所遭遇的疑难困惑。但是，由于客观事物的复杂性和多样性，运动的永恒性，发展的无限性，特别是由于随时随地可能出现的某些偶然性，总会使某些人阴差阳错地撞上一些类似“守株待兔”之类“幸运”事，并恰好与其“占卜”的结果相“吻合”，因而使得这些人越发笃信“占卜”，并将其所遇到的“幸运之事”，添枝加叶的编成“传奇故事”在社会上扩散、传播，从而使得“占卜”之风不仅不能削弱，反而有时越发刮得更大了。

将“占卜”产生和盛行的那个时代，与我们今天所处的时代相比，单就人的认识能力和科学技术而言，简直有着天壤之别。所以，如果说在那样的时代，我们的先人发明占卜，以期求决疑并把握自己的命运，不失为一种聪明的话，那么，在今天，当人类的认识能力空前提高，科学技术突飞猛进，完全可以通过科学的认识和手段，来寻求掌控自己命运的社会历史条件下，有这样的条件而不利用，却硬要像古人那样，通过占卜，通过算卦来决疑并把握自己的命运的话，这就非但不是聪明，而是愚蠢了！

那么，为什么还有那么多的人迷信占卜呢？

事实上，通过占卜，人们能从中寄托思想上的期待，求得心理上的欲求、依托、慰藉和平衡。

为什么这么说呢？因为通过占卜所得到的各种可能性的答案本身，就为人们提供了表达心理上的欲求、依托和期待的载体：占卜所得到的每一种答案，都寄托着一种心理上的欲求和期待，即希望它如何，或不希望（惧怕）它如何；那些与吉、福、成、得相联系的征兆，是人们所期待和驱往的，而那些与凶、祸、败、失相联系的征兆，则是人们所不希望（惧怕）和回避的。而当某种偶然性的结果，与各种可能性的答案当中的某一种，正好相吻合的时候，人们便以为是诸如“神灵”之类的东西帮了忙，成全了自己，于是得到心理上的慰藉，因而就愈发笃信占卜了。

现实生活中类似的事例很多。当人们对于自己所处的环境感到不安全，对于自己所遭受的不幸，甚至所遇到的不公平的待遇等等，承受不了，无法摆脱，而又无处申诉、求助无门之时，便很容易通过非理智的方法来试图解脱，以求得心理上的慰藉、支持。

烧香磕头，祈求神灵保佑是如此，算卦也是如此。“衣食住行您甭管，只求暗中保平安！”这是在我们老家一带，人们烧香磕头时流行的一句谚语，意思是说烧香磕头祈求神灵，并不指望它解决衣食住行当中的问题，而是祈求它暗中保佑平安。仔细揣摩揣摩这句话，很有意思，讲出了一个简单而朴素的道理。因为人们衣食住行当中的任何难题，解决不解决，是很容易得到生活验证的。而生活的切身体验反反复复、明明白白地告诉人们，“神灵”是解决不了自己衣食住行当中的任何难题的。所以，与其不切实际地强求，还不如干脆主动地放弃，因而才说“衣食住行您甭管！”至于祈求神灵“暗中保平安”，则是无法得到证明的；因为人们过日子，平安的时候居多，而遭遇意外的时候则总不常见嘛！所以，人们这样说，也不过是自我安慰而已。烧香拜神是如此，算卦又何尝不是如此呢？人们自愿出钱算卦，这种举动本身就承载着内心的某种希望和期待，所以，不管算命先生作出怎样的回答或暗示，对于求卦者来说，都是一种心理上的抚慰。而当遇到阅历深厚，善于察言观色、揣摩对方心理变化趋向的算命先生，所作出的回答或暗示，正好与求卦者的心理欲求相吻合时，求卦者便会感到强烈的心理慰藉和支持，于是心满意足、高高兴兴地自愿掏腰包了。

过去，我们往往不加分析地把算卦一概说成是“迷信”，归咎于算卦者的“愚昧无知”，其实，这样说是不全面的，因为这种说法没有看到算卦得以存在的社会历史根源和思想认识根源，尤其是心理上的根源。

我们每一代人、每一个人也都生活在一个特定的自然和社会环境之中。不管社会多么进步，科学文化多么发达，人在一生中总难免遇到这样或那样一些出乎意料的事情，遇到凭借自己的知识、才智无能为力、无可奈何的棘手难题，从而陷于迷茫和困惑之中。在这样的时刻，人就往往感到自己的安全受到威胁，自己的命运无法掌控，因而就往往试图通过某些非理智的办法试图摆脱或解脱，而算卦就是非理智办法当中的一种。孔子在周游列国遭遇陈蔡之困时，为什么居然改变年轻时不主张卜筮的初衷，而也频繁地占筮了呢？就是这个原因。

历史和现实一再向我们昭示：当人们的才智不足以排解面临的困境而一筹莫展之际，人们的行为就很容易丧失平时所持有的理智标准，而往往借助于某一种偶然性的东西来作为是与非、行与止的指南，于是，自己所熟悉的或临时杜撰出来的占卜、算卦之类的东西便被派上了用场，成为最好的、帮助自己决断的工具。此时的占卜、算卦，作为一种行为，其作用和意义并不在于其结果的准确与否，而在于其行为本身所具有的情绪宣泄、心理诉求功能。处于彷徨歧路、心力交瘁、无所适从、犹豫不决的人们，往往凭借偶尔运用的占卜、算卦所给予的启示，于不知不觉中获得了慰藉，看到了希望，增强了信心，从而从困境中挣脱出来。

所以，占卜、算卦所具有的心理疏泄、心理诉求、心理依托和心理平衡作用，在特殊的条件下，对于人们来说，是很重要的。大概岁数稍大点儿的人，都或多或少的有类似的经历。

而一些未成年人，或由于价值观、人生观均未成熟，阅历肤浅，没有主见，容易随波逐流；或由于家庭影响，从小就相信命运，迷信算卦；或由于性格敏感，情绪变化无常，容易被暗示，疑神疑鬼、信东信西；或爱好神秘性，喜欢猎奇，追求浪漫，梦想一步登天或一夜暴富……凡此种种，都是算卦产生和蔓延的心理根源。

因此，可以这样说，只要人们的知识、才智和心理素质对于现实问题还存有局限性的话，占卜、算卦行为就有其存在的土壤，就有市场。

十六　“宋学”“新儒学”义何在

1.“宋学”“新儒学”欠慎酌

“理学”的称谓除了“道学”之外，还有“宋学”和“新儒学”等。

这些称谓虽在学界司空见惯，但在我看来，相当混乱，需要慎酌、厘辨。

先看“宋学”。邓广铭先生(1907～1998 年)在《略谈宋学》一文中指出，原来那种认为“支配两宋三百多年的哲学思想是理学”的说法是错误的，亟应纠正。“如果把萌兴于唐代后期而大盛于北宋建国以后的那个新儒家学派称之为宋学，我以为是比较合适的。”“应把宋学和理学加以区别。”“理学是从宋学中衍生出来的一个支派，我们却不应把理学等同于宋学。”“宋学又是儒释道三家的学说，经过长时期的互相交流、互相斗争、互相排斥、互相渗透、互相摄取的一个产物。”(《邓广铭治史丛稿》，第 165 页)

邓广铭指出“不应把理学等同于宋学”，不能算错，但遗憾的是他“把萌兴于唐代后期而大盛于北宋建国以后的那个新儒家学派称之为宋学”，即认为“宋学”就是“新儒家学派”。这就显然犯了与把“汉学”等同于汉代经学一样的错误：

“汉学”应涵盖汉代的一切学说，而不仅仅单指经学。同样，“宋学”也应涵盖宋代的一切学说，而不仅仅单指“新儒家学派”。

当然，这个错误并非始自邓广铭先生，而是始自把“汉学”等同于“汉代经学”的肇始者。另外，邓广铭所谓“萌兴于唐代后期而大盛于北宋建国以后的”“新儒家学派”一说，也很成问题。

我认为，我们可以按照中国历史所历经的朝代名称，来划分中国学术文化发展的不同阶段，如“汉学”、“隋学”、“唐学”、“宋学”、“元学”、“明学”、“清学”等等，但是，这样的称谓理应涵盖相应各个朝代的所有学术文化在内，而决不应仅仅局限于所谓“经学”或“儒学”。另外，还得注意到：由于中国历史上出现多次战乱和分裂时期，而且有的同一个朝代名称在不同时期被反复使用过。所以，这样的称谓如何做到既准确又简便，也并非易事。

再看“新儒学”。冯友兰先生(1895～1990 年)早在其《中国哲学简史》英文版中，就明确把宋明理学或道学称作“新儒学”，认为新儒学的奠基人是唐代的韩愈、李翱，“宋明道学之基础及轮廓，在唐代已由韩愈、李翱确定矣。而李之所贡献，尤较韩为大”。但“新儒学”的真正确立却是二程，“濂溪、康节、横渠，虽俱为道学家中之有力分子，然宋明道学之确定成立，则当断自程氏兄弟”。

冯友兰认为“新儒学”之“新”，就其理论来源或思想内容上说，具有两个鲜明的特点：一是援佛入儒，吸收佛学抽象化、形式化的特长，发挥禅宗的一些思想，“可以说新儒家是禅宗的合乎逻辑的发展”；二是援道教入儒，“道教有一个重要成分是阴阳家的宇宙发生论。新儒家的宇宙发生论主要是与这条思想路线联系着”，比如周敦颐的《太极图说》、邵雍的象数学等。

冯友兰认为“新儒学”是儒家、佛家、道家（通过禅宗）、道教诸家学说的综合。

冯友兰的“新儒学”说经外转内销后，得到国内近乎一致的认同。但也有人质疑，譬如田浩（Hoyt Tillman）先生（1944～　）就抨击这一概念涵义模糊，在作历史描述时，一点用处也没有，并反对将宋明儒学简化为“道学”（理学和心学）的做法。

刘述先先生（1934～）对此评述说：“田浩所说虽非无理，但一个词语流行了半个世纪之久，并不那么容易废除。而‘道学’一词在中文世界中早就成问题，故《宋史》以后即无以为继，冯友兰也不能使这个词复活。事实上冯友兰用这个词，把清代颜元、戴震之学也当做道学之继续，就有欠分晓处。戴东原虽仍用‘心’、‘性’、‘理’、‘道’一类词语，涵义已与宋明儒迥异。‘理’被理解为玉内的纹理，‘超越’义尽失，这里面显然已牵涉到‘典范的转移’（paradigm shift），而冯友兰完全忽视了这样的转变。故我建议，把‘新儒学’一词规定与广义的‘宋明理学’相当，包括程朱理学与陆王心学在内，其共识为‘天道性命相贯通’，而以黄宗羲为这一统绪的殿军。这样，‘新儒学’一词就不会涵义模糊，也不会在作历史描述时一点用也没有。很明显，冯友兰的两卷本哲学史在当时的确是开时代之先，而现在的七卷本因未能吸收新的知识和睿识，已渐渐追不上时代的步伐了。”（《冯友兰与“新儒学”》，载香港《二十一世纪》2001年10月号）

刘述先的意思是，尽管“田浩所说虽非无理，但一个词语（‘新儒学’）流行了半个世纪之久，并不那么容易废除”，所以，他就建议保留“新儒学”这个词语，把它“规定与广义的‘宋明理学’相当，包括程朱理学与陆王心学在内”。“这样，‘新儒学’一词就不会涵义模糊，也不会在作历史描述时一点用也没有。”

事实果真像刘述先先生所说的这样吗？

否。

把包括程朱理学与陆王心学在内的宋明理学，统称为“新儒学”，并未能达到“‘新儒学’一词就不会涵义模糊，也不会在作历史描述时一点用也没有”之目的，而且依旧存在逻辑上的混乱。

具体说，“新儒学”是“儒学”什么意义上的“新”？是在先秦原始儒学意义上的“新”，还是在从董仲舒肇始的所谓“新儒学”意义上的“新”呢？

是在先秦原始儒学意义上的“新”吗？

若是，那就不止是什么“新”的问题，而是根本不同的问题。因为先秦或原始儒学是以“仁”即人道主义为其理论基础，以民本主义为其施政纲领的学说，而宋明理学则恰恰反其道而行之，是以近乎禁欲主义“存天理”为其理论基础，以反民本主义的“灭人欲”为其施政纲领的学说。至于其援佛入儒、援道教入儒，综合儒、佛、道（道教及道家）等诸家学说的庞杂理论体系，就更与先秦儒学大相径庭。这样的“新”实在“新”得出格、“新”得使原始儒学面目全非了！因而，这样的“新”对原始儒学来说实在失去了任何意义！

是在从董仲舒肇始的所谓“新儒学”基础上的“新”吗？

我在前文已经指出，“董学”并非“儒学”，因为以孔孟为代表的“儒学”，是以“仁”即人道主义为其理论基础，以民本主义为其施政纲领的学说，而“董学”则是以神学目的论即神秘主义为其理论基础，以“君本主义”为其施政纲领的学说。人们所称道的以董仲舒为代表的所谓“新儒学”，是个以讹传讹的历史性误解。它“新”就新在，不仅与以孔孟为代表的儒学根本不同，而且与以荀子等为代表的儒学也大相径庭；“新”就新在完全失去了先秦儒学先立论，然后游说统治者实行的探疑求真的学术指向，而蜕变成为迎合统治者的政治需要，绞尽脑汁地编造理论的所谓“君学”。人们对宋明理学所称谓的“新儒学”，若是在这样的“新儒学”基础上的“新”，那就意味着它离开先秦儒学或原始儒学更远了！其实，对于从董仲舒肇始的“新儒学”并非真正的儒学，就连宋代的理学家们自己也都看得很清楚，他们异口同声地关于从孟子到宋代“千年无真儒”的说法，不就充分地说明了这一点吗！

宋代的理学家们自以为“为往圣继绝学”，尤其朱熹，自以为填补了“千年无真儒”的“绝学”空白，殊不知，他的所谓“道学”其实也与“往圣”之“儒学”，相距十万八千里了！

所以，把“董学”冠之于“新儒学”就已经够名不副实，够混乱的了，要是在此基础上再加个“新”字，来称谓“宋明理学”，那就应称之为“新新儒学”才是！

将“董学”冠之于“新儒学”就已经够令人难于捉摸，已经将原始儒学糟蹋得够呛了，而在它的基础上还要加个“新”字，这种做法有什么意义呢！?

可是，近一个世纪来，学界偏偏有那么一伙人专门玩弄这种文字游戏，而置史实及由此所导致的概念和理论上的混乱于不顾。这还不算，甚至又把他们自己的学说也自封为“新儒学”！殊不知是我们的这些理论家们“江郎才尽”了呢，还是别有他图！?

宋明理学就是“宋明理学”，称之为“新儒学”不合适，也没必要。

2. 对当今“新儒学”应怎看

在高喊“复兴儒学”口号的队伍中，当属被冠之于“新儒家”者喊得最响。

据说“新儒家”，是指主张和提倡“新儒学”的人；据说“新儒家”，在“五四”“新文化运动”以来，已经长出了“第三代”，而“第四代”也即将分娩。(陈鹏：《现代新儒学研究》，福建人民出版社 2006 年版)

可我就不明白：“新儒家”也好，“新儒学”也好，到底是在什么意义、什么基础上的“新”?

要是在原始儒家、原始儒学基础之上的“新”，那就绝不止“第三代”了！

我在前文中提到，即使撇开有人所称谓的先秦已有的“新儒家”、“新儒学”不算，那么，至少董仲舒及其“董学”算是一代“新儒家”、“新儒学”了吧！? 程朱陆王及“宋明理学”又该至少算是又一代(实为一批)“新儒家”、“新儒学”了吧！? 被誉为当今第一代“新儒家”的冯友兰不也称“宋明理学”为“新儒学”吗！

所以，这样一来，“新儒家”及“新儒学”真不知“新”了多少次、多少代了?

要是循名责实的话，今天人们所称道的所谓“新儒家”及“新儒学”，委实应叫“新新新……儒家”、“新新新……儒学”才准确呢！

对于这样一个早就演变得与原始的儒家、儒学面目全非的“新儒家”、“新儒学”之称谓，许多大学问家居然还热衷于谈论，甚至以某代“新儒家”、“新儒学”代表人物自居，津津乐道，岂非“以其昏昏，使人昭昭”者乎?!

或许人们认为：“新儒学”确实已经在海内外风行了半个多世纪，而且伴随“国学”热的升温，正处于炙手可热之际，若循名责实予以澄清和矫正的话，实在不易，倒不如干脆糊里糊涂地使用下去！

我认为：科学最讲认真，中国学术因为演进、发展过程中的许多似是而非的问题的存在，导致了其在某些方面、某些问题上的模糊不清，如果说在科学技术尚未高度发展的过去时代还可以理解的话，那么，在科学技术高度发展的21世纪，就不应再听之任之了！

所以，我认为包括像“新儒学”在内的一系列问题，譬如“现代”、“近代”，“儒释道”，“唯物”、“唯心”等等习以为常却涵义模糊很容易引起歧义的概念，都应通过讨论、协商的方式，统统重新加以厘定。

十七　形象化的“国学”名著

长篇小说《三国演义》、《西游记》和《红楼梦》，长期以来只是被作为历史小说、神话小说和爱情小说名著欣赏、称道。其实，这三部长篇小说之所以优秀，不仅仅在于它们所具有的超越于一般同类小说的——不论在内容、形式和写作技巧等方面——优秀特质，而更在于它们所具有的，为一般同类小说所缺乏的中国学术即“国学”的深厚底蕴，因而不失为璀璨夺目的形象化的“国学”名著。

1. 凝聚百家之说的《三国演义》

被誉为“第一才子书”的《三国演义》，其所蕴含的“国学”底蕴，在三部小说名著中最为深厚。从这部小说，我们不仅能看到儒家思想的深厚底蕴，而且能看到阴阳家、兵家、道家和道教、佛教，以及名、法、纵横、天文、历算、地理、数术、医、农等等诸子百家之说的深厚底蕴。而所有这些，都是通过书中人物的言谈举止和故事情节，顺理成章、自然而然、绘声绘色地展现出来的，半文半白的语言恰如其分地配合诗词歌赋，生动形象，深入浅出，晓畅明快，通俗易懂，昭示了作者娴熟的写作技巧和驾驭文字的卓绝才华，因而具有极强的说服力和感染力。

《三国演义》中的故事，之所以六百多年来被广泛传颂，街谈巷议，家喻户晓，妇孺皆知，盖与此有关。

《三国演义》描写的是，从东汉末年到西晋初年之间近一百年的历史，反映了三国时代的政治、军事斗争，以及各类社会矛盾的渗透与转化。单是对于战争的描写，其手法就多种多样，变幻莫测，让读者如同身临一场场刀光剑影的战争场面。尤其是对于“官渡之战”、“赤壁之战”等著名战争情节的描写，更是跌宕起伏，惊心动魄。既有运筹帷幄的智谋较量，又有对阵厮杀的战术交锋。将三十六计等兵法韬略和随机应变等计谋，顺理成章地融汇于变幻莫测的情节及其字里行间，昭示了作者丰富的军事头脑和战斗智慧。

《三国演义》刻画了近二百个人物形象，其中最为成功的有关羽、诸葛亮、张飞、刘备和曹操等。他们栩栩如生，活灵活现，为广大民众所喜闻乐见，津津乐道。譬如“关公”即关羽的形象，不仅为人民大众所喜爱，而且被尊奉为神灵，焚香祭祀，顶礼膜拜。

一提到“忠义”，人们首先想到的是“忠臣义士”、“忠贞义烈”。这也是历代统治者所热衷提倡的。并且多将其归属于儒家思想。

其实，“忠义”不仅仅是指“忠臣义士”、“忠贞义烈”，还有更宽泛的含义。

“忠义”思想，在中国学术即“国学”中占有举足轻重的地位，也并非为儒家专有。

在古代，“忠”与“义”是两个独立的概念。“忠”指的是“忠诚”，就是尽心为人办事，不分对上与对下、对公与对私。如《论语·学而》说的“为人谋而不忠乎”之“忠”，就是这个意思。尽心为人办事，当然是指办好事，所以“忠”又有“行善”的意思。《孟子·滕文公》所说的“教人以善谓之忠”，就是这个意思。而“义”则指的是办事认真、尽心尽力，也并非单是指对国家或群体，而且包括对待一切人际关系，《墨子·贵义》说：“万事莫贵于义”，就是这个意思。《管子·牧民》将“义”作为“四维”之一，认为：“国有四维，一维绝则倾，二维绝则危，三维绝则覆，四维绝则灭。倾可正也，危可安也，覆可起也，灭不可复错也。何谓四维？一曰礼，二曰义，三曰廉，四曰耻。”

总之，“忠义”除了指“忠臣义士”、“忠贞义烈”之外，还包括“忠诚仁义”等意思。

这种思想，不仅在儒家典籍中有，在墨家、法家、兵家等等诸家典籍中，几乎都有。所以，把“忠义”简单地归属于儒家的思想学说之中，是片面的。

“义”与“利”是一对主要的矛盾体。如何处理两者之间的关系，即所谓“义利之辨”，在中国学术史上贯穿古今。

《孟子·告子上》说：“生，亦我所欲也；义，亦我所欲也；二者不可得兼，舍生而取义者也。”

“舍生取义”，可以说是对于华夏儿女，在涉及个人生死之“利”，与“大义”相矛盾的关键时刻，所做出的正确抉择的经典诠释。

《三国演义》所描写、刻画的关羽，就是这样的“忠义”形象。他的“挂印封金”和“千里走单骑”，以及不惜违犯军令和“生死状”，而在华容道“义释”曹操等等情节，都集中表现了这样的“忠义”。

当然，“忠臣义士”的形象，不论是在魏，还是在蜀、吴的那些将士身上，我们都可以清楚地看到：他们“各为其主”，一个个赤胆忠心地效忠其主公，以至到不加思考、舍生忘死的地步。

儒家的“忠孝”思想，在《三国演义》中表现得也很突出。从徐庶母子人物形象的刻画和描述中，就可足见一斑。

诸葛亮，是《三国演义》所刻画的又一个为人民大众所喜闻乐见、津津乐道的形象。从他身上，我们更进一步看到涉及诸子百家之说的“国学”思想之凝聚、映射。

作为躬耕于南阳，好为《梁父吟》的“卧龙”，与其一班纵情山水的朋友如司马徽、徐庶等，显然深受道家“清静内守”等思想的熏陶，具有隐士的风度和情怀；而《隆中对》则表现了其对于当时天下大势的洞悉明察，显示了其对于时势政治、军事、天文、地理等等知识的掌握；“草船借箭”、“借东风”以及“五丈原禳星”等等故事情节，不仅表现了其军事才华，而且也表现了其对于天文、地理、阴阳以及包括“奇门遁甲”在内的数术等神秘文化的掌握；在“舌战群儒”一回即同东吴一帮谋士，在胆识和口才的较量中，则更显示出其对于历史、军事、天文、地理及诸子百家之学的熟谙，胆识过人，机智灵敏和应答如流的舌辩之才……

当然这一切，都是作者罗贯中(约 1330 ~ 1400 年)，凭借自己对于“国学”即中国学术诸多方面的了解、熟识，艺术性地创造、发挥和运用的结果。

《三国演义》的创作坚持“七分真三分虚”的原则，因而它所反映的丰富的历史内容，人物名称、地理名称、主要事件，与《三国志》基本相同。人物性格也是在《三国志》留下的固定形象的基础上，结合作者当时所了解到的民间传说，进行再创作，适度地加以发挥、夸张、美化或丑化等等。而绝非像现在有些历史题材的小说或电视剧那样，不看相关史书，不顾历史真相而完全凭借个人想象杜撰、胡编乱造。

《三国演义》之所以一方面反映了真实的三国历史，照顾到读者希望了解真实历史的需要；另一方面，又根据元末明初社会的实际情况，对三国时期的人物进行了一定程度的夸张、美化或丑化等等，说明作者在创作时，在保证七分史实真实的前提下，既照顾到读者的希望和祈求，也适应了统治者巩固统治的需要。它在真实反映三国历史真实面貌的同时，还反映了明初的某些社会状况。表明了作者是在严谨治史的基础上，来进行文学创作的。

尤其难能可贵和令人叹为观止的是，我曾反复对照现在的地图，核查《三国演义》中的主要地名及其所在的地理位置，都与事实基本吻合，而不像《水浒传》那样很少有对上号的。这自然与作者依据史书《三国志》，和当时流传的民间评话有关，也与明末清初的毛纶(生卒年不详)、毛宗岗(1632 ~ 1709 年)父子在修订时，付出很大心力，做过核查有关。当然，也很可能与作者本人做过实地考察有关。

联系到罗贯中的其他作品对于相关历史的了解，对于“国学”多家学说的深刻理解和熟练运用，由此完全可以说，《三国演义》之作者罗贯中，不仅是一位伟大的小说家，而且是一位伟大的历史学家、军事学家、天文学家、地理学家、数术学家，等等。堪称中国学术文化的一位集大成者，一代宗师，一位百科全书式的学者。

或用现在人们所津津乐道的话说，是一位名副其实的“国学大师”。

2. 佛道交融的《西游记》

《西游记》因为取材之特殊，自然具有不同于《三国演义》的特点。作为神话小说，它所描述的虽然是唐僧西天取经的故事，自然蕴涵深厚的佛教、佛学思想学说内容，然而，它却同样浓墨重彩地描述了有关道教、道家，以及儒家、阴阳家等等学术文化流派的思想学说，而这些思想学说也都是通过栩栩如生的人物刻画，跌宕起伏的故事情节来展现的，所以，同样具有很强的说服力和感染力。

中国以“儒释道”两教、两学相融汇为核心的传统学术文化，通过《西游记》得以全面、活灵活现地展现和传播，并且影响深远，遍播世界，尤其是为一代代孩童和青少年所青睐，昭示了作者吴承恩(约 1500 ~ 1582 年)，也是一位通晓“国学”且熟谙文学创作艺术的一代大师。

《西游记》具有极其丰富的“国学”内涵，之所以如此，与其在唐代以来的话本和民间传说的基础上，完成创作有关。

翻阅中国文学史，从唐代开始，就先由玄奘取经这一真实事件，逐渐演化为民间故事。到宋代，已经出现话本《大唐三藏取经诗话》；元代又有《西游记平话》、金院本《唐三藏》，以及元杂剧《唐三藏西天取经》，和明代剧作家杨景贤的《西游记杂剧》等。另外，从宋代文学家欧阳修在记录其赴任旅程的日记体游记《于役志》中，所提到的“唐僧取经壁画”，诗人刘克庄(1187 ~ 1269 年)的“取经烦猴行者”诗句，到元代磁州窑的“唐僧取经瓷枕”等等，也都可以清楚地看到吴承恩在创作《西游记》之前，有关“西游故事”发展和传播的概况。

《西游记》的创作成功，是继承创新的结果，既是吴承恩个人巨大而艰辛劳作之付出，又是从唐、宋、元至明初，广大群众集体智慧和反复创作之结晶。这种带有长久、广泛、全民性的精神创造性劳动，很自然地使其成为既凝聚、涉及中国传统学术文化之方方面面，又具有超凡的艺术魅力的巨著。

《西游记》所蕴涵的佛教文化之方方面面自不必说，其所蕴涵的道教文化也表现在诸多方面：如它使用了不少道教术语，诸如“灵根”、“大道”、“元神”、“婴儿”、“姹女”、“金公”、“木母”、“刀圭”、“黄婆”、“心猿”、“意马”、“外道”、“正法”、“参玄”等；它的不少诗词韵语，都直接或间接地显示出道教丹道学的内容，有的是直接引用前人的，有的则是作者自创的；其描写了不少道教的修炼方法、神仙法术、宗教仪式等等，尤以对太上老君用“八卦炉”炼丹的描写，更是反复细致，绘声绘色，为大众所喜闻乐见、津津乐道；它还描写了一些道教仪式，虽然不多，但比较完整、细致；其贯彻始终的“长生不老”观念，更是道教神仙观念的反映；其主要人物唐僧师徒四人，除唐僧是个真正的佛教徒外，悟空、八戒、沙僧都具有道教徒的某些特性。在跟随师父西天取经的路上，三兄弟虽然都成了佛教徒，但他们得以降妖除怪的本领，却都是属于道教的。孙悟空的七十二般地煞变化及其一跃十万八千里的筋斗云，八戒的三十六般天罡变化，都源自或是道教法术。葛洪在其所著《抱朴子·内篇》在谈到道教的修炼变化之术时，曾这样写道：“其法用药用符，乃能令人飞行上下，隐沦无方：含笑即为妇人，蹙面即为老翁，踞地即为小儿，执杖即成林木，种物即生瓜果可食，画地为河，撮壤成山，坐致行厨，兴云起火，无所不作也。”“亦化形为飞禽走兽及金木玉石，兴云致雨方百里，雪亦如之，渡大水不用舟梁，分形为千人，因风高飞，出入无间，能吐气七色，坐见八极，及地下之物，放光万丈，冥室自明。”《西游记》所描写的孙悟空与各路神仙、妖魔鬼怪争斗时，所展现的变幻莫测的斗法及其变化之术、分身之术等等，显然与葛洪所言非常相似。

《西游记》所蕴涵的道教文化，尤其表现在：它构筑了一个以玉皇大帝为中心的道教神仙系统。

道教神仙系统一般包括：太上老君、三清四御、皇天后土等一类的道教尊神；日月星斗、风雨雷电、山川河海等一类的自然之神；四大元帅、四值功曹、六丁六甲、六十元辰等一类的护法神将；上中下八仙、三茅真君、四大真人等一类的群仙众真；三元大帝、关圣帝君、医圣药王、二郎杨戬等一类的圣人英杰。

各路神仙，或来自原始社会的自然崇拜、图腾崇拜、祖先崇拜；或来自历史上的英雄豪杰、往圣先贤；或来自道教的各门祖师、真君真人；或来自佛门的诸佛菩萨、金刚罗汉；或来自道门圣哲的苦思冥想，臆造杜撰。可谓斑驳陆离，复杂纷繁。

同时，道教又分宇宙为三十六天、九地十三音、十洲三岛、十大洞天、三十六小洞天、七十二福地等，而每一天、一地、一洲、一洞，都有神仙统治，促成了一个无所不包的神权网络。

而《西游记》则正是通过形象化的手段，将这一神权网络融汇、升华、创作成了三十三天宫、十大地狱、十洲三岛、上中下三洞等神界体系，从而构筑了一个以玉皇大帝为中心的道教神仙系统。其中，太上老君居住于三十三天离恨天，看似只会炼丹，其实，一粒金丹炼就，便可起死回生，法力无边。玉皇大帝高踞于神仙世界的统治宝座，似乎看不出有多大的神通，但却“自幼修持，苦历过一千五百五十劫，每劫该十二万九千六百年，你算他该多少年数，方能享受此无极大道?”(《西游记》第七回:《八卦炉中逃大圣 五行山下定心猿》)玉皇大帝身边，文有太白金星、四大天师、左辅右弼等等，武有四大天王、二十八宿、九曜星官等等；内有王母娘娘、金童玉女，外有十洲三岛神仙；地下有阴曹地府，阎王判官；地上有土地，山上有山神，城里有城隍，海中有龙宫；就连一个小小的御马监，也有“监丞、监副、典簿、力士、大小官员等”。

这个神权系统的构建，自然参照了以儒家学说为统治思想的现实世界，但更汲取了以往道教、佛教、巫术及民间信仰的相关成分。所以，它虽然归属道教的体系，但是，在膜拜的仪式等等方面，却又带有佛教、巫术以及许多说不清道不明的，某些民间信仰和崇拜的特征。正是这种“不伦不类”信仰，在中国广大农村，却有着丰厚的土壤。

在我的家乡冀中，由于儿时每逢过年就跟随父母烧香磕头，祭拜的对象是贴在正房堂屋北墙正中的“全神爷”像。起初不知道这“全神爷”像是什么神，到后来，伴随年龄的增长，从长辈和乡亲们那里不断听到孙悟空“大闹天宫”的故事，后来又看到相关的连环画和大戏，才渐渐知晓一些。但真正让我明白这“全神爷”的来历和组成人员的，则是在上初中读了《西游记》之后。原来长辈和乡亲们，不管识字还是不识字，所津津乐道、顶礼膜拜的“全神爷”，就是以玉皇大帝为中心的神仙系统。同时，还有如来、观音等佛、菩萨。而这，却大多是源于《西游记》。足见《西游记》所构建的神仙系统，在乡亲们的心目中影响之大了!

值得一提的是，《西游记》创作唐僧师徒西天取经所历经的“九九八十一难”，都是因为路遇妖魔鬼怪所致。这些妖魔鬼怪，却几乎出自非“佛”即“道”，这就非常耐人寻味了！而且，凡是比较好对付的，被孙悟空打死的，无论是“道妖”，还是“佛怪”，都是没有背景和靠山的土生土长的妖孽。而凡是难于降服的妖孽，则全是从“佛”或“道”的高级人员、甚至是观音菩萨和如来佛祖身边偷跑"下凡"的。等费尽周折，也无能为力后，几乎无一例外地都在最后时刻，由孙悟空等祈求"佛首"或"道首"亲自出面，才得以降服，并且多被法外开恩，免除死罪。这是多么发人深省的无情地嘲讽！

文学艺术形象，终究是对于现实社会的反映。看似"荒唐"的神话作品，所反映的正是"荒唐"时代的社会现实。作者吴承恩所处的明朝中期，就是这样一个时代。

当历经磨难的唐僧师徒到了西天，由于不谙"佛规"，没有先给阿难、伽叶两位尊者准备见面礼，只讨得无字的假佛经。当与佛祖论理时，佛祖反而护短说，"经不可轻传，亦不可轻取。""不可轻取"就得出血，行贿！结果唐僧只得将唐王所赐的紫金钵盂献给二尊后，才得到真经。难怪憨厚得傻乎乎的唐僧惊叫："这个极乐世界，也还有凶魔欺害哩！"问题是，"凶魔"就在佛祖身边！现实社会的混账、贪腐等等，在"极乐世界"也同样存在。

这又是多么寓意深刻的辛辣的讽刺啊！

可以看出，借助于《西游记》的创作，作者对于现实社会荒诞、混账、贪腐等黑暗现象的揭露、讥讽和抨击，可谓用心良苦、匠心独具。

《西游记》虽是一部描写佛教取经故事的文学作品，但就其宗教思想体系来说，却总是贯穿着佛、道两教交融，乃至角色变换，有时难于说清是佛教徒还是道教徒，并且多含挖苦讥讽，表现了作者超脱于佛、道两教之外的客观立场。而书中的人物对话，作者叙述，却又始终贯穿着儒家的"忠孝"、"仁义"和"礼义廉耻"等思想。且不说孙悟空和沙僧，以及小白龙马，都充满了对于师父唐僧的崇敬和忠诚，即使在傻奸傻巧的猪八戒的言行中，也可以看到儒家关于"师徒"之间的伦理和教义的影响。

总之，通观《西游记》一书，可以看到儒家、道家、阴阳家、诗赋家、墨家、医家、法家等思想学说，对于作者的巨大影响。即使从作者所创作的大量诗赋中，也可以看到这种影响。深厚的"国学"知识，纵横捭阖、各种笔法交替运用的写作技巧，都昭示出作者不同凡响的学术文化修养。由于是文学作品，尤其是神话小说，我们不能像评价学术著作那样，计较其对于历史事件、人物及其学说的移花接木、张冠李戴等等，而应该认识到：要是不这样的话，那就不是文学作品，尤其不是神话小说了！

正是在这个意义上，我们说《西游记》是一部形象化的"国学"名著。

3. 万花筒式的小说《红楼梦》

通行本《红楼梦》前八十回由曹雪芹亲著，后四十回为高鹗所续。书中以贾、史、王、薛四大家族为背景，以贾宝玉、林黛玉爱情悲剧为主线，着重描写了贾、宁二府由盛到衰的过程；描述了父子、兄弟、妻妾、主仆之间在婚姻、道德、文化、教育、财产等方面，错综复杂的人事纠葛和矛盾冲突，真实再现了政治黑暗、官场腐败、世风日下及人心邪恶等等现实画卷。

《红楼梦》以清代几个大家族及其盘根错节的关系为素材，重点描写了几对少男少女之间的爱情故事和感情纠葛，以及世道多变、家道沉浮的故事，以其动人的情节和细腻的笔触打动了一代代读者。但是，作为爱情小说，《红楼梦》不同于同类小说的突出特点，就是其“国学”底蕴之深厚。其主要人物的形象塑造、故事情节的展开，总是充溢着丰富而鲜明的文化内涵，而且涉及“国学”的方方面面。尤以“怡红公子”、“潇湘妃子”、“蘅芜君”、“枕霞旧友”、“稻香老农”、“菱洲”、“蕉下客”和“藕榭”等雅号，在“海棠社”、“菊花社”、“赏雪社”、“桃花社”和“柳絮社”即兴吟诗，相互点评，最为典型，最具代表性。而这，则是迄今所有爱情小说都不能比拟的，尤其是现在那些单纯以编造离奇故事，专门描写床上“功夫”的“爱情小说”，在《红楼梦》面前更毕露其糠秕、垃圾的寒碜相！

作为不同于《三国演义》的另一种意义上的历史小说，《红楼梦》则以其不受历史背景约束，富有浪漫的创造力的形式，更好地表现了它要表现的主题。不管是描写爱情还是其他，作者将其深厚的学术文化修养蕴含其中，将“儒释道”两教、两学以及其他多家学说，都通过不同的人物形象，不同的表现手法展现出来，因而具有极强的吸引力、感染力和说服力。

《红楼梦》之内容可谓包罗万象：从典章制度、道德法律、文化教育、宗教寺院、中医中药到思想观念、乃至风俗习惯；从园林建筑、工艺美术、烹饪饮食，到戏曲音乐、乃至游戏娱乐……都包揽无余，表现深刻。昭示了作者丰富的生活阅历，广博的社会知识，高深的文化修养。难怪鲁迅曾经对《红楼梦》评价说：“谁是作者和续者姑且勿论，单是命意，就因读者的眼光而有种种：经学家看见《易》，道学家看见淫，才子看见缠绵，革命家看见排满，流言家看见宫闱秘事……”(《集外集拾遗补编·〈绛洞花主〉小引》)正是《红楼梦》丰富多彩的画面，才招致了心态、嗜好各异的读者之不同看法。

《红楼梦》所体现的中国传统学术文化，主要是以“儒释道”两教（佛教和道教）、两学（道家学说和儒家学说）为基石，同时吸附、融汇其他多家（如辞赋家、医家、数术家等）思想。尽管书中人物形象众多，关系错杂，出身不同、地位各别，却几乎都能用“儒释道”等中的某家、某学，或几家兼具，来与这些人物对应、联系起来。不论是书中人物的语言，还是作者的叙述，都时不时使用两教、两学的专门用语。这不仅在《三国演义》和《西游记》等中国文学名著中难见，即使在其他文学作品中也都罕见。

在《红楼梦》中，儒家思想是作为背景思想而呈现出来的，并且带有批判和讥讽的笔触。如贾氏宗祠的匾联及祭祀活动，体现着儒家的“孝”、“忠”思想、等级观念和“三从四德”之伦理等；诸多在“父母之命、媒妁之言”前提下，所缔结的不同婚姻关系，体现着以男尊女卑为基础的婚姻制度；从内容到形式，都被条条框框捆绑住的八股取士的科举制度，体现着对于知识分子思想的禁锢和窒息，因而使贾宝玉深恶痛绝；“君君、臣臣、父父、子子”的理想社会模式，被片面地扭曲、强化为“臣之忠”和“子之孝”，却弱化了“君之仁”和“父之慈”的一面，以至催生“君为臣纲、父为子纲”之所谓“伦常”，更使贾宝玉强烈不满。贾宝玉在贾政面前的唯唯诺诺，映衬着其内心对于儒家思想及其教化，乃至整个社会制度的强烈不满。

《红楼梦》通过人物形象的刻画，表现了作者对于混账世道的鞭笞。如通过描写王熙凤在贾府的专横，以影射君主专制；用贾宝玉关于“文死谏，武死战”之精辟言论，以讽刺在“君为臣纲”的光环下，君之无道和臣之愚忠；通过贾雨村的宦海沉浮、按“护身符”上的潜规则进行断案等，以揭露君主专制所滋生的朝政腐败堕落，卖官鬻爵、草菅人命、贪渎淫业等官场黑暗，并揭示一系列社会悲剧频频上演的必然性。

《红楼梦》在表现作为社会主流的儒家思想的同时，还表现了在社会上影响较大的佛教和道教，以及道家的思想。这通过书中时不时出现的僧人、道士，僧尼、道尼，贾宝玉和林黛玉等喜欢读和谈论《道德经》和《南华经》，甄士隐和贾宝玉都梦幻般地进入“太虚幻境”，柳湘莲出家，以及许多诗词（包括人物判词）所涉及的道家思想学说等等，便可以看出来。特别值得一提的是，作者匠心独具地刻画了其貌不扬、大智若愚的“一僧一道”（即“茫茫大士”和“渺渺真人”，也即“癞头和尚”和“跛足道人”）这两个艺术形象。对其虽然着墨并不算多，但他们在小说的地位却极其重要，每到关键时刻便出现，对于全书不仅起着穿针引线，设伏、暗示、铺陈作用，而且起着点题、设谜解谜，峰回路转、前呼后应等作用。

如《红楼梦》开篇就写“一僧一道”携顽石入红尘，除了增加传奇性色彩以增加吸引力和感染力外，还起到点题、设谜的作用。第一回《甄士隐梦幻识通灵 贾雨村风尘怀闺秀》，借助“一僧一道”的出现（先是直接出场，后又由甄士隐入梦在“太虚幻境”与他们相见），不仅交代了“顽石”即贾宝玉的来历，而且暗示了他和林黛玉（即“神瑛侍者”与“绛珠草”）之间的“风流冤家”关系：

"只因西方灵河岸上三生石畔，有绛珠草一株，时有赤瑕宫神瑛侍者，日以甘露灌溉，这绛珠草始得久延岁月。后来既受天地精华，复得雨露滋养，遂得脱却草胎木质，得换人形，仅修成个女体，终日游于离恨天外，饥则食蜜青果为膳，渴则饮灌愁海水为汤。只因尚未酬报灌溉之德，故其五内便郁结着一段缠绵不尽之意。恰近日这神瑛侍者凡心偶炽，乘此昌明太平朝世，意欲下凡造历幻缘，已在警幻仙子案前挂了号。警幻亦曾问及，灌溉之情未偿，趁此倒可了结的。那绛珠仙子道：'他是甘露之惠，我并无此水可还。他既下世为人，我也去下世为人，但把我一生所有的眼泪还他，也偿还得过他了。'因此一事，就勾出多少风流冤家来，陪他们去了结此案。"这种写法，不仅增加传奇性色彩以吸引、感染读者，而且更起到点题、设谜的作用，为两人之间爱情悲剧的必然性设下伏笔、悬念。

又如《红楼梦》通过"一僧一道"之口，道破人世，看破红尘，实则倾泻作者愤世嫉俗之感。在第一回中写甄士隐女儿丢失后，家业破败，走投无路，心绪茫然。当一日他拄拐在街前散心时，来了一个跛足道人，疯狂落拓麻鞋鹑衣，口内念着："世人都晓神仙好，惟有功名忘不了；古今将相在何方？荒冢一堆草没了。世人都晓神仙好，只有金银忘不了；终朝只恨聚无多，及到多时眼闭了。世人都晓神仙好，只有娇妻忘不了；君在日日说恩情，君死又随人去了。世人都晓神仙好，只有儿孙忘不了；痴心父母古来多，孝顺儿孙谁见了？"通过《好了歌》，跛足道人风趣而又颇带讥讽地道破了世人的普遍心态。告诉人们：活在世上，建功立业发财致富，贪恋妻妾，顾念儿孙等等，到头来都是一场空。"万事了"才能"万事好"。旨在为困惑中甄士隐指出一条出路，为甄士隐、贾宝玉的最终出家埋下伏笔。当然，《好了歌》不过是作者借道人之口，所倾吐的其对人生、人世的深刻认识、感悟和总结，表达了其对于现实社会的厌恶、诅咒与批判。

《红楼梦》还借"一僧一道"解谜，消解悬念，首尾呼应，完结全篇，使文章的悲剧性结局显得十分自然。如第一百二十回《甄士隐详说太虚情　贾雨村归结红楼梦》写道：一个雪天，忽见一人"光着头，赤着脚，身上披着一领大红猩猩的斗篷"向贾政倒身下拜，贾政见是儿子便问宝玉，宝玉未及回言，"一僧一道"便出现，挟住宝玉说："俗缘已毕，还不快走！"说着三个人飘然登岸而去，并作歌时曰："我所居兮，青埂之峰；我所游兮，鸿蒙太空；谁与我游兮，吾谁与从；渺渺茫茫兮，归彼大荒。"略略几笔，就宝玉最终看破红尘，皈依佛门，作了了解，是全书首尾呼应。在这最后一回又写道："这士隐自去度脱了香菱，送到太虚幻境，交那警幻仙子对册，刚过牌坊，见那一僧一道，缥缈而来，士隐接着说道：‘大士，真人！恭喜、贺喜！情缘完结，都交割清楚了么？’那僧道说：‘情缘尚未全结，倒是那蠢物已回来了，还得把他送还愿所，将他的后事叙明；不枉他下世一回。’那僧、道携了玉到青埂峰下，将宝玉安放在女娲炼石补开之处，各自云游而去。”作者在此处，不但利用僧、道之口了断前面的悲剧性伏笔，而且还首尾呼应，巧妙地昭示出悲剧的必然性。

借“一僧一道”的出现及其偈语，铺陈、暗示情节发展，在富有幻化的境界中深化主题，从而大大增加了作品的吸引力和感染力。每到故事情节发展的关键时刻，“一僧一道”就会突然出现，其法术总收峰回路转之效，而其“疯话”中的偈语，则预示、铺陈故事继续往下发展，不仅使情节悬念丛生，跌宕起伏，吸引读者注意，同时也激发读者的兴趣，使读者抱着探疑解谜的好奇心态不得不一看究竟，僧、道巧妙的禅言和偈语在揭示悲剧性的必然性的同时，又增加了作品如梦如幻的朦胧色彩。如书中第二十五回《魇魔法姊弟逢王鬼　红楼梦通灵遇双真》，写赵姨娘嫉妒宝玉和凤姐，为给儿子贾环争继承权和马道婆合谋用所谓“魇胜”法，将凤姐和宝玉治得死去活来，荣府内外闹得沸反盈天。这时那“一僧一道”就出现了。僧人向贾政要了通灵玉擎在掌上，长叹一声：“青埂峰一别，展眼已过十三载矣！人世光阴如此迅速，尘缘满日，若似弹指！可羡你当时的那段好处：‘天不拘兮地不羁，心头无喜亦无悲；却因锻炼通灵后，便向人间觅是非！’可叹你今日这番经历：‘粉渍脂痕污宝光，绮栊昼夜困鸳鸯；沉酣一梦终须醒，冤孽偿清好散场！’”念毕递与贾政，并告之如何去做，转身便走了。僧人施法，使通灵宝玉重放光彩，救得宝玉叔嫂二人性命。由于事先已经埋下伏笔，所以，此时僧人出现顺理成章，一点也不意外。可见，僧与道是预示、铺陈情节发展的隐线，同时，在此作者又巧妙借僧人之口道出偈语：“天不拘兮地不羁，心头无喜亦无悲；却因锻炼通灵后，便向人间觅是非”、“粉渍脂痕污宝光、绮栊昼夜困鸳鸯；沉酣一梦终须醒，冤孽偿清好散场。”进一步预示悲剧发生的必然性。再如书第一百一五回《惑偏私情春矢素志　证同类宝玉失桐知》。当宝玉所佩戴的“通灵宝玉”丢失后，多日神魂失所，即将离开人世时，僧人又突然来送还“通灵宝玉”；口中虽说要银子，其实是来点化宝玉的。这一情节又是为进一步推动故事情节向前发展，为宝玉日后出家埋下伏笔。可见，僧与道的每次出现，都是在故事的发展似乎“山穷水尽”、令书中人物一筹莫展之际，而僧与道的法术则总是起到峰回路转之作用，为作品在富有幻化的境界中继续发展，深化主题，增加其吸引力和感染力，起到很关键性的作用。

“满纸荒唐言，一把辛酸泪。都云作者痴，谁解其中味？”

作者通过类如“茫茫大士”、“渺渺真人”和“空空道人”等的时不时出现，以及对于“太虚幻境”等迷离恍惚、似梦非梦景象的描述，在为读者缔造如幻如梦、似真还假、如有还无，似是而非……朦胧玄妙的境遇中，来塑造人物、铺陈情节、表现主题。“荒唐”中蕴涵“正经”，“渺茫”中蕴涵“清醒”，“虚幻”中蕴涵“真实”，“痴呆”中蕴涵“聪慧”。而这，正是《红楼梦》的艺术技巧所在，无穷魅力所在。

总之，《三国演义》、《西游记》和《红楼梦》的一个共同特点是，将儒、佛、道两学、两教，以及中国传统学术文化即“国学”的多家、多派的思想融为一体，以万花筒的形式显现、折射，展示出极其深厚的“国学”底蕴，因而都不失为形象化的“国学”著作。

这三部名著虽然谁都可以看，但是，具有不同“国学”修养水平的人，其阅读、体味和欣赏的角度及深度，是大不一样的。不懂古典诗词，不懂“儒释道”两教两学者，恐怕只能看看热闹，而难于深刻领悟和品味其深厚的文化底蕴。

在中国的文学宝库中，形象化的“国学”著作当然不止这三部，需要人们很好地探察和厘定。然而，热衷于研究“国学”的人们，迄今未能注意这类著作中丰富的“国学”内涵，不能不说是个很大的遗憾！

十八 “国学”发展有规律

“国学”发展有规律，在这里，我们要探讨的是“国学”发展的基本规律。

要探讨“国学”发展的基本规律，就要分析、厘清“国学”在其发展过程的基本矛盾运动中，所体现的本质的、必然的、稳定的联系。而要厘清这些联系，就要先找出制约“国学”发展的基本因素。

制约“国学”发展的基本因素，概括起来，可以区分为国内、国外两种。

就国内因素而言，有天然的也有人为的，而人为的因素居多；就人为的因素而言，有政治的、经济的、军事的、文化的等等，尤以政治因素影响为甚。而政治因素又集中表现为治、乱的性质及其程度。

就国外因素而言，也有政治的、经济的、军事的、文化的等等。各种外部因素对于“国学”的制约及其程度，在不同的时期和具体条件下，具有不同的表现，不宜一概而论，而需要具体分析。当国际关系处于剧烈变动时期，则对“国学”的制约就特别显著了。至于具体情形，则需根据国际关系剧烈变动的性质及其程度而定。

制约“国学”发展的国、内外基本因素之间的相互作用，促成了“国学”发展过程中的基本矛盾运动。

1.“国学”发展的基本矛盾运动

从“国学”同国内、外诸因素之间的基本矛盾运动来看，主要表现为两个方面：即诸因素与“国学”之间的相互依存和相互制约。

因为自从进入文明社会以来，政治在诸因素中一般起着决定性的作用，所以我们可以着重探察政治因素与“国学”之间的矛盾运动。

这样就可以简括为“政学相依”和“政学相制”。

所谓“政学相依”，就是指政治与“国学”之间的彼此相互依存。政治不可能离开“国学”而存在，而“国学”也不可能离开政治而独立。这在中国两千多年的历史发展中表现得特别明显。在先秦时期，虽然“国学”表现出某种程度的相对独立性，但离开了政治也照样不能发挥起作用。包括孔、杨(朱)、墨、商(鞅)、惠(施)、孟、荀、韩等等诸子，之所以奔走、游说于列国君王之间，盖为自己的学说寻求政治支撑和传递的杠杆。而列国也都想方设法地通过各种渠道、方式，招募、网罗人才，也同样盖为寻求适合于为自己的政治统治服务的人才及其学说。

政学相依的情形到秦汉中央集权制的国家建立以后，便发生了巨大甚至可以说根本性的变化。一方面，专制政治强迫“国学”依附于它，否则便加以限制，以至罢黜；另一方面，“国学”中的某些代表人物，在“官本位”制度下，也主动甘当政治的附庸，以实现所谓“经世致用”的志向，使“国学”之主流渐渐沦为政治统治的工具，即所谓“君学”或“官学”。

自秦汉至清末的大一统局势下，情形大都如此。

学术文化一旦成为政治的工具，必沦为政治奴婢，其学术性和真理性自然也就被扭曲以至丧失。因为在专制权势的干预和裁决下，是没有什么道理可讲、真理可言的，所谓“成则王侯败者贼”、“金口玉言”、“朕即真理”、“有权就有一切”等等，就真实地反映了此种情形。所以，在帝王专制时代，作为“国学”主流的“君学”或“官学”，不能说一点儿学术味和真理性也没有，但居于主导地位的则是实用主义和“权势真理”。所谓“清官在戏棚，真理在朝廷”的民谣，所反映的就是这样的现实。皇帝的“金口玉言”就是真理，皇权就是衡量和裁决是非黑白和真理与否的唯一杆秤。

在这样的背景下，我们所见到的秉承唐太宗李世民本人的旨意所撰写，并由他亲自钦定的《贞观政要》，以及其他一切经过皇帝本人钦定的涉及当朝的史籍等，到底有多大程度的可信度，实在值得怀疑、深考、甄别和重新厘定！

到宋代，许多有识之士之所以发出“为往圣继绝学”的感慨和誓言，正是目睹了先秦“往圣”之学，由于秦汉以来依附于专制政治而绝流的史实。

但是，感慨归感慨，誓言归誓言，以程朱陆王为代表的“宋明理学”，尽管以为自己实现了“为往圣继绝学”的宏伟志向，而实际上，不但未能达到“为往圣继绝学”之目的，反而比以前越发依附于专制政治，越发更好地充当了为专制政治服务的最完善、最有力的工具，因而离“往圣之学”自然也就越远了。

在漫长的两千多年的专制统治下，在占主流地位的“君学”或“官学”中，“往圣之学”越来越断流。要是说“往圣之学”还存有一丝未断，一脉相传的情形的话，那只是存在于远离政治而隐退、蛰居或避难的个别学问家的著述中，以及一些民间传说、轶闻中。

所谓“政学相制”，就是指政治和“国学”相互制约。自然，上面所说的政学相依，就已经包含着政学相制的情形。不过，政学相制则更集中而突出地表现为以下两种情形：即“政酷学乏”和“政松学丰”。

“政酷学乏”是指专制政治越严酷，则文化专制就越厉害，就越会限制、钳制以至扼杀“国学”的发展，因而就必然使得“国学”陷于贫乏状态。翻阅中国学术文化史，就会发现体现文化专制的“焚书坑儒”，对先秦学术文化的摧残是致命的，而在两千多年之后，“大革文化”之“命”的“轰轰烈烈的群众运动”，对学术文化的摧残，则更是“史无前例”的。除此之外，历代的“文字狱”对“国学”的扼杀，也是非常残酷的。专制政治和个人专断所实行的残酷的文化专制，必然扼杀和窒息学术文化的发展，导致“国学”的贫乏。回头看看，在那个只准亿万民众手捧“红宝书”、“早请示”、“晚汇报”的年代，还有什么学术文化可言呢!?

而“政松学丰”，则是指专制政治在由于种种缘由变得相对松弛、宽松，或由于政治权力的角逐而呈现薄弱乃至某些空隙时，那么“国学”则反而会赢得，或呈现出相对自由地喘息、争鸣和富有成效的发展机遇。春秋战国时期的“百家争鸣”最为明显，而在此后新旧王朝交替的时空内，“国学”也都表现出赢得相对喘息、复兴和繁荣的景象。比如汉末及其尔后的大分裂和南北朝时期，宋末及其尔后的金元时期，以及清末民初，都可以看到类似的情形。

政治与学术文化的这种矛盾运动的关系，似乎具有普遍性。

列宁曾指出：“有一句著名的格言说：几何公理要是触犯了人们的利益，那也一定会遭到反驳的。”(见《列宁全集》第 17 卷：《马克思主义和修正主义》)这话道出了真理在社会领域的遭遇。我以为，像几何公理这样毋庸质置疑的真理，触犯了一般人的利益，遭到的是反驳，而要是触犯了统治者的利益，那就不仅是反驳，而是一定要被“推翻”！所以，在权势干预的社会政治领域，学术文化是不可能轻松自如地按照自身的规律发展的，是不可能轻松自如地按照真理自身的要求成长和展示的。从“汉代经学”到“魏晋玄学”，再到“隋唐佛学”、“宋明理学”，以至“清代朴学”，我们都能看到了这样的情形。

从“国学”同国外诸因素之间的基本矛盾运动来看，也主要表现为两个方面：即“内外相通”，“内外相制”。

所谓“内外相通”，是指国内外学术文化的相互沟通和相互促进。学术文化同属于人类的精神财富，尽管由于国家和民族地域、习俗等等的不同，存在着各种差异，但在探求客观事物的规律，促进自己民族和人类的进步方面，则具有共同性，于是在学术文化的内涵上总是具有相通的因素，因而可以相互沟通，相互汲取，相互激发，相互促进。就拿对中国学术文化影响较早、较大的印度佛教来说，内外相通就表现得很明显。从佛教徒到中国传教一方来说，一开始便研究并利用了中国原有学术文化中，能与佛教教义相契合的成分，譬如将老庄学说中的清静自守和孔孟之道中的修身养性等等，与佛教中的相关内容相衔接、融汇，尽量按照适合中国人的口味来传播。这是佛教之所以能传入并能在中国立足的一个很重要原因。而从中国人接受佛教教义一方来说，人们最初也是有意地撷取佛教教义与中国学术文化中相契合的成分，并加以改造、敷衍以至搀合上某些适合于国人口味的东西，才加以接受和传播的。佛教传入中国时的这种“内外相通”的过程，实际上就是佛教中国化的过程。而以“四大发明”为代表的中国古代的科学技术之所以很早远传海外，则更表明反映和驾驭自然规律的科学技术没有国界的限制。尔后西方先进科学技术和学术文化的东渐，也同样昭示了这样的道理。

所谓“内外相制”，是指国内外学术文化的相互制约、相互排斥。由于学术文化带有根深蒂固的民族性和地域性等特征，所以国内外的学术文化不论怎么“内外相通”，都不可能趋于混同、融合为一，抹煞、丧失本民族、本地域的特征，于是就总要表现出相互制约、相互排斥性。当外来的学术文化带着政治侵略性的意图而实行文化侵略，企图吃掉、灭绝国内的学术文化时，这种相互排斥性就会被激化，并强烈地凸现出来。这在清末民初表现尤为突出。当时帝国主义者伴随其政治、军事和经济等侵略而实行文化侵略，国内的某些人或出于崇洋媚外、或出于一时糊涂和天真等原因，提出并推销“全盘西化”论，理所当然地受到了“保卫国粹”论的对抗和抵制。“保卫国粹”论虽然因为与“全盘西化”论针锋相对而有些偏激，但其所体现的却是中国学术文化的民族性和地域性等特征，其捍卫中国学术文化的本意和实质则理应得到肯定。于是酿成了国内外学术文化空前激烈地对抗和论战。尽管由于种种原因，当时的论战显得有些混乱，但捍卫中国学术文化的“国学”派不仅应运而生，而且最终取得胜利。

“内外相制”的矛盾运动表明：就我悠久的中华文明古国而言，学危则国危，国危需兴学，学兴国才兴。

“国学”乃国家的精神命脉，当它面对帝国主义的文化侵略陷于危机时，国家则也面临被灭亡的危机，而此时为了防止被灭国灭族，就必须捍卫和复兴“国学”；而由于“国学”所固有的卫国御辱的基本精神，在国家民族面临危亡的关头，“国学”也必然兴起，承担起召唤国家民族起来挽救危亡的重任。

2.“国学”发展的基本规律

根据上述“国学”发展中基本矛盾运动，可以从中探察和总结出其所展现出来的本质的、必然的、稳定的联系，即基本规律。

该基本规律，在古今关系上体现为“因时应变，与时推移；贯通古今，古为今用”。这里的“时”和“变”，“今”和“古”都是相对的，动态的；每个时代的“时”和“变”、“古”和“今”都有其特定的内涵和特点，不能一概而论。我们今天所谈的“时”“变”、“古”“今”，与以往历代都是有所区别的。

“因时应变，与时推移；贯通古今，古为今用”，是个相互联系的有机整体。没有“因时应变”，就不能做到“与时推移”；而没有“与时推移”，那么学术文化就会陷于僵化、凝固状态，也就不可能做到“贯通古今”；而“贯通古今”的目的则在于“古为今用”，要是不能做到“古为今用”，那一切学术文化也就失去了实际意义。“今人不见古时月，今月曾经照古人。古人今人若流水，共看明月皆如此。”李白诗意的浪漫性毋庸置疑，但依照万物皆处于流变之中的自然规律而言，“今月”同“古月”不可能完全一样，月和人一样，同样“若流水”，只是表现得程度和特点不同而已，因而“今人”和“古人”不可能“共看明月皆如此”。所以，此诗宜改为：“今人不见古时月，今月不曾照古人。古人今人若流水，共看明月贯古今。”

这样，就正好昭示“因时应变，与时推移；贯通古今，古为今用”的规律了。

只要看看董仲舒的《春秋繁露》，看看他所提出的一整套“天人感应”的神学目的论；只要看看程朱陆王等人的著述，看看“宋明理学”所体现的学术文化旨意和趋向，就会明显地看到他们在做学问和著书立说时，所表现出的“因时应变，与时推移；贯通古今，古为今用”这一规律。

董仲舒的“董学”也好，程朱的“理学”、陆王的“心学”也好，都是立足于它们所处的时代，适应当时社会现实特别是专制统治的需要，而“因时应变，与时推移；贯通古今，古为今用”的结果。作为“君学”或“官学”，在为专制政治服务方面，它们具有共同性，但在具体内容上却又具有不同的特点，而且呈现出后者对前者的承继和超越、接续和扬弃。而这一切则也都是“因时应变，与时推移；贯通古今，古为今用”规律的体现。

作为社会科学的“国学”部分是这样的，而作为自然科学的“国学”部分则更是这样的。独具中国特色的天学、地学、算学、农学、医学和养生学等等，在其发展过程中无一不是“因时应变，与时推移；贯通古今，古为今用”的。

“因时应变，与时推移；贯通古今，古为今用”的规律，可以简括为“贯通古今”律。

该基本规律，在内外关系上则体现为：“开放兼容，融汇内外；结合国情，外为内用”。当然，“开”和“容”，“外”和“内”也都是相对的、动态的；每个时期的“开”和“容”、“外”和“内”都有其特定的内涵和特点，不能一概而论。我们今天所谈的“开”“容”、“外”“内”，是和历代都是有所区别的。

“开放兼容，融汇内外；结合国情，外为内用”，也是个彼此相互联系的有机整体。无“开放”就谈不上“兼容”，而没有“开放兼容”也就不可能“融汇内外”；“融汇内外”就是使国内、外的学术文化在契合点上沟通，融为一体。为此，就必须“结合国情”即联系本国的实际，使国外的学术文化扎根在中国的土地上，与“国学”的相关部分融为一体，这样才能开花结果，达到“外为内用”之目的。

只看到中国学术文化的优越，以为中国学术文化“一切皆粹”，并以此为拒绝、排斥国外的先进学术文化之所以错误，就在于它无视国外学术文化的优点和长处，不能做到“开放兼容，融汇内外”，因而也就不能做到“外为内用”；而对国外学术文化生吞活剥、照抄照搬的教条主义和“全盘西化”论等等之所以错误，就是它们都无视了中国学术文化之长处，无视了本国区别于外国的国情，未能结合本国的实际，因而不可能使国外即使再先进的学术文化在中国土地上扎根，更不可能开花结果，那自然也就做不到“外为内用”。

“开放兼容，融汇内外；结合国情，外为内用”的规律，可以简括为“融汇内外”律。其中的“外为内用”也即“外为中用”或“洋为中用”。

不论是“贯通古今”律还是“融汇内外”律，其中的每个环节都离不开“综合创新”；“综合创新”既是出发点，也是目的，同时又是基本方法。

因此，离开了“综合创新”，既不能“因时应变，与时推移”，也不能“贯通古今，古为今用”；“因时应变，与时推移；贯通古今，古为今用”的过程，就是“综合创新”的过程。同样，离开了“综合创新”，既不能“开放兼容，融汇内外”，也不能“结合国情，外为内用”；“开放兼容，融汇内外，结合国情，外为内用”的过程，也就是“综合创新”的过程。

综上所述，“国学”在古今内外关系上所体现出的规律，就是整个“国学”发展有规律。

这就是：贯通古今，融汇内外，综合创新。

其中“综合创新”是“轴心”，而“贯通古今”和“融汇内外”则是“两轮”，因而这个基本规律可以形象化为“一轴两轮”。

3. 怎样把握“国学”发展的基本规律

“国学”发展的这个基本规律同任何规律一样，本来一直客观存在于“国学”发展的过程之中，不以任何人的意志为转移，并且一直在发挥着作用。只是人们对它的认识和把握经历了一个漫长的历史过程。在它没有被认识和被把握之前，它一直是在自发地起着作用，而一当它被人们正确认识和把握之后，人们则就可以很好地利用和驾驭它了。

为了说明和澄清在这个问题上的模糊和混乱，我们就不能不涉及为学界所关注的“综合创新论”。

近些年来，人们对“综合创新论”谈论得比较多，但是，人们在谈论这个问题时，似乎忽略了一个很严肃的问题：那就是对中国学术文化发展基本规律的认识和把握，与对该规律的利用和驾驭并不是一回事。

“综合创新”一说至迟在“五四”、“新文化运动”时期，就有人（比如李大钊和蔡元培等）提出，但在我国较早把它上升到“综合创新论”，并加以倡导的则首推张岱年先生。1935 年，张岱年先生在《关于中国本位的文化建设》一文中，“主张兼综东西两方之长，发扬中国固有的卓越的文化遗产，同时采纳西洋的有价值的精良的贡献，融合为一，而创成一种新的文化，但不要平庸的调和，而要作一种创造的综合。”（见《张岱年文集》第 1 卷，第 256 页）这里说的“创造的综合”，亦即张岱年先生后来称之为的“综合创造”，被视为“综合创新论”的雏形。后经国家、个人的五十多年的动荡、变故和坎坷，直到 1987 年张岱年先生又明确提出“文化综合创新”论，他说：“我反对‘中体西用论’、国粹主义，更反对‘全盘西化论’，提出‘文化综合创新论’。”“在文化问题上，要避免两种不正确的倾向，即既要反对全盘西化论，也要反对中国文化优越论。”“我提的口号是‘文化创造主义’，即‘综合创新论’。多年来我一直就是这个观点，中体西用我反对，西体中用我也反对，应当运用唯物辩证法，把中西文化各自的贡献综合起来，创造新的中国文化和世界文化。”（《谈谈中国的传统文化》）“我反对东方文化优越论，也反对全盘西化论，主张兼取中西文化之长而创造新的中国文化。我这种主张可以称为‘综合创新论’。”（张岱年：《文化与哲学·自序》）。

张岱年先生所讲的“综合创新”，从大的方面看蕴义有二：一是说，在对待中外文化上，要通过审慎地研究、比较，把握中外各方文化的不同特点，厘清两者的精华和糟粕，注意综合中、外文化思想的成果，并根据时代的要求，进行创新；一是说，在对待中国古代的传统文化上，决不能仅从一时一派一家出发，也要审慎地通过对历代各家各派学说的分析、比较，厘清其中的精华和糟粕，注意综合历代各家各派的优秀成果，并根据时代进步和现实的需要，加以创新。“综合创新”是个有机联系的整体。“综合”是一种全面的、比较的、分析的、鉴别的综合，是以“创新”为意旨的综合；而“创新”则是一种在“综合”基础上的新的创造，是根据社会发展、历史进步和时代要求所进行的一种崭新的文化建设。

显然，张岱年先生的“综合创新论”，是关于如何对待中外古今学术文化，以及如何建设新文化的理论。张岱年先生的“综合创新论”，实际上包括了前文述及的“贯通古今”和“融汇中外”两个方面的意蕴，因而是很正确、很深刻的。但是，张岱年先生的“综合创新论”，显然属于对学术文化发展规律的利用和驾驭的理论范畴，而并非对学术文化发展规律本身的阐释。

在20世纪80年代初期，王元化先生(1920～2008年)呼吁学术界应重视“综合研究法”，认为综合研究是科研工作的必然趋势，并倡导注意社会科学与自然科学的交叉和综合研究。而一向主张“兼收并蓄，博采众家之长”，“为学不争一家胜，著述但求百家鸣”的蒋孔阳先生(1923～1999年)，在其《美学新论》(人民文学出版社1995年版)中，则进一步强调在美学、文艺学研究中应走“综合创新”之路。他认为不仅在观点上应综合创新，而且在研究方法上也应综合创新。这是因为“我们正处在一个古今巨变、中外汇合的时代，各种思想和潮流纷至沓来，我们面临多种的机遇和选择。这就决定了我们不能固步自封，我们要把古今中外的成就，尽可能地综合起来，加以比较，各取所长，相互补充，以为我所用。学者有界别，真理没有界别，大师海涵，不应偏听，而应兼收。综合比较百家之长，乃能自出新意，自创新派。”从此，“综合创新论”在我国学术文化界不胫而走，成为热门话题。但是很显然，包括王元化、蒋孔阳先生在内，人们所谈论的仍是如何对待古今中外文化和不同学科的关系问题，是文化建设问题，而并未触及学术文化发展规律本身的认识、阐释和把握。

根据我所掌握的资料，对“综合创新”作为“思想文化发展的基本规律”首先作出阐发的，是刘鄂培先生(1927～?)。在其主编的《综合创新—张岱年先生学记》(清华大学出版社2002年版)之第九章中，他以《“文化综合创新论”体现出中国思想文化发展的基本规律》为题，专门对这一规律作了阐述：“‘文化综合创新论’是将思想文化的发展视为一个永远流动、无穷无尽的历史长河，在流经过程中不断与各种‘源头活水’相汇合，这就是‘综合’；经过‘综合’之后形成更广阔的洪流，这就是‘创新’。‘综合’，‘创新’；再‘综合’，再‘创新’，以至无穷。这就是思想文化发展的基本趋势，体现出思想文化发展的基本规律。”

在分析、论述了中国三千年以来“大致”发生的“三次‘综合创新’”后，刘鄂培先生指出：“这说明张岱年的‘文化综合创新论’体现出中国古代思想文化发展的基本规律。其实，这也就是今后中国思想文化发展的基本规律。西方思想文化发展的总趋势也是这样。”应该承认，刘鄂培先生在这里有点儿“借题发挥”，因为张岱年先生本人在谈及学术发展的规律时是这样说的：“每一时代，应有一个主导思想，在社会生活及学术研究中起主导作用，同时又容许不同的学术观点存在。有同有异，求同存异。《周易·系辞》说：‘天下同归而殊途，一致而百虑’。又《睽卦·象传》云：‘君子以同而异’。同而且异，这是学术发展的规律。”刘鄂培先生在关于学术文化发展规律的问题上，为其师张岱年先生的见解“拔高”，其情可嘉，但似与“我爱我师，我更爱真理”的哲言相悖。不过，这并不影响刘鄂培先生，关于思想文化发展基本规律的认识和阐述的正确性和价值。况且，在《综合创新—张岱年先生学记》第十六章，刘仲林先生所撰对张岱年先生的《访谈录》中，张岱年先生在谈及 20 世纪 30 年代他所提出的“文化创造主义”时说：“其实我是按照文化发展的基本规律讲的。文化建设必须表现创新精神。世界变化，日新月异；文化发展，不断创新。”由此来看，刘鄂培先生上述升华性的概括，也确实体现了张岱年先生的意味。刘鄂培先生总结说：“中国历史上的思想文化发展，体现出综合创新这个规律还是‘自发’地发挥作用，而当人们掌握了这个规律，在 21 世纪，以及以后，这个规律即成为人的‘自觉’而发挥作用。”（见《综合创新—张岱年先生学记》第 163 ~ 185 页）

刘鄂培先生的上述见解是正确的，要是说还有什么不足的话，我认为有两点：一是，没有明确指出“综合创新”是中国，乃至整个世界学术文化发展的基本规律，“总趋势”虽然带有规律的意味，但毕竟不能与“基本规律”画等号；二是对“综合创新”的内涵似还阐释得不够透彻。

我认为，“综合创新”既是中国学术文化发展的基本规律，也是整个世界学术文化发展的基本规律。但是，单用“综合创新”一词似显欠周，而比较周密的表述则是愚在前文所概括的“一轴两轮”，即以“综合创新”为“轴心”，以“贯通古今”和“融汇内外”为“两轮”，是中国乃至整个世界学术文化发展的基本规律。

“古今内外”的关系普遍存在于学术文化发展过程的始终。任何一种有生命力的学术文化，都是在从古到今的历史长河中川流不息、奔腾向前的。要是没有“古今”之“贯通”的话，那它就会断流，失去连续性，而中国学术文化的一个突出的特点和优势就在于，它在五千多年的历史长河中，一直川流不息，从未像世界其他几大文明古国的学术文化那样断流过。

同时，任何一种有生命力的学术文化，又都是在国内外学术文化的碰撞、交流中发展的，而任何一种学术文化，总有含其普遍性的内涵和优秀的成分，要是没有“内外”之“融汇”的话，那它就不能在世界学术文化的范围内更加广泛地汲取营养，就会失去其“海纳百川”的包容性，因而也就难于挺立于世界学术文化之林，成为独立挺拔的参天大树。

中华民族的学术文化发展到今天，不仅对内融汇了华夏各个民族的进步的学术文化，而且对外融汇了世界各国各个时期的进步的学术文化。纵看历史，横看现实，中国学术文化之所以能挺立于世界学术文化之林，并耀眼夺目，就是因为它既能不断地“贯通古今”，又能不断地“融汇中外”，从而实现连续不断地“综合创新”的结果。

“贯通古今，融汇内外，综合创新”作为中国和整个世界学术文化发展的基本规律，一直在发挥着作用：适者生机勃勃，不断焕然更新，与时俱进；不适者则死气沉沉，不断枯萎凋零，终被淘汰。古今中外，概莫能外。

其实，“贯通古今，融汇内外，综合创新”的基本规律，不仅始终贯穿于整个“国学”的发展过程之中，也广泛存在于学者个人的研究和著述中。

凡是认真地作学问者，有谁人不是将所看、所听、所学的知识，加以“贯通古今，融汇内外，综合创新”才发表见解，著书立说呢？不但先秦诸子如此，就是先秦以后的诸子，如董仲舒、桓谭、王充、程、朱、陆、王等，也无一不是如此。就是我们一般人读书、研究和写作，除了不学无术的懒汉，只知鹦鹉学舌或抄袭、剽窃之徒外，实际上也都在自觉不自觉地遵循这个基本规律。

自然，由于个人才学、能力等等方面的差异和各种条件的限制，人们在“贯通古今，融汇内外，综合创新”方面所表现出来的情形、程度及结果等，千差万别，良莠不齐，乃至事与愿违，适得其反罢了。如果说作为社会科学（此处只好借助西学关于社会科学和自然科学的区分来说明）的“国学”部分是这样的话，那么，作为自然科学的“国学”部分则更是如此。因为尽管专制权力的杠杆有时会把几何公理一样的真理加以反驳、歪曲，但自然科学方面的真理，毕竟不像社会科学方面的真理那样容易被权力玷污。“指鹿为马”尽管可以得势于权奸小人掌控的朝堂，但“鹿”毕竟不是“马”，也毕竟不能变成“马”，一旦离开朝堂，或权奸小人被革除之后，真相就会大白。因此“国学”当中的自然科学部分，要比社会科学部分更能充分地展现“贯通古今，融汇内外，综合创新”的基本规律。

从独具特色的中国天学、算学、医学和养生学等等看，该规律表现得十分明显。单以中医学为例，从先秦的《黄帝内经》到汉代张仲景的《伤寒杂病论》，再到隋代巢元方（约 550 ~ 630 年）主持编撰的《诸病源候论》，唐代孙思邈的《备急千金要方》和王焘（约 670 ~ 755 年）的《外台秘要》，宋代的《和剂局方》、《褚氏遗书》（成书年代尚无定论），金元时代刘完素的《素问玄机原病式》、李东垣的《内外伤辨惑论》，元代朱丹溪的《格致余论》，明代张景岳的《类经》和《景岳全书》、赵献可的《医贯》，又到清代由名医叶天士（1666 ~ 1745 年）的弟子们所编撰的，反映叶天士行医和学术思想的《临证指南医案》、程国彭（约 1662 ~ 1735 年）的《医学心悟》、徐大椿（1693 ~ 1771 年）的《医学源流论》和《伤寒类方》等、唐宗海（1851 ~ 1908 年）的《血证论》和《中西汇通医经精义》等，“贯通古今，融汇中外，综合创新”的基本规律一线贯穿，尤其是唐宗海编撰的《中西汇通医经精义》，集中反映了鸦片战争后中医学界中西汇通派“贯通古今、融汇中外、综合创新”的思想。他将中西汇通的思想明确地概括为：“上可损益乎古今，下可参酌乎中外，要使善无不备，美无不臻……西医亦有所长，中医岂无所短。盖西医初出，未尽周详；中医沿讹，率多差谬。因集《灵》、《素》诸经，兼中西之义解之，不存疆域异同之见，但求折衷归于一是。”（《中外医学四种合刻 · 中西医解自叙》）

正是由于学者个人这样的“贯通古今、融汇中外、综合创新”，才促成了整个中国学术文化即“国学”的“贯通古今、融汇中外、综合创新”。

当然，由于囿于时代的、历史的和认识的局限，人们所“贯通古今、融汇中外、综合创新”的具体情况和程度，千差万别，甚至并不一定都能“贯通”、“融汇”，并不一定都能“综合”、“创新”罢了。

主要参考资料

1. 严复译注：《原富》，南洋公学译书院，1902 年版。

2. 许啸天辑：《国故学讨论集》，北京图书馆出版社，2010 年版。

3. 欧阳哲生：《傅斯年全集》，湖南教育出版社，2003 年版。

4. 傅斯年：《史料论略及其他》，辽宁教育出版社，1997 年版。

5. 罗志田：《国家与学术：清季民初关于“国学”的思想论争》，三联书店，2003 年版。

6. 何炳松：《论所谓“国学”》，原载《小说月报》第 20 卷第 1 号（1929 年 1 月），胡道静主编：《国学大师论国学》，东方出版社，1998 年版。

7. 谭正璧：《国学概论讲话》，上海光明书局，1933 年版。

8. 鲁迅先生纪念委员会：《鲁迅全集》，人民文学出版社，2005 年版。

9.《国粹学报》，国家图书馆馆藏复本。

10. 邓实、黄节主编：《国粹学报》（全 16 册），广陵书社，2006 年版。

11. 郑师渠：《晚清国粹派文化思想研究》，北京师范大学出版社，1997 年版。

12. 章太炎：《章太炎政论选集》，中华书局，1977 年版。

13. 章太炎：《国学概论》（曹聚仁记录整理），泰东图书公司，1923 年版。

14. 曹聚仁：《中国学术思想史随笔》，三联书店，1986 年版。

15. 钱穆：《国学概论》，商务印书馆 1931 年版；1997 年新 1 版。

16. 胡适：《胡适文存二集》，黄山书社，1996 年版。

17. 舒芜：《“国学”质疑》，《文汇报》，2006 年 6 月 28 日副刊《笔会》。

18. 陈序经：《中国文化的出路》，岳麓书社，2010 年版。

19.《北京大学哲学系史稿》，北京大学出版社，2004 年版。

20.《章士钊全集》第 1 卷，文汇出版社，2000 年版。

21.《诸子百家丛书》，上海古籍出版社，1994 年版。

22.《诸子集成》，上海书店，1996 年版。

23.《论语》，中华书局，2006 年版。

24.《四书五经》，上海古籍出版社，1996 年出版。

25. 杨俊光：《〈墨经〉研究》，南京大学出版社，2002 年版。

26. 李喜所、袁青：《梁启超传》，人民出版社，2010 年版。

27. 丁文江等：《梁启超年谱长编》，上海人民出版社，1983 年版。

28. 梁启超：《饮冰室合集》，中华书局，1989 年版。

29. 林志钧主编：《〈饮冰室合集〉集外文》，北京大学出版社，2005 年版。
30.《列宁选集》第 4 卷，人民出版社，1972 年版。
31. 汪荣祖：《史家陈寅恪传》，北京大学出版社，2005 年。
32. 蒋天枢：《陈寅恪先生编年事辑》，上海古籍出版社，1997 年版。
33. 卞僧慧、卞学洛：《陈寅恪先生年谱长编（初稿）》，中华书局，2010 年版。
34. 黄延复：《清华传统精神》，清华大学出版社，2006 年版。
35. 黄延复：《二三十年代清华校园文化》，清华大学出版，2000 年版。
36. 黄延复等：《清华风流人物（1911～2011）》，济南出版社，2011 年版。
37. 清华大学一教楼北端山墙旁“海宁王静安先生纪念碑”碑文。
38. 陆键东：《陈寅恪的最后 20 年》，三联书店，1995 年版。
39. 陈寅恪：《陈寅恪诗集》，清华大学出版社，1998 年版。
40. 陈寅恪：《陈寅恪集》，三联书店，2009 年版。
41. 陈寅恪：《陈寅恪先生全集》，台北里仁书店，1979 年版。
42. 胡适：《胡适日记全编》6，安徽教育出版社，2001 年版。
43.《荆门郭店楚简〈老子〉全文》，荆门郭店楚简文献中心，2009 年 4 月 28 日发布。
44.［宋］林駉：《古今源流至论》，上海古籍出版社，1992 年版。
45. 罗大经：《鹤林玉露》，中华书局，1983 年版。
46. 高文秀：《好酒赵元遇上皇》，古本戏曲丛刊编辑委员会、上海商务印书馆 1957～1958 年版。
47.《宋史・赵普传》，中华书局，1977 年版。
48.［宋］李寿：《续资治通鉴长编》，中华书局，2004 年版。
49.［清］李学勤：《国学的主流是儒学 儒学的核心是经学》，《光明日报》，2010 年 8 月 5 日。
50.［清］姚际恒：《古今伪书考》，中华书局，1995 年版。
51. 马达：《列子真伪考辨》，北京出版社，2000 年版。
52.《列子》，中国社会科学出版社，2004 年版。
53. 张岱年：《中国哲学大纲》，中国社会科学出版社，1982 年版。
54.［汉］司马迁：《史记・屈原贾生列传》，中华书局，2009 年版。
55.［战国］屈原、宋玉：《楚辞集注》，上海古籍出版社，1979 年版。
56. 郭沫若：《屈原》，人民文学出版社，1954 年版。
57. 魏平柱：《〈襄阳耆旧记〉及所载宋玉小传》，《襄阳学院学报》，2010 年 09 期。
58. 吴广平：《宋玉传》，《楚辞全解》，岳麓书社，2008 年版。
59.［清］高崇基等：《安福县志・外纪・流寓》，1782 年刻本。
60.［清］周立瀛等：《安福县志・艺文志》，国家图书馆编：《地方志人物传记资料丛刊・华东卷上编》2007 年版。
61.《李群玉诗记》，《全唐诗》卷 569，中华书局，2008 年版。

62.［汉］王逸：《楚辞章句》，上海古籍出版社，2011 年版。
63.［梁］肖统编、李善注：《昭明文选》，中华书局，1977 年版。
64.［清］严可均：《全上古三代秦汉六朝文》，中华书局，1958 年版。
65. 陈辅撰：《宋诗话辑佚 · 陈辅之诗话》，中华书局，1980 年版。
66.［明］陈第：《毛诗古音考 · 屈宋古音义》，中华书局，2008 年版。
67.［清］王夫之：《楚辞通释》，上海人民出版社，1975 年版。
68.［东晋］习凿齿：《襄阳耆旧记》(卷一)，荆襄书社，1986 年版。
69. 郭沫若：《李白与杜甫》，人民文学出版社，1971 年版。
70.《战国策》，上海古籍出版社，2008 年版。
71. 北亚：《可怕的悬案》，金城出版社，2011 年版。
72.《德意志意识形态》，《马克思恩格斯选集》第 1 卷，人民出版社，1995 年版。
73.《关于建国以来党的若干历史问题的决议》，人民出版社单行本，1981 年版。
74. 陈晋主编：《毛泽东读书笔记解析》下卷，广东人民出版社，1996 年版。
75.《司马温公文集》，商务印书馆，1937 年版。
76.［汉］司马迁：《史记》，中华书局，2009 年版。
77.［汉］班固：《汉书》，中华书局，2007 年版。
78.［宋］司马光：《资治通鉴》，中华书局，1993 年版。
79.［汉］董仲舒：《春秋繁露》，上海古籍出版社，1989 年版。
80. 马勇，刘贻群：《先秦儒家研究 · 20 世纪中国学术文存》，湖北教育出版社，2003 年版。
81.《神圣家族》，《马克思恩格斯全集》第 2 卷，人民出版社，1995 年版。
82.［唐］孙思邈：《大医精诚》，商务印书馆，2005 年版。
83.《黄帝内经》，中华书局，2010 年版。
84.［战国］吕不韦：《吕氏春秋》，中华书局，2011 年版。
85.［东晋］葛洪：《抱朴子》，中华书局，2007 年版。
86.［唐］孙思邈：《备急千金要方》，人民卫生出版社，1982 年版。
87.［唐］孙思邈：《千金翼方》，人民卫生出版社，1982 年版。
88.《金元四大家医学全书》，天津科学技术出版社，1999 年版。
89.［宋］陈直：《养老奉亲书》，新世界出版社，2010 年版。
90.［元］朱震亨：《格致余论》，人民卫生出版社，2005 年版。
91.［宋］刘完素：《素问 · 病机气宜保命集》，中医古籍出版社，1998 年版。
92.［金］李东垣：《脾胃论》，中国中医药出版社，2007 年版。
93.［元］忽思慧：《饮膳正要》，中国中医药出版社，2009 年版。
94.［明］赵献可：《医贯》，人民卫生出版社，2005 年版。
95.［明］张景岳：《景岳全书》，科学技术文献出版社，1998 年版。
96.《孔子家语》，中华书局，2009 年版。

97.《旧唐书·孙思邈传》，中华书局，1993 年版。
98. [宋]刘完素：《素问玄机原病式》，中国中医药出版社，2007 年版。
99. [清]章楠：《医门棒喝》，中国医药科技出版社，2011 年版。
100. [清]徐大椿、万芳：《医学源流论》，人民卫生出版社，2011 年版。
101. [清]何梦瑶：《医碥》，中国中医药出版社，1982 年版。
102. [汉]郑玄：《易纬乾坤凿度》，吉林出版集团，2002 年版。
103.《辞海》，上海辞书出版社，1979 年版。
104.《纬书集成》，河北人民出版社，1994 年版。
105. [宋]邵雍：《皇极经世》，九州出版社，2010 年版。
106. [汉]许慎：《说文解字》，中国书店出版社，1989 年版。
107.《四库全书·周易经传集解》，上海商务印书馆，1935 年版。
108. 邓广铭：《邓广铭治史丛稿》，北京大学出版社，1997 年版。
109. 冯友兰：《中国哲学简史》，北京大学，2010 年版。
110. 陈鹏：《现代新儒学研究》，福建人民出版社，2006 年版。
111. [明]罗贯中：《三国演义》，人民文学出版社，1984 年版。
112. [明]吴承恩：《西游记》，人民文学出版社，1983 年版。
113. [清]曹雪芹、高鹗：《红楼梦》，人民文学出版社，1982 年版。
114. 鲁迅：《集外集拾遗补编》，人民文学出版社，2006 年版。
115. 张岱年：《张岱年文集》，清华大学出版社，1992 年版。
116. 蒋孔阳：《美学新论》，人民文学出版社，1995 年版。
117. 刘鄂培主编：《综合创新——张岱年先生学记》，清华大学出版社，2002 年版。

后　记

当我对书稿最后勘校一遍，认为可以交付出版时，已是 2012 年 7 月 5 日下午。

从 2004 年 5 月开始酝酿、动笔，到现在已经过去 8 年有余。

“十年磨一剑，霜刃未曾试。”贾岛笔下的剑客，经十年磨砺后，那种跃跃欲试的豪气，溢于字间；而作者托物言志的怡然自得神态，亦清晰可见。

可自己呢？八年著一书，价值不自知啊！

“秤不自称！”自己劳动的成果，尽管渗透着 8 年的心血，但是否有价值？有多大价值？自己是绝对称量、评判不了的，而只能交由世人、后人，来称量，最终则要交由实践来检验、评判了！

但不管怎样，自己总算尽心尽力地做了一件最想做、最该做的事情，达到了目前自己所能达到的水平。

也许在别人看来水平很低，但目前自己的心志和能力就是如此。谁不想尽力登得高些？但为才智所限，虽该做却力不能及的事情，我不敢去想啊！

然而，既然自己想做、该做的事情，已经尽自己所能地做了，总有一种了却心事的慰藉之感。

“为学不争一家胜，著述但求百家鸣。”我赞成著名美学家蒋孔阳先生这一关于治学、著述的至理名言。自己也知道“国学”文献的芜杂和探究的艰难，为此曾经写过一首小诗：“国学文献浩如烟，披沙拣金自奋然。去伪存真成首务，清源正本步维艰。留心考古新成果，抛弃前人陈腐观。比较分析反反复，捭阖纵横辨疑难。”况且，自己在“国学”研究领域本来就是一个无名小卒，因而丝毫没有争强好胜之意，明知自己所做的都是探索性的，而且有些观点尽管写出来了，但仍在反复琢磨之中，仍有随时改变、矫正的可能。所以，书中存在这样那样的缺陷、谬误，是在我意料之中的。然而，只要能够引起讨论、“争鸣”，那我的目的就算达到，也就可以聊以自慰了！

在聊以自慰的同时，我更感到幸运。

一种巧遇“知音”的幸运！

考虑到本书稿的特殊内容和学术内涵，我觉得找一家品位较高的大学出版社为好。自己是北京大学老校友，去年又开始住进燕园社区。按说，找北大出版社最为合适，也最为便捷。但是，当我了解到该社的情况觉得可能性不大之后，便打消了此念。而当我听说首都师范大学出版社总编杨生平教授，年轻有为，富有创新意识后，便贸然与他联系。他当即让我将简介和样稿传给他。想不到他很快回话，说“您的书稿质量、品味都很高，我看后很受启发。等我把选题报社委会讨论，一有消息会尽快与您联系。”经过沟通，我又把另一部书稿《周易解谜》传给他。没有多久，他就又打来电话，说经社委会研究四部书稿都同意接受出版，并让刘志颖女士具体与我联系。

对于作者而言，没有比自己的书稿能及时、顺利被出版社看中更幸运的了！况且是4部，对于我而言是开天辟地的幸事！因为，此前我至多有过两次一年同时出两本书的经历。

下午4时，我走到室外。大概因为周边下了大雨的缘故，稍带凉意的风迎面吹来，让我感到清爽。习惯使我不知不觉地来到未名湖畔。

三三两两的游人，或沿着湖边谈笑、漫步；或选择景点拍照，显得非常悠然自在。而其中最为招眼的，当属那些即将离校的毕业生们了。

他们分别穿着标志学士、硕士和博士的袍子，或成对，或成群地拍照。欢喜的面容和爽朗的笑声，为未名湖增光添彩，使其愈发秀色可餐。

看着他们欢天喜地的样子，享受着从湖面徐徐入怀的凉风，我禁不住想到半个世纪前的1962年，我从河北省安国一中考入北京大学后，多次来到未名湖畔的情景。

“绿柳青松相戏揣，湖光塔影竞拥怀。金风爽爽拂衣袖，笑语甜甜入耳来。”这是我当年报到后，初次看到未名湖时即景吟诵的诗句。

诗情画意般的校园，名师荟萃的学府，激励我刻苦攻读，奋发图强。每当期末备考时，我就独自带着书本来到这未名湖畔的山林，找到一棵适宜的松树，攀到树杈，仰靠着树干温习……可惜，好景不长，接连不断的政治运动搅乱了正常的学习秩序。在连续三次到校外参加“阶级斗争”之后，万万没有料到“阶级斗争”的烈火居然从校外烧到校内，而且偏巧从自己所在的哲学系燃起，一冒三千丈，很快就将整个学校烧得瘫痪了！

学业半途而废。本该1967年夏季就该毕业分配了，却由于内乱而不能！包括当初响应“伟大号召”热衷于“步步紧跟”的“造反派”们，也渐渐心灰意冷，不得不忍受“天天难过天天过，日日无聊日日聊”、“得过且过”的岁月。好不容易熬到1968年9月名为“分配”实则“发配”的时候，大家便无奈地离开北大，告别未名湖。

目睹老师挨斗的惨景，使我对于教师这一职业着实惧怕，所以在毕业分配时，就自愿选择了我们年级分配方案中唯一的一个“先当工人”的指标。

在离校前，我特意独自来到未名湖畔。看着熟识的湖光塔影，心中百感交集，想到不久就奔向塞外去当工人，虽然自知前途渺茫，但真想去后好好学到一技之长，可斗争的烈火依然熊熊燃烧，又深感吉凶未卜，充满彷徨……于是暗自哼道：“六年北大四年荒，大好年华徒耗光。教室沦为劳教所，居斋变做武攻场。奋发名苑学业废，无奈边陲实技长。想到人生路漫漫，未名湖畔苦彷徨。”

在去报到前，我还特意独自到天安门广场，怀着一种难于言表的苦楚，在纪念碑前留影，暗自吟道：“广场孑立吊孤形，遥想前程更渺蒙。昔日考学发奋志，今天发配忐尴情。浮云浓重遮双目，阴霾沉迷祸众生。不信苍穹总罩雾，十年重返北京城!”

“十年重返北京城!”在当时，只不过是我一时迷离朦胧的幻想。想不到10年后，居然“歪打正着”，我真的通过考研“重返京城”，而且在毕业后当上了当年发配时我最为惧怕的“教书匠”!

人哪，不过是爬在社会关系之网上的一只小蜘蛛。人生之路的选择，不能全由己呀!

想着，不知不觉转到通往朗润园的岔路。一看前面一个熟悉的身影，我就赶紧奔过去。当走近一看，才如梦初醒般地知道自己错了!

啊，黄枏森先生，已经92岁高龄! 在4月12日拜访他时，老先生明明告诉我已经不便下楼了……嗨，我怎么居然忘了这个茬儿呢!

我走近黄先生所住的公寓下，真想前去看望老人家呀! 可理智提醒我：已是耄耋之年的老人，不能擅自随便打扰了啊!

关于黄先生对于我开始写作本书时的指教，我在《导言》中已经写过。但从2004年底到2005年10月，由于专心伺候病危的家母，我没有顾及本书的写作，直到家母西归，遵照家母的遗嘱将老人家送归故里与爹并骨，将后事办妥，自己的情绪逐步从丧母之痛中逐渐恢复平静之后，才又重新忙于本书的写作，并于2006年4月20日，再次拜访、请教黄先生。黄先生又给予了具体地指导和勉励。

从2006年至今，又6年过去，期间由于忙于研究、著述，我没有再打扰黄先生。当住进北大后，我迫不及待地想拜访先生，但由于生怕影响老先生的健康，所以，特意选择一个不冷不热的季节，于4月12日，按前一天的约定，拜访了他。为了向先生汇报，我带着打印好的《国学三部曲》的详细提纲和《导言》。实话说，我渴望得到先生的继续指教，但又生怕连累、影响他的健康啊！所以，临别时我才把提纲交给他，并特意真诚地恳求先生：要是身体条件不允许，就不要看！觉得有兴趣、也有精力时，就看看，千万别因此而影响健康啊！您看：我之所以连按照惯例请您老“斧正、赐教”的字都没敢写，就是这个意思呀！

可是，让我万万没有料到的是，先生不仅很快看了，而且看得很认真。当我 26 日为别的事情与先生通话时，先生不等我开口，就抢先说他看了我给他的简介等资料，觉得内容很丰富……懂得点儿养生之道的我，担心先生太激动，于是马上过去。当赶到时，先生起身迎候，显得比上次更精神。先生开门见山地说：“我不懂‘国学’，但你这部书稿涉及的内容广泛，又联系了最新的考古成果，提出了许多新见解、新问题。现在‘国学’的研究很受重视，而像这样的书，当前还没有见过。所以，我想这部书稿要是出版的话，会有吸引力，会有市场的！”既然谈到出版，就自然谈到出版社。老先生说：“首都师范大学出版社前不久出过他的书，总编年轻有魄力！意思是提醒我联系试试！”

老先生的热诚勉励，给了我信心。正是在他的提醒和鼓励下，我才与首都师范大学出版社总编杨生平教授联系。不想一拍即合。本书得以面世，在首先感谢杨生平总编错爱、抬爱的同时，我也由衷感谢黄先生啊！没有黄先生这些年的指导和勉励，我的这部书是写不出来的！

我还要感谢汤一介先生！他虽然没有就本书对我进行具体指导，但是，在写作本书之前，他关于“评价人物一定要坚持实事求是，世上没有完人，没有神人，对于每个人的长处都要具体分析，不能泛泛而谈，言过其实”的教诲，对于我写作本书，起了重要的指导作用啊！

本书得以顺利出版，我还要感谢责编刘志勇女士。是她以其年轻人的活力、古典文献专业硕士特有的睿智，以及富有教养的女士的细致，冒着酷暑与我联系，殚精竭虑、字斟句酌地审阅，纠错、斧正，为此付出了大量的心血！

我还要感谢国家图书馆的工作人员。不管是开始时在南区，还是后来在北区，我每次去查阅书刊文献，都得到他们极其热心而周到的关照、帮助。特别让我感动和难以忘怀的是，他们不仅主动帮我检索、查阅，还把相关图书搬到我的阅览桌前，尤其是当后来我到北区查阅某些学者的文献时，在年长馆员的吩咐下，年轻的馆员总是把相关学者的所有著作（有的多达数十部），都替我搬到桌上，而当离开时，又帮我把书籍搬回书架摆放好。为我提供了极大的方便，使我节省了大量时间！他们这种对于文化人的关爱和服务的热忱，给予我莫大的鼓励！我之所以在图书馆屡屡忘记吃午餐，正是与他们这种不是用言语，而是用行动所表达出的极大精神鼓励，分不开的呀！

所以，这部书稿的写成，出版、凝聚了著名哲学家黄枬森先生、汤一介先生极其宝贵、具体的指导、教诲和勉励，以及国家图书馆许多工作人员极其热诚、周到的帮助啊！

尤其是首都师范大学出版社总编杨生平先生、责编刘志勇女士等人，更是为它的成书、出版、面世、付出了艰辛的劳动！

“如果说我看得比别人更远些，那是因为我站在巨人的肩膀上。”我理解牛顿这话的意思是：科学研究要在前人尤其是那些卓有建树的“巨人”研究成果的基础上，继续前进，以避免重复劳动和走弯路。我不敢说自己“比别人看得更远”，但在研究和写作本书的过程中，我确实力求“站在巨人的肩膀上”去攀登，确实参考、借鉴汲取了他人的、前人的许多研究成果。所有这些，我都在文中和“主要参考资料”中注明了！

在此，我谨以深深地鞠躬，对大家表示由衷地谢意！

因为是探索性的著述，又为水平所限，有些观点我虽然写了出来，其实仍在琢磨之中。所以，书中肯定有不少缺陷和谬误之处，恳望广大读者指正、赐教！无论是公开的批评，或私下的指教，我都欢迎、祈盼！

我的电子邮箱是 sdzz2049@ sina. com

宋定国

2012 年 8 月于北大蔚秀园